Grundlagen der Lesedidaktik

und der systematischen schulischen Leseförderung

von

Cornelia Rosebrock / Daniel Nix

6., unveränderte Auflage

Schneider Verlag Hohengehren GmbH

Umschlag: Verlag

Titelfoto: © contrastwerkstatt – fotolia.de

Gedruckt auf umweltfreundlichem Papier (chlor- und säurefrei hergestellt).

Bibliografische Information der Deutschen Nationalbibliothek

Die Deutsche Nationalbibliothek verzeichnet diese Publikation in der Deutschen Nationalbibliografie; detaillierte bibliografische Daten sind im Internet über ›http://dnb.d-nb.de‹ abrufbar.

ISBN 978-3-8340-1032-2

Schneider Verlag Hohengehren, Wilhelmstr. 13, 73666 Baltmannsweiler

Homepage: www.paedagogik.de

Inhalt

1 Einleitung 1

2 Ein Modell von Lesekompetenz aus didaktischer Perspektive . . . 9

2.1 Wozu ein theoretischer Hintergrund? 9

2.2 Ein didaktisch orientiertes Modell von Lesekompetenz 12

2.2.1 Die Prozessebene: Kognitive Anforderungen des Leseakts . . . 12

2.2.2 Die Subjektebene: Lektüre und Persönlichkeit 15

2.2.3 Die soziale Ebene: Kommunikation im Anschluss an Texte . . . 17

2.3 Exkurs Lesesozialisation: Ein Blick auf den Verlauf des Erwerbs von Lesekompetenz 20

3 Lautlese-Verfahren 27

3.1 Was versteht man unter Lautlese-Verfahren? 27

3.2 Für welche Schüler(innen) sind Lautlese-Verfahren angebracht? 27

3.3 Was versteht man unter Leseflüssigkeit und wie hängt sie mit dem Textverstehen zusammen? 31

3.4 Wie man Leseflüssigkeit fördern kann: Lautlese-Verfahren . . . 36

3.5 Effektivität der Lautlese-Verfahren 42

4 Viellese-Verfahren 45

4.1 Was versteht man unter Viellese-Verfahren? 45

4.2 Für welche Schüler(innen) sind Viellese-Verfahren angebracht? 46

4.3 Wie hängt die Lesemenge mit dem Textverstehen zusammen? 49

4.4 Die Wirksamkeit von Viellese-Verfahren 53

5 Lesestrategien einüben 59

5.1 Was versteht man unter Lesestrategien? 59

5.2 Für welche Schülerinnen und Schüler ist die Vermittlung von Lesestrategien angebracht? 62

5.3 Welche konkreten Lesestrategien gibt es? 64
5.4 Wie lehrt man Lesestrategien? 69

6 Sachtextlektüre unterstützen 75

6.1 Lesen in Wissensdomänen 75
6.2 Was sind Sachtexte? 76
6.3 Fachspezifik der Inhalte und der Textstruktur 77
6.3.1 Vorwissensstrukturen 78
6.3.2 Textorganisationsformen: Unterstützung bei der Erkennung der rhetorischen Strukturen von Lehrtexten 83
6.4 Bilder in Lehrtexten: Hilfe und Problem 89

7 Leseanimation 92

7.1 Was versteht man unter Leseanimation? 92
7.2 Für welche Schüler(innen) sind leseanimierende Verfahren angebracht? 93
7.3 Leseanimation und Lesemotivation 95
7.4 Leseanimation mit Kinder- und Jugendliteratur 101
7.5 Welche Verfahren der Leseanimation gibt es? 105

8 Literarisches Lesen unterstützen 119

8.1 Die Steigerung von Leseverstehensleistungen im Rahmen des literarischen Lernens 121
8.2 Die besonderen Anforderungen literarischer Texte an die Lesekompetenz 124

9 Kleine Schlussbemerkung zur praktischen Integration der Verfahren 131

10 Literatur 137

1 Einleitung

Leseförderung ist seit den großen Schulleistungsstudien zu Beginn des Jahrhunderts ein zentrales didaktisches Thema. Das wesentlichste Argument dafür ist die Bedeutung des Lesens für die Schullaufbahn und die Bildungskarriere des Einzelnen: Lesen ist in einer »Informationsgesellschaft« und »Wissenskultur« das elementare Medium des Lernens. Die Digitalisierung schmälert diese Bedeutung der Lektüre für den Einzelnen nicht, im Gegenteil wirkt sie beschleunigend und intensivierend auf die Prozesse der gesellschaftlichen Produktion und Verteilung von Wissen ein.

Zugleich wurde und wird die Funktion des Lesens in der Geschichte des Schulwesens in Deutschland traditionell weniger im Lernen und stärker im Erwerb von »Belesenheit« gesehen, in der Aneignung von Welt-, Kultur- und Menschenkenntnis vor allem im Medium der »Schönen Literatur«. Entsprechend gibt es im Anschluss an die Grundschule keinen eigenen Leseunterricht. Ab der fünften Klasse wird Literaturunterricht im Rahmen des Deutschunterrichts als Fachunterricht erteilt. Die anderen großen Bereiche des landessprachlichen Unterrichts – Schreiben und Rechtschreiben, Sprachbewusstheit, Mündlichkeit – sind durchaus mit entsprechenden Curricula unterfüttert, die bis zum mittleren Bildungsabschluss reichen. Aber für das Lesen ist das nicht der Fall. Auch für die Real- und Hauptschulen existiert kein Lesecurriculum, das das »weiterführende Lesen« der Grundschule fortsetzen, begrifflich ausdifferenzieren, in eine Erwerbslogik einrücken und methodisch entfalten würde.

Folglich gibt es im deutschsprachigen Raum derzeit nur wenig empirisch gestütztes Wissen darüber, wie Kinder und Jugendliche im Feld des Lesens nach dem unmittelbaren Schriftspracherwerb in der Grundschule dazu lernen; woher gute Leserinnen und Leser ihre Fähigkeiten beziehen, Texte umfassend zu verstehen, sie genussorientiert zu rezipieren bzw. aus ihnen zu lernen, und vor allem: Wie schwache Leser(innen) erfolgreich dazu angeleitet werden können, eine bessere Lesekompetenz auszubilden.

Ein Spiegel dieser Situation ist der Begriff der »Leseförderung« in der bildungspolitischen Diskussion (vgl. im Überblick: Nix 2010). Leseförderung wird hier über weite Strecken im emphatischen Sinne als Verlockung zur (Buch-)Lektüre verstanden. Bei Leseförderprojekten von Stadtbibliotheken, von der »Stiftung Lesen«, im Bereich außerschulischer Leseförderung oder bei schulischen Projektwochen zum Lesen steht in der Regel dieser Gedanke der Animation zum Buchlesen im Vordergrund. Das Ziel solcher Lesefördermaßnahmen besteht darin, Kinder und Jugendliche dazu zu bewegen, mehr oder weniger freiwillig zum (in der Regel belletristischen) Buch zu greifen. Dem liegt eine Hypothese zugrunde, die kaum je hinterfragt wurde: Lesen lerne man vor allem durch vieles Lesen. Nach der Alphabetisierung in den ersten beiden Schuljahren lese der spätere gute Leser im Idealfall zunehmend eigenständiger im und außerhalb des Unterrichts, so die Annahme. Er oder sie lese immer mehr genuss- und interessenorientiert, und durch diese Leseerfahrungen könne das Kind mit Eintritt in die weiterführenden Schulen oder doch im Laufe der Förderstufe mühelos auch umfangreiche bzw. komplexe Texte verarbeiten. Es habe nun, so die didaktischen Vorstellungen zum Erwerb guter Lesefähigkeiten, »Buchreife« (Bamberger 2000) erlangt, es sei nun also bereit und fähig, aus Texten zu lernen. Lesekompetenz, so lässt sich diese Auffassung zusammenfassen, werde nach der Alphabetisierung durch kinderliterarisch bestimmtes, wesentlich außerschulisch situiertes Lesen beiläufig erworben.

Zugleich wissen wir schon seit den 1990er Jahren (vgl. Lehmann et al. 1995) und im breiten Maßstab spätestens seit der ersten PISA-Studie (vgl. Baumert et al. 2001), dass dies für einen erheblichen Teil der Schüler(innen) so nicht gilt. Man kann mit PISA von etwa einem Viertel der Schülerschaft ausgehen, deren Lesefähigkeiten nicht ausreichend sind, um in der gegenwärtigen »Informationsgesellschaft« zu bestehen. Sie können altersangemessene Texte nicht ausreichend verstehen und verarbeiten. Wenn sie mit den oben skizzierten animationsorientierten Leseförderverfahren unterstützt werden, so die Hoffnung der meisten lesefördernden Institutionen, entwickeln sie erst gar nicht diese Defizite oder holen die fehlende Lesepraxis nach und werden dann auch zu kompetenten Leserinnen und Lesern. Allerdings gibt es ernsthafte Gründe, die Thesen, die diesen Vorstellungen zugrunde liegen, und ihre angenommene Reichweite anzuzweifeln. Dass viel Lektüre gleichsam unabhängig von der Qualität der Texte und von der Verstehenstiefe, mit der gelesen wird, die Lesekompetenz verbessert, ist empirisch nicht belegt. Im Gegenteil zeigen die internationalen Interventionsstudien, die inzwischen zu diesem Thema vorliegen, dass sich die meisten Schüler(innen) in Bezug auf ihr Leseverständnis nicht entscheidend durch leseanimierende und Viellese-Verfahren verbessern (vgl. dazu Kap. 4.3 und Kap. 7). Allerdings wissen wir gegenwärtig noch immer zu wenig über das Verhältnis von Lesemenge und der erreichten Lesekompetenz: Uns fehlen Kenntnisse über ggf. vorhandene kritische Grenzen dieser Menge, wir wissen nicht, ob es bestimmte Phasen des Heranwachsens gibt, in denen diese Lektüre stattfinden muss, und wir können nicht erklären, warum manche Kinder, die wenig lesen, sich trotzdem zu kompetenten Leser(innen) entwickeln.

Mit dieser Skepsis gegenüber einer Auffassung von Leseförderung ausschließlich als Animation zur Kinderliteratur ist freilich in keiner Weise der grundsätzliche Bildungswert der Literatur bezweifelt, der Umstand also, dass literarisches Lesen zum Trost, zur Erfahrung, zur Bildung, zur Enkulturation, zu einem erfüllten Leben und wohl noch vielem mehr beitragen kann (vgl. Spinner 2007). Zu vermuten ist auch, dass kinderliterarisch orientierte Leseanimationen dann Wirkungen zeigen, wenn sie über viele Jahre hinweg und in großem Umfang Teil einer gut etablierten schulischen Lesekultur sind, in der Geschriebenes grundsätzlich in positivem Licht steht und allgegenwärtig ist, sodass die Schule auch die anregungsarmen Sozialisationsbedingungen der bildungsfernen Schülerschaft wirkungsvoll kompensieren kann.

Wegen der offensichtlichen Notwendigkeit zur Differenzierung im Feld der Leseförderung wollen wir mit dem vorliegenden Buch zu einem detailorientierten Blick auf die Belange der verschiedenen Gruppen von Heranwachsenden anregen und die Grundlagen dafür bereitstellen. Mit dem Begriff der **»systematischen Leseförderung«** wollen wir ein Konzept bezeichnen, das spezifische Leseschwierigkeiten der Schülerschaft in ein ausdifferenziertes Modell von Lesekompetenz einordnen und vor diesem Hintergrund passende Fördermethoden zu den verschiedenen Teilbereichen des Lesens empfehlen kann. Mit einer solcherart **integrierenden Perspektive von (Lese-)Theorie und (Lese-)Praxis** wird einsichtig, dass naturgemäß nicht alle Leseförderverfahren für alle Leseschwierigkeiten gleichermaßen geeignet sein können – eben war davon in Bezug auf die Leseanimationen bereits die Rede –, sondern dass die verschiedenen Förderverfahren jeweils ihren eigenen sinnvollen, aber umfangslogisch auch begrenzten Ort innerhalb des weiten Feldes der Förderung von Lesekompetenz einnehmen (vgl. Nix 2010).

Das führt zu einer entspannteren Sicht auf das Thema Leseförderung im Ganzen, wobei Gegensätze zwischen verschiedenen »Glaubensbekenntnissen« der Lesedidaktik kaum dienlich sein können. Im angloamerikanischen Sprachraum bestimmte beispielsweise lange Zeit die sogenannte »great debate« das Tagesgeschäft der Leseförderung in Forschung und Schulpraxis (vgl. Valtin 1998). Dabei wurden engschrittigere Lesetrainings (bezeichnenderweise abqualifiziert als »skill drills«) und ganzheitliche Ansätze (»whole language«) dichotomisch gegenübergestellt. Im deutschsprachigen Raum ist überflüssigerweise eine ähnliche Opposition nach Veröffentlichung der PISA-Ergebnisse entstanden – als ob die Vermittlung von technischen Lesestrategien (und damit verbunden: eher sachtextbezogener Lesekompetenz) **oder** aber die Stärkung von offeneren »lesekulturellen« Unterrichtsarrangements (mit Fokus auf unterhaltenden kinderliterarischen Texten) jeweils allein der Königsweg zu besserer Lesekompetenz seien (vgl. Ewers 2006). Abgesehen davon, dass diese vereinfachten Schematisierungen die tatsächliche Komplexität der Verfahren im Unterrichtsgeschehen nicht einfangen können – wer beispielsweise einmal zwei Schüler beim Lautlesen gemeinsam in ein Buch vertieft gesehen hat, wird nur schwerlich von »skill drill« sprechen können, und der Einsatz von Lesestrategien bei literarischen Texten wird, um ein anderes Beispiel zu nennen, nicht eine ästhetische Lesehaltung ausschließen –, abgesehen also von der unzulässigen Gegenüberstellung liegt der Fehler solcher binären Oppositionen unter der Perspektive der hier vertretenen systematischen Leseförderung in ihrer Ausschließlichkeit. Die unterkomplexen Modellierungen suggerieren fälschlicherweise, dass Lesekompetenz ein eindimensionales Konstrukt darstelle, welches mit dieser oder jener Vorgehensweise »besser« oder »schlechter« gefördert werden könne, und unterschlagen die vielen unterschiedlichen Ebenen des Begriffs, die von der neueren Leseforschung inzwischen umfassend expliziert wurden (vgl. Groeben & Hurrelmann 2002; 2004) und die eben durchaus jeweils eigene didaktische Aufmerksamkeit verlangen.

Die Zielsetzung des vorliegenden Buches liegt vor diesem Hintergrund also nicht darin begründet, alte und neue Verfahren der Leseförderung additiv in einem Band zusammenzustellen. Vielmehr geht es uns darum, eine Systematisierung der Lesedidaktik und deren schulische Umsetzung vorzuschlagen, bei der **beobachtbare Lesekompetenzdefizite** der verschiedenen Gruppen von Schüler(innen) mit **entsprechenden Förderansätzen** systematisch in Beziehung gesetzt werden. Die elementaren Komponenten eines Lesecurriculums im Anschluss an die Alphabetisierung, also etwa für die Klassenstufen zwei bis zehn, werden im vorliegenden Band zusammengestellt und diskutiert, eines Curriculums, in dem die verschiedenen Dimensionen eines wissenschaftlich abgesicherten Modells von Lesekompetenz in Verbindung gebracht werden mit unterrichtlichen Handlungsmöglichkeiten in den verschiedenen schriftbasierten Schulfächern.

Bei dieser Fokussierung auf den Erwerb von Lesekompetenz im Regelunterricht in den Klassen zwei bis zehn sparen wir die vorschulische Phase der Lesesozialisation und den Erstleseunterricht aus. Diese frühen Phasen des Erwerbs von Schriftsprachlichkeit sind inzwischen in der internationalen und deutschsprachigen Forschung umfassend aufgearbeitet und haben in angemessenem Maß Eingang in die deutschen Rahmenpläne gefunden bzw. entsprechende Curricula bewirkt. Zu nennen ist hier das weite Feld der »emergent literacy«, also der im Kleinkindalter familiär erworbenen Vorläuferfähigkeiten des eigentlichen Lesens (z.B. allgemeinsprachliche Kenntnisse, grundlegender Wortschatz, erstes explizites Weltwissen, Erfahrungen situationsabstrakten Sprachgebrauchs, motivationale und (lese-)kulturelle Voraussetzungen usw.), die beim Erlernen der eigentlichen Schriftsprachlichkeit und dem Erwerb von

Literarizität eine wichtige Rolle spielen und deren Ausprägungsgrad ein wesentlicher Faktor für die spätere Lesekompetenz des Kindes ist. Unter dem Begriff der »phonologischen Bewusstheit« (vgl. Küspert 1998) sind die Erkenntnisse dieses Forschungszweiges der Lesedidaktik inzwischen für die vorschulische Förderung in den Kindergärten bzw. für die den unmittelbaren Schriftspracherwerb begleitende Unterstützung in den Grundschulen in zahlreichen Förderprogrammen konzeptionalisiert und in die praktische Arbeit integriert worden (vgl. Jansen et al. 1999; Küspert & Schneider 2000; Schneider et al. 1999). Daher können wir für Erwerbsverläufe, Probleme und Förderansätze in diesem Sektor der Lesedidaktik auf die umfangreiche Literatur in Forschung und Förderpraxis verweisen, die inzwischen dazu vorliegt (vgl. z.B. Marx 1997; Schneider et al. 1998). Gleiches gilt für den unmittelbaren Schriftspracherwerb im ersten Grundschuljahr, der inzwischen wohl zu den am gründlichsten erforschten Lesephasen überhaupt gehört und sowohl innerhalb der Lese- und Schreibdidaktik als auch in der Lehrerausbildung bzw. der schulexternen Förderpraxis einen gesonderten Schwerpunkt einnimmt. Auch hier verweisen wir daher auf die grundlegenden aktuellen Einführungen und Darstellungen (vgl. Schründer-Lenzen 2007; Weinhold 2006), die über Kompetenzen und Förderlogiken in diesem lesedidaktischen Feld informieren. Ausführungen zu Dekodierübungen auf Wortebene und zu systematischer Wortschatzarbeit sind entsprechend im vorliegenden Band hintangestellt (vgl. dazu Bertschi-Kaufmann et al. 2007; Willenberg 2007b). Schließlich: Wir entfalten im vorliegenden Band große Aufmerksamkeit insbesondere für schwache Leser(innen), gehen aber auf Prozesse und Probleme des Zweitspracherwerbs (vgl. Arslan 2005; Neugebauer 2007) und auf die Legasthenie-Diskussion (vgl. Klicpera et al. 2007) nicht gesondert ein.

Zielgruppe dieses Buches sind somit primär Lehrerinnen und Lehrer aller Schulformen, die den Erwerb von Lesekompetenz nach der unmittelbaren Alphabetisierung in der Grundschule und in der Sekundarstufe aller Schulformen weiter fördernd begleiten. Die hier vorgenommene Systematisierung und Kategorisierung von Lesefördermaßnahmen soll sie bei der genauen Wahrnehmung, welche Leseleistungen und -probleme in ihrer Klasse jeweils vorliegen, und bei der Entscheidung für bestimmte Fördermaßnahmen unterstützen. Für die verschiedenen Schulformen werden sich die Gewichtungen zwischen den einzelnen Verfahren verschieben, für die Förderstunden neben dem Regelunterricht und für die außerschulische Leseförderung wird das ebenfalls der Fall sein; die hier entwickelte Systematisierung der möglichen Interventionen ist aber unseres Erachtens für all diese Bereiche von Bedeutung.

Im folgenden Kapitel wird zunächst der Begriff der Lesekompetenz entfaltet, der allen Ausführungen dieses Buches zugrunde liegt. Im Unterschied zu dem von PISA erhobenen und primär an kognitionspsychologischen Lesetheorien orientierten Kompetenzkonstrukt möchten wir im Anschluss an die grundlegenden Arbeiten des DFG-Schwerpunktes »Lesesozialisation in der Mediengesellschaft« (vgl. Groeben & Hurrelmann 2002; 2004a) ein **didaktisches Modell von Lesekompetenz** entwerfen, das die auf verschiedenen – kategorial unterschiedlichen – Ebenen liegenden Prozesse beim Lesen integriert: Die kognitiven Anforderungen des Leseakts (Kap. 2.2.1) stellen hierbei den inneren engeren Kern eines **synchronen** Querschnitts durch den »Kopf des Lesers« dar, der von Anforderungen auf der Ebene des gesamten Subjektes (Kap. 2.2.2) sowie auf der sozialen Ebene (Kap. 2.2.3) umlagert und wechselseitig durchdrungen wird. Für eine Thematisierung dieser weitergefassten personellen und sozialen Dimensionen von Lesekompetenz ist eine knappe Darstellung der **diachronen Perspektive**, also des Erwerbs von Literarität im Verlauf der Lesesozialisation, notwendig, sie wird in Kapitel 2.3 ausgeführt.

Lektüre ist insgesamt ein aktiv-konstruktiver und hochkomplexer mentaler Vorgang, der ganz unterschiedliche Kompetenzen vom lesenden Subjekt voraussetzt und einfordert, sodass bei Leseschwierigkeiten in den unterschiedlichen Feldern eben auch unterschiedliche Förderlogiken bedacht werden müssen. Das entworfene Mehrebenenmodell des Lesens bildet insofern das Herzstück unserer Ausführungen, als dass die in den folgenden Kapiteln beschriebenen lesedidaktischen Verfahren sich dezidiert darauf beziehen und herausarbeiten, welche der dargelegten Teilbereiche durch das jeweilige Verfahren idealtypisch gestützt werden, welche Aspekte eher indirekt angesprochen bzw. von der jeweiligen Methode kaum gefördert werden. Bei den im deutschsprachigen Raum weitgehend unerschlossenen **Lautlese-Verfahren** (Kap. 3) stehen beispielsweise die hierarchieniedrigen Prozesse auf Wort-, Satz- und lokaler Textebene im Vordergrund, die im Zuge der Ausbildung von Leseflüssigkeit eingeübt werden. **Die Viellese-Verfahren** (Kap. 4) behalten diese Ausrichtung grundlegend bei, rücken jedoch in stärkerem Maße – durch das quantitativ gesteigerte und verpflichtende Lesen von Büchern innerhalb der Unterrichtszeit – Prozesse auf der Ebene des Subjekts und auf der sozialen Ebene in den Vordergrund, fokussieren also stärker motivationale Prozesse. Insofern bilden sie in einem idealtypischen Sinne den Vorläufer für die zahlreichen Verfahren der **Leseanimation** (Kap. 7), die in einem emphatischen und lesekulturellen Sinne »Werbung« für die Lektüre von Büchern machen, zum Lesen »verlocken« möchten und daher eine lesekulturelle Orientierung bereits weitgehend voraussetzen. **Lesestrategien** (Kap. 5) dagegen setzten idealtypisch primär bei den hierarchiehöheren kognitiven Verstehensleistungen des Leseprozesses an, indem sie die globale Kohärenzbildung durch ordnende, elaborierende und wiederholende Lesetechniken – vor, während und nach der

Lektüre – aktiv herstellen und dadurch die Konstruktion eines adäquaten mentalen Modells des Textes gezielt unterstützen. Die Förderung der Lektüre von **Sachtexten** (Kap. 6) bzw. von **literarischen Texten** in den entsprechenden Schulfächern (Kap. 8) lockern die Systematisierung unseres Buches insofern ein Stück weit, als hier keine isolierbaren und auf bestimmte Lesedefizite hin zugeschnittenen Leseförderverfahren angegeben werden können. Indem die Domänenspezifik der jeweiligen Texte in diesen Kapiteln aufgezeigt und angegeben wird, welche der im Kompetenzteil angeführten Teilbereiche von Lesekompetenz durch entsprechenden Unterricht in diesen Bereichen gefördert werden bzw. gefördert werden müssten, können die unmittelbaren Fördermaßnahmen auf diese Domänen bezogen werden. In der folgenden Übersicht sind die verschiedenen Kapitel bzw. Leseförderdimensionen tabellarisch zusammengefasst.

Leseförderung: Systematik der Handlungsdimensionen

[Dekodierungen auf Wortebene]	Kap. 3 **Lautlese-Verfahren**	Kap. 4 **Viellese-Verfahren**	Kap. 5 **Lesestrategien trainieren**	Kap. 6 **Sachtextlektüre unterstützen**	Kap. 7 **Leseanimation**	Kap. 8 **Literarisches Lesen unterstützen**
Zielen auf **Automatisierung der Worterkennung** (hierarchieniedriger Bereich)	Zielen auf die **Verbesserung von Leseflüssigkeit** (indirekt auf Verbesserung des Textverstehens)	Zielen global auf **Steigerung der Leseleistungen** auf allen Prozessebenen und auf die Steigerung der **Motivation**	Zielen auf die **Verbesserung des Leseverstehens**	Zielt auf domänenspezifisches **Sprach-, Text- und Weltwissen**	Zielt auf **Motivationssteigerung** durch Inszenierung literarischer Kultur; zielt auf **Selbststeuerung** auch der Handlungsebene	Zielt auf **Textsortenkenntnis,** Vertiefung des **Textverstehens,** ggf. Intensivierung der **subjektiven Beteiligung**
Trainiert den Aufbau des Sichtwortschatzes	Trainieren den Aufbau des Sichtwortschatzes und die Fähigkeit zum Sequenzieren von Sätzen (»prosodic parsing«)	Trainieren die Selbststeuerung auf Prozessebene; tangiert das Selbstbild als Leser(in)	Trainieren die metakognitive Steuerung und Überprüfung von Leseprozessen	Trainiert die »Top-Down«-Leistungen beim Textverstehen	Indirekte (prozessferne) Förderung: tangiert das Selbstbild als Leser(in)	Top-down-Leistungen trainieren und literarische kulturelle Praxis inszenieren
[Alphabetisierung]	[Deutschunterricht + Fachunterricht]	[Deutschunterricht + Schulkultur]	[Deutschunterricht + Fachunterricht]	[Fachunterricht + Deutschunterricht]	[Schulkultur + Deutschunterricht]	[Literaturunterricht]

2 Ein Modell von Lesekompetenz aus didaktischer Perspektive

2.1 Wozu ein theoretischer Hintergrund?

Eine **systematische Leseförderung**, wie sie hier angestrebt wird, braucht die Einbettung in einen **theoretischen Begriff von Lesekompetenz**. Nur Lehrende, die die Leseleistungen ihrer Schüler(innen) beobachten und diese Beobachtungen vor dem Horizont eines Lesekompetenzbegriffs bewerten können, sind in der Lage, das Lesen erfolgreich zu unterstützen. Denn sie müssen aus der Vielfalt der vorliegenden Leseförderverfahren die für die Situation angemessene(n) Methode(n) auswählen können, sie in die Unterrichtsplanung integrieren, sie adäquat durchführen und schließlich kritisch auswerten. Dafür ist es unabdingbar, den Lesevorgang grundsätzlich in seinen verschiedenen Dimensionen zu verstehen.

Die PISA-Studie hat **Lesekompetenz** im Kern als Prozess der Informationsentnahme und -verarbeitung modelliert, und sie hat für diese schmale Bestimmung einige Kritik geerntet. Schon ein flüchtiger Blick auf das Lesen zeigt nämlich die Komplexität und Vielschichtigkeit dieser mentalen Leistung, die weit über eine bloße Informationsaufnahme hinausgeht: Vom ersten, noch lautierenden Entziffern bis zum blitzschnellen Erkennen der Kernaussage eines Fließdiagramms, von der intimen Lektüre eines Heftchenromans nachts im Bett bis zum Blättern in der Fernsehprogrammzeitschrift, von den ersten Bilderbuch-Vorlesegesprächen bis zum Lernen aus dem Lehrbuch – all das erfordert oder beschreibt Lektüre. Umgekehrt geht die Lektüre auch in die Entwicklungsgeschichte des Subjekts ein: Die Erfahrungen, die ich lesend mache, sind substanziell in meine besondere Form des In-der-Welt-Seins eingelagert, und meine Lesegeschichte ist ein Teil meiner Biographie.

Freilich hat sich der PISA-Kompetenzbegriff für das **Messen** von Leseverstehensleistung in einem gegebenen Moment durchaus als leistungsfähig und sinnvoll gezeigt. Er greift aber – trotz seiner Komplexität – für lesedidaktische Belange zu kurz (wie die Autoren von PISA übrigens selbst betonen). Denn das PISA-Kompetenzmodell geht nicht auf die Erwerbswege und nicht auf die subjektiven oder sozialen Funktionen des Lesens ein. Man kann auch sagen: Das PISA zugrunde liegende Modell hat keine auf die Entwicklung und keine auf die soziale Einbindung von Lesefähigkeit gerichteten Dimensionen (vgl. Gailberger & Holle 2010).

Natürlich ist das Messen von Leseleistung auch für Lehrkräfte eine wichtige Tätigkeit – vor allem angesichts der Umorientierung des Bildungswesens auf »Output« und der Einführung von Standards, die beim Lesen eben durch Messen festgelegt und überprüft werden. Aber das Hauptgeschäft von Unterricht liegt eben in der Vermittlung derjenigen Kompetenzen, die dann ggf. gemessen werden können, d. h., wir brauchen einen Lesekompetenzbegriff, der die Lernprozesse erfasst, sodass sie gezielt unterstützt werden können.

Deshalb entwerfen wir mit dem folgenden Modell von Lesekompetenz einen umfassenderen Begriff[1], mit dem wir die einzelnen Lesefördermaßnahmen, die in den Kapiteln dieses Buches vorgestellt werden, immer wieder abgleichen werden. Denn es ist wichtig, unterscheiden zu können, welche Ebene des Lesens überhaupt durch eine jeweilige Lesefördermaßnahme gefördert wird und welche nicht – eben das ist mit dem Begriff der »systematischen Leseförderung« gemeint.

Das folgende Modell benennt die verschiedenen Dimensionen des Lesens – die messbaren auf der Ebene des konkreten Leseprozesses, aber auch diejenigen auf der subjektiven und auf der sozialen Ebene, Aspekte des Lesens also, die kaum quantifizierbar scheinen und deren Verständnis doch notwendig ist, um einen für didaktische Entscheidungen tragfähigen Begriff zu begründen. Weil die verschiedenen Ebenen durchaus heterogen zueinander stehen, handelt es sich um ein Mehrebenenmodell (vgl. ausführlich Rosebrock 2009).

Es beschreibt in seinem Kern den einzelnen Moment der Lektüre mit seiner kleinsten Einheit, der Wortidentifikation, die eingebettet ist in weitere mentale Tätigkeiten der kognitiven Verarbeitung, die ihrerseits insgesamt eingebunden sind in eine systematisch andere Dimension, nämlich in die des Verstehens und der Reaktionen des Menschen, der liest. Diese schließlich ist ihrerseits Teil sozialer Zusammenhänge, die sein Lesen mitbestimmen.

»Lesen« lässt sich also, wie die Grafik zeigt, grundsätzlich dreigeteilt denken: Das Zentrum der konzentrisch gedachten Kreise beschreibt die kognitiven Tätigkeiten während des einzelnen **Leseprozesses**, gewissermaßen seine psychologische Mikrologie, den Augenblick des Entzifferns: die Aufnahme der Schriftzeichen in einem gegebenen Moment, die verschiedenen Schritte ihrer Verarbeitung. Hier hat PISA gezeigt, wie diese Prozessebenen als Kompetenzstufen zu verstehen sind und messbar gemacht werden können. Diese kognitiven Aktionen werden durchgeführt von dem Menschen, der liest und der bekanntlich nicht auf seine aktuellen kognitiven Tätigkeiten reduziert werden kann, sondern sich als **Subjekt** vielfältig beteiligt an den mentalen Modellen,

1 Dieses Modell wurde im Kern in dem DFG-Schwerpunkt »Lesesozialisation in der Mediengesellschaft« entwickelt (vgl. Groeben & Hurrelmann 2002; 2004a).

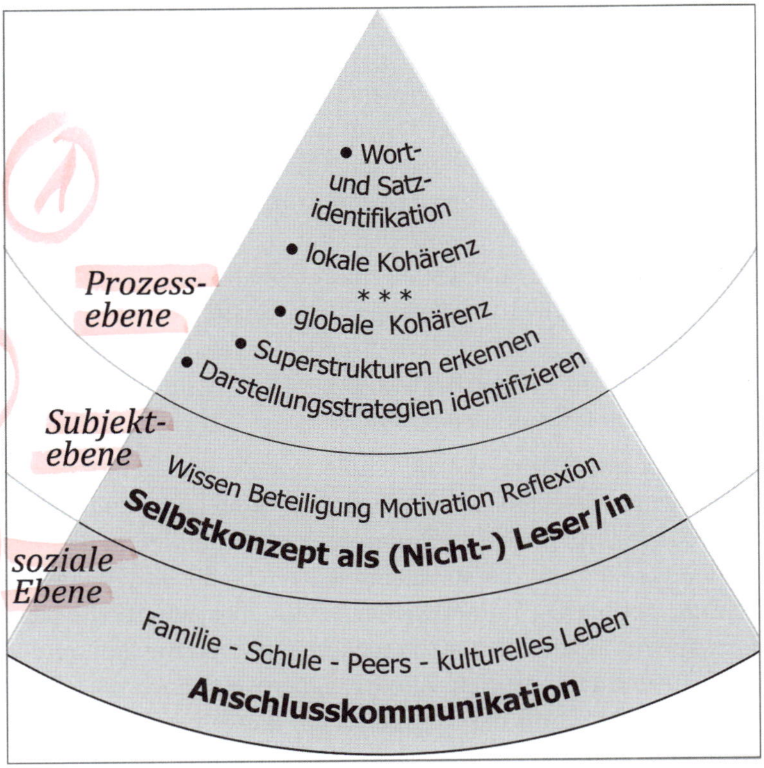

Mehrebenenmodell des Lesens

die er beim Lesen miterschafft. Diese Ebene umschließt den eigentlichen, zunächst künstlich isolierten kognitiven Prozess. Der äußere Kreis unseres Lesemodells bildet schließlich die **soziale Ebene**, in die das Individuum seinerseits eingefügt ist, die Ebene also, die die Genese seiner Lesefähigkeit und seine aktuelle Lesebereitschaft erheblich mitbestimmt. Das ist die Dimension, in der Schule und Unterricht grundsätzlich organisiert sind. In der gedachten Mitte der konzentrischen Kreise wird also allein die Schriftwahrnehmung fokussiert, je größer die Ringe werden, desto mehr erweitert sich die Perspektive auf die Verarbeitungs- und dann die Erfahrungsdimensionen des Lesens, um im äußeren Bereich die sozialen Interaktionen, in die Lesefähigkeit und Leseneigung eingebunden sind, in den Blick zu bekommen.

Damit ist keine Hierarchie der einzelnen Momente unterstellt: Beispielsweise ist es natürlich elementar notwendig, dass die Leser Sätze richtig verknüpfen können, also lokale Kohärenzen herstellen (Prozessebene), es ist ebenso wichtig, dass sie sich affektiv und intellektuell am Text beteiligen (Subjektebene), und es ist schließlich fast immer eine Bedingung, dass ihr Umfeld ihre Leseaktivitäten unterstützt (soziale Ebene) – diese drei Notwendigkeiten lassen sich nicht untereinander in mehr oder weniger bedeutend hierarchisieren, es sind eben ganz unterschiedliche Dimensionen des Lesen-Könnens. Mit diesem Modell ist auch kein zeitlicher Ablauf suggeriert: Lebensgeschichtlich lernen wir natürlich nicht zuerst Wörter entziffern, bevor wir in der Lebenswelt darüber kommunizieren, sondern das sind Prozesse, die bekanntlich ineinandergreifen. Mit dem Mehrebenenmodell sind vielmehr unterschiedliche Perspektiven auf »Lesen« zueinander in ein systematisches Verhältnis gerückt: von dem engen Blick allein auf die kognitiven Leistungen über den Blick auf die Person hin zum Blick auf die Verhältnisse, denen sie angehört. Von diesen drei unterschiedlichen Perspektiven wissen wir, dass sie alle sehr bedeutend für den Erwerb von Lesekompetenz sind.

Weil die Kompetenzdefizite, die an Schüler(inne)n wahrgenommen werden können, auf ganz verschiedenen Ebenen angesiedelt sind und weil die verschiedenen Maßnahmen zur Leseförderung, die wir in diesem Buch zu systematisieren versuchen, auf entsprechend unterschiedliche Dimensionen des Lesens zielen, werden wir immer wieder auf die hier entwickelte begriffliche Modellierung von Lesekompetenz zurückgreifen, um eine konkrete Lesefördermaßnahme darin zu verorten. Zunächst aber werden wir die auf S. 11 dargestellte Grafik und damit die Komponenten dieses Lesekompetenzmodells im Einzelnen darstellen.

2.2 Ein didaktisch orientiertes Modell von Lesekompetenz

2.2.1 Die Prozessebene: Kognitive Anforderungen des Leseakts

Gegenwärtige kognitionstheoretische Modelle gehen davon aus, dass Lesen ein kognitiv konstruktiver Vorgang ist, der die aktive Bildung von Bedeutungen verlangt. Die Leistung des kognitionstheoretischen Lesemodells, wie es die Leserpsychologie entworfen hat[2], besteht nun darin, diese aktive Tätigkeit des Lesenden aufzufächern in verschiedene Anforderungsdimensionen, die während des Lesens zugleich kognitiv vollzogen werden. Fünf solche Dimensionen können isoliert werden.

Die **Buchstaben-, die Wort- und die Satzerkennung** sind hier schon in einem Posten zusammengefasst, wie es für flüssige Leser durchaus selbstverständlich ist, die diese Komponente des Leseprozesses automatisiert haben. Wer aber Kontakt mit Grundschulkindern hat, weiß, wie langwierig der Prozess der Automatisierung der Worterkennung auf diesem hierarchieniedrigsten Level von Leseleistung ist. Der sogenannte »Wortüberlegenheitseffekt« spielt auf

---

[2] Den folgenden Ausführungen liegt das Modell von Kintsch (1998) zugrunde (vgl. zusammenfassend: Artelt et al. 2005; Christmann & Groeben 1999; Christmann 2010).

dieser Ebene eine Rolle: Die semantische Verfügbarkeit von Wörtern in ihrer Buchstabengestalt ist wichtig für Geschwindigkeit und für die kognitive Mühelosigkeit, in der sie identifiziert werden können. Das gilt aber nicht nur für die Wörter allein: Auch wenn die Kontexte, in die die Wörter hineingehören, bekannt und dadurch erwartbar sind, wird die Worterkennung stabilisiert. Leseanfänger, die über einen differenzierten Wortschatz und entsprechendes Kontextwissen verfügen, haben also schon auf diesem niedrigsten Level der Leseleistung einen Vorteil, indem sie während des Lesens präzisere Erwartungen entwickeln, d. h. sogenannte »Top-down«-Leistungen zur Unterstützung des Buchstabierens einsetzen.

Für das Satzverstehen ist insbesondere die Bildung von Sequenzen wichtig, die semantisch zusammengehören: Zum Beispiel muss für die Verbklammer des Deutschen von dem Prädikatsteil in der zweiten Position bis zum Satzende eine Erwartungsspanne aufgebaut werden. Leseanfänger, die umfassende vorschulische Erfahrungen auch mit strukturell schriftsprachlicher Kommunikation haben, haben hier wieder deutliche Vorteile: Sie verfügen über differenziertere Satzmuster, sie sind geübter im rezeptionsbegleitenden Aufbau einer inneren Repräsentation des Gelesenen, eines sogenannten **mentalen Modells**, und sie verarbeiten sehr viele textseitige Hinweise schon auf dieser noch relativ hierarchieniedrigen Stufe des Leseprozesses daraufhin.

Die genannten kognitiven Prozesse einschließlich des Satzverstehens vollziehen sich beim kompetenten Lesen automatisiert, d. h. gleichsam mühelos und ohne selbst reflexive Ressourcen in Anspruch zu nehmen. Das gilt auch noch für den nächsten Level von Prozessleistungen, für die **lokale Kohärenzbildung** durch Verknüpfung von Satzfolgen. Auch bei diesen über die Satzgrenzen hinausgehenden Bildungen von Sinnzusammenhängen spielt Sprach- und Weltwissen eine Rolle. Denn die »kleinen«, lokalen Stimmigkeiten konstruiert der gute Leser völlig beiläufig durch die Herstellung von sogenannten Inferenzen (das sind stimmige Ergänzungen von Leerstellen im Text). Für Leseanfänger oder gänzlich Leseungewohnte, die sich noch lautierend vorlesen müssen, um überhaupt eine Idee davon zu bekommen, wovon im Text die Rede ist, sind die Vorgänge auf diesen beiden relativ niedrigen Ebenen bereits mental so aufwendig, dass ihre kognitiven Ressourcen durch die Anstrengung auf diesen Ebenen gleichsam aufgezehrt werden, sodass sie trotz aller Mühen die etwas größeren Zusammenhänge des Textes kaum verstehen.

Aber komplexeres Leseverstehen fängt erst an, wenn die lokalen Kohärenzen nicht nur hergestellt, sondern auch in reduzierenden Organisationsvorgängen verdichtet und miteinander verknüpft werden, und zwar mitlaufend zu den schon genannten Leistungen der Wort- und Satzidentifikation im Fluss der Lektüre, gewissermaßen »online«. Dann bildet der Lesende Makrostrukturen, nämlich eine strukturierte Vorstellung vom Textinhalt als Ganzem, und stellt damit **globale Kohärenz** her, die umfasst, wovon die Rede ist, was das übergreifende Thema ist usw. – eine inhaltliche Gesamtvorstellung des Textes, die aus dem Zusammenschießen von erfahrungsbasierten Vermutungen zum Thema (»top down«) und ersten Verarbeitungsschritten der Semantik des Textes (»bottom up«) entsteht. Beispielsweise: »Ich habe bis jetzt über den Körperbau und die Ernährung von Schnecken gelesen, nun geht es wohl weiter mit der Beschreibung von Lebensraum, Fortpflanzung, verschiedenen Arten usw.«.

Komplexere literarische Sprachfiguren, z. B. Metaphern oder Ironie, versteht man diesem Modell zufolge nur, wenn man sie zunächst lokal kohärent machen kann, also in ihren Kontext aktiv einordnet und dadurch ihre widersprüchliche Dimension erschließen kann. Einfache literarische oder pragmatische Texte verzichten entsprechend auf solche Figuren und formulieren ihre globalen Inhaltsbereiche explizit, etwa in einführenden Sätzen, die angeben, wovon in der Folge gehandelt wird und worauf das Ganze hinausläuft. An der Kinderliteratur kann man solche textseitigen Strategien, Texte strukturell einfach zu machen, leicht entdecken. Komplexere Texte, ob literarische oder Sachtexte, erwarten die Herstellung eines Zusammenhangs in höherem Maße von den Lesern. Diese wiederum entlasten sich, wenn sie im Rahmen ihrer schriftmedialen Vorkenntnisse über inhaltliches Wissen hinaus auch über differenziertes Textsortenwissen verfügen. Die mentale Rekonstruktion der formalen Organisation des Themas im Text werden **Superstrukturen**[3] genannt. Wer sie errichtet hat, kann während des Lesens brauchbare Hypothesen bilden und in Anwendung bringen, weil er schon weiß, wie Texte dieser Art funktionieren. Beispielsweise: »Es werden verschiedene Aspekte des Schnecken-Daseins nacheinander und im Prinzip gleichrangig erläutert, und der Text erhebt den Anspruch, Tatsachen zu beschreiben.«

Der Leser bildet durch all diese Leistungen eine innere, gleichsam holistische Repräsentation des Gelesenen, das **mentale Modell**, in das neue Textmomente ständig Eingang finden, sodass es korrigiert, differenziert, insgesamt: prozessiert wird. Die Einspeisung neuer Momente durch die Textvorgabe und die Hinzuziehung von weiterem Text- und Weltwissen gehen dabei Hand in Hand – jedenfalls dann, wenn die hierarchieniedrigeren Prozesse, die Worterkennung und die Bildung lokaler Zusammenhänge, so weit automatisiert sind, dass sie nicht die kognitiven Leistungen des Lesenden für sich allein beanspruchen, und wenn er ausreichend mentale Ressourcen aktiviert, um sein menta-

[3] In der Forschung wird zwischen Makro- und Superstrukturen unterschieden: Während Makrostrukturen die globalen Inhaltsstrukturen textsortenübergreifend beschreiben, erfassen Superstrukturen die Ordnung von Textteilen unabhängig von ihrer inhaltlichen Auffüllung, erfassen also textsortenspezifische Charakteristika (vgl. Christmann & Groeben 1996).

les Modell im Zuge des Weiterlesens auszudifferenzieren. Die einzelnen kognitiven Prozesse – Wortidentifikation, Satzidentifikation, lokale Kohärenz usw. – laufen natürlich nicht nacheinander ab, sondern interagieren permanent miteinander, kurz gesagt: Diese Verarbeitungsprozesse geschehen **im** Prozess des Lesens, nicht hinterher oder getrennt davon. Das mentale Modell ist, wenn man so will, der eigentliche Ertrag des Lesens. Wenn wir von der Qualität des Textverstehens sprechen, meinen wir, wie vollständig in ihm die im Text ausgedrückten Inhalte abgebildet und geordnet sind.

Wenn diese mentalen Modelle in konventionalisierte Redeweisen eingeordnet werden können, d. h., wenn aus einer Metaperspektive heraus rhetorische, stilistische und argumentative Strategien entschlüsselt und in ihrer Bedeutung ausgeschöpft werden können, dann ist die hierarchiehöchste Ebene der kognitiven Leistungen im Leseprozess beschrieben. In dem Fall wird der logische Gang des Textes gleichsam begleitend noch einmal aus der Metaperspektive gesehen, seine **Darstellungsstrategien** werden identifiziert. Für literarisch etwas komplexere Texte ist diese Ebene durchaus notwendig. Beispielsweise Märchenparodien spielen mit dem Textsortenwissen der Leser, indem sie konventionelle Strukturen des Märchens in ihnen aufrufen, diese aber dann durchkreuzen. Das darf die Leser nicht in heillose Verwirrung stürzen, sondern sie müssen es als ein Spiel mit einer Erzählkonvention genießen können, indem sie die Strategie, die zur Anwendung kommt, erkennen und sich daran erfreuen.

So weit also eine knappe Darstellung des kognitionstheoretischen Modells des Lesens, das den inneren Bereich unseres Kompetenzmodells ausfüllt und übrigens auch dem Kompetenzbegriff der PISA-Studie zugrunde lag: Im Zusammenspiel von fünf (analytisch unterscheidbaren) mentalen Akten, so könnte man die Kognitionstheorie des Leseprozesses zusammenfassen, werden die Textvorgaben vom Leser aktiv als sinnhafte Figurationen innerlich repräsentiert und prozessiert. Dabei lassen sich hierarchieniedrige Ebenen, die bei guten Leser(inne)n automatisiert ablaufen (die Wortidentifikation und die Bildung von lokalen Kohärenzen) unterscheiden von hierarchiehöheren (ab der globalen Kohärenzbildung), die bewusste gedankliche Anstrengung während des Lesens erfordern.

2.2.2 Die Subjektebene: Lektüre und Persönlichkeit

Für das Messen von Leseleistungen ist das fünfstufige Modell sicher angemessen. Freilich: Wäre der Akt des Lesens damit erschöpfend beschrieben, würde vermutlich niemand diese mental ungeheuer komplexe Akrobatik lernen geschweige denn beherrschen. Es braucht die **Motivation**, die komplizierten und vielschichtigen Denkakte beim Lesen langwierig einzuüben und während des Lesens selbst innere Modelle des Repräsentierten auf immer höherem Niveau anzustreben; es braucht sozusagen Antriebe, die jeden einzelnen der kognitiven Schritte auf den Weg bringen. Hier verlässt uns die Kognitionstheorie des Lesens; solche Fragen nach der Art und Weise der Beteiligung des Subjekts an seinen kognitiven Hervorbringungen sind nicht ihr Terrain. Aber für didaktisches Denken, also für ein Verständnis der individuellen Genese von Lesefähigkeit, sind diese Faktoren natürlich zentral. Der Leser ist in seine eigenen textgeleiteten Konstruktionen nämlich nicht nur verstrickt – das auch, auf der Ebene des Leseprozesses –, er ist ihnen auch konfrontiert. Er ist während der Lektüre in einem Bedeutungsgeflecht aktiv befangen, das ihn übersteigt – er schaut sich aber zugleich auch selbst dabei zu. Er kann z. B. den Leseprozess jederzeit abbrechen, wenn er will, und aussteigen aus dieser »Welt«, die ihn umfängt.

Man muss beim Lesen (vielleicht noch mehr als bei anderen Medienhandlungen) von einem umfassenden Engagement des lesenden Subjekts ausgehen. Es ist nicht nur kognitiv im oben ausgeführten Sinn aktiv, sondern es ist als Ganzes, also auch mit seinen affektiven Komponenten, mit seinem **Weltwissen** und mit seiner Fähigkeit, die Erfahrungen anderer auf sich zu **reflektieren**, verstrickt in die Konstruktionen der Lektüre. Schaut man auf kindliches Lesen, so ist ganz deutlich, dass es diese **innere Beteiligung** und Übertragung des Gelesenen auf die Lebenswelt ist, die den Reiz des Lesens ausmacht: Das Lesen ist in seinen Anfängen ein wunschorientierter Vorgang, und es bleibt das im Kern bis hinein in die Verästelungen erwachsener ausdifferenzierter Lesehaltungen. Sogar da, wo Lektüre ganz äußeren Zwecken folgt, wird sie immer noch am Laufen gehalten von den Verlockungen zu subjektiver Beteiligung, vom Begehren nach Sinn. Wie stark Texte Sinnverheißung und Beteiligungsmöglichkeiten zunächst signalisieren und dann tatsächlich auch gewähren, ist natürlich einerseits textseitig bestimmt, also von vielerlei Momenten ihrer Beschaffenheit abhängig; Texte, die in ihrem Handlungsverlauf typische kindliche Wünsche erfüllen, sind naheliegenderweise besonders attraktiv für kindliche Leser(innen) – das konnte die empirische Leseforschung schon in den 1930er Jahren zeigen (vgl. Bühler et al. 1958).

Noch wichtiger aber als die Textseite ist für didaktische Belange die Leserseite: Ob Lesen überhaupt als Modus positiver Erfahrung zur Verfolgung von Interessen lebensgeschichtlich erschlossen wurde und ggf. mit welchen Themen und Textsorten welche persönlichen oder sozialen Gratifikationen erreicht werden können, ist lebensgeschichtlich bestimmt und insofern zunehmend individuell, und es ist über weite Strecken geschlechtsspezifisch ausgeprägt.

Das Entwicklungsschicksal der Lesebereitschaft seit der frühen Kindheit bestimmt auch die **aktuelle Lesemotivation** gegenüber diesem oder jenem konkreten Text, man kann sagen, es ist Teil der Identität geworden. In der Fachdiskussion spricht man von dem **lesebezogenen Selbstkonzept**.

Die situative Lesemotivation, die der Unterricht in der sogenannten »Motivationsphase« aufbauen soll, trifft nicht nur auf verschiedene Interessen und Leseleistungsniveaus, sondern auch konkret auf solche motivationalen Strukturen bei den Einzelnen, also auf mehr oder weniger Bereitschaft, vorhandenes Wissen, emotionales Engagement und Reflexion in den konkret anstehenden Leseprozess zu investieren. Denn die Schüler(innen) haben bereits motivationale Überzeugungen, die ihr Selbstkonzept in Bezug auf das Lesen betreffen: Bin ich »begabt« für die Leseaufgabe, beispielsweise für die, mich in ein Buch zu vertiefen? Kann ich dieses Vorhaben durch Anstrengung meistern oder stellt es eine zu schwierige Aufgabe dar, sodass ich scheitern werde? Motivational ungünstig ist es natürlich, wenn das Selbstkonzept in Richtung auf internale Faktoren – »Ein ganzes Buch lesen, womöglich ohne Illustrationen!« – gepolt ist (vgl. Möller & Schiefele 2004).

Solche motivationalen Selbstüberzeugungen als (Nicht-)Leser(in) kommen nicht aus dem Nichts: Sie sind milieugeprägt, beziehen sich auf Vorbilder, Erfahrungen und Rückmeldungen, die über das ganze Leben hinweg von den verschiedenen Lesesozialisationsinstanzen, also der Familie, der Schule, der Peergroup usw. vermittelt bzw. verstärkt wurden. Das heißt, eine motivationale Überzeugung – beispielsweise: »Lesen ist (nicht) mein Fall« – ist in einer langen Lerngeschichte begründet und hat sich zu einem lesebezogenen Selbstkonzept verfestigt, das Teil der Identität ist.

Manches gut geplante Lesevorhaben an der Hauptschule ist schon an diesen Selbstkonzepten der Schüler(innen) als Nicht-Leser(in) gescheitert: Die Lehrkraft hat einen passenden, einfach strukturierten, interessanten Text gefunden, sie hat die Gruppe für das Thema hervorragend motiviert, die Schüler(innen) sind im Moment begeistert von dem Vorhaben – aber die Lektüre zu Hause klappt trotzdem nicht. Und umgekehrt: Begeisterte Leser(innen) – in der Sekundarstufe I sind das meist gymnasiale Mädchen – lassen sich von Texten bewegen, die ihnen mindestens »zwei Nummern zu groß« sind – auf der Basis von Erfolgszuversicht und Interesse, also von einem stabilen Selbstkonzept als gute Leserinnen solcher Texte.

2.2.3 Die soziale Ebene: Kommunikation im Anschluss an Texte

Freiwillige individuelle Lektüregewohnheiten sind stärker von dem Bedürfnis nach sozialer Teilhabe getragen, als es das verbreitete Bild vom einsamen, in die Buchwelt entrückten Leser zeigen will, das Klischee vom Leser, der in der

Stille seines Kämmerleins mit seinem Buch ganz bei sich bleibt (vgl. Garbe 1997). Das gilt nicht nur für die sozusagen »offizielle«, von der Schule geforderte Lektüre, die ja im Unterricht meist mündlich und schriftlich weiter verhandelt wird, sondern auch für das Freizeitlesen. Die kommunikative Dimension des Lesens aus freien Stücken besteht beispielsweise für Zeitungs- oder Zeitschriftenlektüre im »Bescheidwissen« oder für Belletristik in der Teilnahme am literarischen Leben. Über das Lesen entsprechender Texte wird z. B. der Zugang zu sozialen Gruppen gesucht und realisiert – die Harry-Potter-Welle war ein gutes Beispiel dafür, an dem auch sichtbar wird, dass die Bedeutung der sozialen Einbindung der Rezeption nicht nur für Bücher und Texte hoch ist, sondern für Medienrezeption überhaupt gilt.

Außerdem ist die soziale Bindung von Freizeit-Lesepraktiken auch im Blick auf die lebensgeschichtliche Entwicklung von Lesemotivation und Lesegewohnheiten evident: Die Anfänge der Lesesozialisation liegen im Erzählt- und Vorgelesen-Bekommen durch kompetente Andere in kommunikativen Situationen, in denen gemeinsam mental konstruiert wird, wie der konkrete Text in die Lebenswelt gehören kann. Deshalb werden diese Vorlesesituationen kleiner Kinder mit ihren Müttern auch Vorlesegespräche oder -dialoge genannt (vgl. Wieler 1997). Für die Vorschulkinder stellt der Vorlesedialog gleichsam eine Urszene der gemeinsamen Konstruktion eines Sinnzusammenhangs von Text und Welt und eine außerordentlich intensive Lernsituation dar. Im Zuge des biografischen Übergangs zum Selber-Lesen wird die Anschlusskommunikation an Lektüre, sei sie vor- oder nachbereitend, zunehmend zu dem Ort, an dem die textbezogenen Konstruktionsprozesse ausgetauscht werden, indem hier die lebensweltliche Bedeutung der Leseerfahrung sozial ausgehandelt und gleichsam weiter verteilt wird. Denn bei jugendlichen und erwachsenen Leser(innen) sind die Lesesituationen selbst in der Regel nicht sozial strukturiert – Lektüre vollzieht sich für sie überwiegend allein und folgt dominant individuellen Textvorlieben. Aber auch die scheinbar isolierten Lesegewohnheiten solcher Leser(innen) fußen eben nicht nur in lebensgeschichtlicher Perspektive auf dem Austausch über das Gelesene mit anderen, sie sind darüber hinaus auch synchron gesehen in der Regel in lebensweltliche Interaktionen einbezogen: Leser(innen) haben beispielsweise häufig ebenfalls lesende Elternteile, Geschwister und Freunde oder Partner, die sie explizit oder indirekt zu bestimmten Lektüren motivieren.

Zusammenfassend: Der Austausch über das Gelesene mit anderen bietet zum einen eine Intensivierung des Textverstehens, zum anderen bildet er einen starken Leseanlass.

Man könnte die gesamte Schule mit ihrem Fächerkanon als eine Institution beschreiben, die gesellschaftlich eingerichtet wurde, um kompetente Anschlusskommunikationen an Texte sicherzustellen. Denn in allen Fächern – vielleicht mit Einschränkungen bei den musischen und beim Sport – ist das Wissen, das zu vermitteln bzw. zu übernehmen ist, dominant in Form von Texten konserviert. Allerdings sind die Gespräche im Unterricht insbesondere ab der Sekundarstufe hochgradig institutionell geprägt, sie sind in der Regel unidirektiv und sie sind zielorientiert ausgerichtet; die Texte sind fast immer institutionell vorgegeben. Insofern unterscheiden sie sich scharf von den informellen Gesprächen in der Familie oder den Gleichaltrigengruppen, von denen wir wissen, dass sie eine außerordentlich starke Wirkung auf die Leseneigung haben (vgl. Philipp 2008; Rosebrock 2004). Die Leseforschung kann zeigen, dass vor allem ab der Pubertät der Literaturunterricht als Anregungsfaktor des Freizeitlesens faktisch stark zurücktritt: Während bei vorpubertären Schüler(inne)n die Leseneigung in Schule und Freizeit noch hohe Übereinstimmungen aufweisen (vgl. Harmgarth 1997, S. 64), stimmen bei den Dreizehn- bis Sechzehnjährigen selbst ausgewiesene Freizeit-Vielleser(innen) mehrheitlich der Aussage »In der Schule lesen wir nur langweilige Sachen« zu. Diese Zustimmung ist erwartungsgemäß noch höher bis hin zu annähernd 100 Prozent bei Jugendlichen mit schwächerer Leseneigung (vgl. ebd., S. 66). Die Distanz der Schüler(innen) zu den schulischen Lesestoffen und Vermittlungspraktiken ist ab dem dreizehnten bis zum sechzehnten Lebensjahr für den Gymnasialbereich in der Leseforschung sehr gut belegt (vgl. Graf 1980; Schön 1993) und wird von Lehrer(inne)n in der Regel auch deutlich wahrgenommen. Für die große Mehrheit der Hauptschüler(innen) bestimmt diese Distanz ohnehin die gesamte Sekundarschulzeit hindurch das Verhältnis zum schulischen Lesen (vgl. Baumert et al. 2001; Pieper et al. 2004).

Was den Anregungscharakter und die Vertiefung des Verstehens der Lektüre im sozialen Austausch angeht, so sind die informellen Lernprozesse in der Familie und unter Gleichaltrigen also insbesondere im Bereich der Sekundarstufe I deutlich von den formellen Gesprächen im Unterricht zu unterscheiden. Wenn aber der informelle Austausch über Texte eine so lernintensive und motivationssteigernde Situation ist – warum ist es nicht möglich, dass auch Unterrichtskommunikation wenigstens ein Stück weit von diesen Möglichkeiten profitiert? Wir wollen in den Kapiteln 3 – 8 zu den einzelnen Förderdimensionen des Lesens darauf zurückkommen.

2.3 Exkurs Lesesozialisation: Ein Blick auf den Verlauf des Erwerbs von Lesekompetenz

Literarische Erfahrung findet bekanntlich nicht nur im Literaturunterricht statt. Durch Freizeitlektüre vor allem von Kinderliteratur, durch Hörkassetten und Hörbücher, in Kino, Fernsehen und Theater oder durch narrative PC-Spiele, durch das mündliche Erzählen usw. sind literarische Ausdrucksformen früher und dann kontinuierlich begleitend zum Deutsch- und Literaturunterricht zugänglich. Schon im vorschulischen Bereich machen Kinder Erfahrungen mit schriftsprachlich strukturierten Texten und literarischen Formen, insbesondere durch das Vorlesen, das Erzählen und durch die Medien. Die Qualität dieser vorschulischen Schriftsprach- und Literaturerfahrungen ist in außerordentlichem Ausmaß davon abhängig, ob und wie Schriftsprache aus Medien und Büchern zwischen Eltern und Kindern mündlich aufgenommen und vermittelt wird, d. h., sie ist von der **Qualität der familiären Kommunikation** abhängig, Damit sind Ausmaß und Qualität solcher Erfahrungen in großem Maß von der sozialen Schicht mitbestimmt, also vom äußeren Kreis unseres Lesekompetenzmodells. Ein gut messbarer Effekt ausgeprägter Schriftspracherfahrungen im Vorschulalter ist eine hohe **phonologische Bewusstheit**, also das Bewusstsein, dass Wörter mit ihrer jeweiligen Klanggestalt isolierbar sind und nicht mit der Sache, die sie bedeuten, in eins fallen. Phonologische Bewusstheit ist eine wichtige Vorläuferfähigkeit für den systematischen Schriftspracherwerb in der ersten Klasse.

Diese frühen Erfahrungen mit schriftsprachlichen Texten im Mündlichen sind literarisch getönt, oder vielleicht sollte man besser sagen: Literarische und nicht-literarische Formen des Darstellens sind noch nicht getrennt. In der Kinderliteratur entmischen bzw. differenzieren sich die Genres gewissermaßen langsam, zunehmend mit dem Lebensalter der Adressaten; Märchen und märchenhafte Erzählungen, die ihr »Gemacht-Sein«, ihre poetischen Regeln, deutlich vorzeigen, gehören dann zu den ersten literarischen Fiktionen, die sich für Drei- oder Vierjährige deutlich von den referierenden Alltagserzählungen abzusetzen beginnen; Fiktionalitätsbewusstsein gegenüber beispielsweise realistischen Texten zeigt sich erst deutlich später.

Der anfänglichen Ungeschiedenheit literarischer und nicht-literarischer Kinderliteratur entsprechen auch Beobachtungen auf der Leserseite. Man findet bei Kindern immer wieder tendenziell literarische Lesehaltungen gegenüber Sachtexten und umgekehrt. In der biographischen Sozialisationsforschung treffen wir beispielsweise oft auf Jungen, die eine emotional intensive Begeisterung für bestimmte Gegenstandsbereiche über Sachtexte pflegen, sich z. B. in bestimmten Sportarten bis ins Detail weiterbilden, über Dinosaurier oder was auch immer. Der »Überschuss« an Bedeutung, die affektive Besetzung, eigentlich Merkmale literarischer Rezeption, sind hier oft direkt sichtbar (vgl. Graf 2004b). Umgekehrt werden literarische Texte manchmal als sachhaltige Berichte von Kindern (miss)verstanden; bei dieser Ausdifferenzierung von Lesehaltungen die Schüler(innen) kompetent zu unterstützen ist eine wesentliche Aufgabe des Unterrichts in allen Fächern.

Mit sehr heterogenen Vorerfahrungen der Schriftsprache treten Kinder in den unmittelbaren **Leselehrgang** im ersten Grundschuljahr ein. Hier wird zunächst vordringlich das lautierende Entziffern geübt, die Übersetzung der Buchstaben in eine Klanggestalt, von der aus dann ein bekanntes Wort wiedererkannt werden kann. Die Kinder haben schon längst realisiert, dass Wort und Sache nicht identisch sind, sie verabschieden sich spätestens jetzt von der vorschulischen Vorstellung, ein geschriebenes Wort sei eine Art Icon (wie beispielsweise ein chinesisches Schriftzeichen), und haben die Strategie erworben, sukzessive Buchstaben zu entziffern. Zugleich setzt die allmähliche Automatisierung der Worterkennung und die Steigerung der Leseflüssigkeit ein, die auszubilden eine große lesedidaktische Aufgabe der folgenden Grundschuljahre bildet (vgl. Kap. 3.3). Der Erstleselehrgang und noch die folgenden zwei Jahre stellen eine Krise der literarischen Sozialisation dar, denn die Selbstlesefähigkeiten bleiben noch lange hinter den ggf. schon weit entwickelten literarischen Verstehens- und Genussfähigkeiten zurück: Die Textchen, die Kinder nun mühsam selbst entziffern können, sind literarisch kaum belohnend für sie. Diese Schere zwischen dem, was schon verstanden und genossen werden kann, und dem, was eigenständig gelesen werden kann, schließt sich für die sehr guten Leser(innen) erst in der zweiten Grundschulhälfte: Nun können sie selbst Texte lesen, die sie inhaltlich befriedigen.

Um das Gesagte auf das Mehrebenenmodell des Lesens zu beziehen: Die Leseübungen des Erstleselehrgangs sind im Zentrum des Kreises angesiedelt, es geht um das Entziffern. Die Ebene der Beteiligung an literarisch altersgemäßen Texten, die das Lesen erst genussvoll und belohnend macht, wird beim Selbst-Lesen nur allmählich und kaum in den ersten Grundschuljahren erreicht. Die Kommunikation im Klassenraum, der dritte Kreis des Schemas, muss sicherstellen, dass die Sinnhaltigkeit von Lesetexten für die Kinder auch tatsächlich erfahrbar wird. Die meisten Kinder bringen einen großen Willen mit, das Lesen, diese komplizierte und abstrakte mentale Akrobatik, zu erlernen, der so gewaltig ist, dass er über viele Monate und Jahre zu großen Anstrengungen motiviert.

Für die späteren guten Leser folgt in der **späten Kindheit** eine Viellesephase, in der auch in der Freizeit die Automatisierung der Worterkennung und die Leseflüssigkeit insgesamt fortentwickelt und ein »langer Leseatem« erworben wird, die Fähigkeit nämlich, komplexe mentale Modelle über längere Zeit zu prozessieren. Meist wird in der Freizeit Kinderliteratur von eher mäßigem literarischen Anspruch gelesen, aber auch die Lektüre von literarisch etwas komplexeren Kinderbüchern in der Schule ist bis hinein in die siebte Klasse in der Regel problemlos. Am Ende der Kindheit ist das Lesen schlichter Texte für diese mittelschichtsozialisierten Kinder mental soweit mühelos geworden, dass nun im Leseprozess die kognitiven Ressourcen für die eigentliche denkende Verarbeitung des Gelesenen zur Verfügung steht, sodass auch aus anspruchsvolleren Texten gelernt werden kann. Das ist vor der Pubertätskrise, unter der das Freizeitlesen bekanntlich leidet, erreicht. Idealerweise ist auf der Leseprozessebene für diese Schüler(innen) der hierarchieniedrige Bereich nun automatisiert, und die Energien im Leseakt können sich ganz auf die hierarchiehohen Weiterverarbeitungen richten; ob es konkret auch so ist, ist natürlich auch von der jeweiligen Textschwierigkeit abhängig.

In der Pubertät ändert sich das Weltverhältnis, es verändert sich viel an den Modalitäten, in denen Erfahrungen gemacht und verarbeitet werden, und es kann nicht wundern, dass Lektürepraktiken davon tangiert sind: Die einfachen wunscherfüllenden Texte der Kindheit werden nun schal, ein **Neuanfang der literarischen Sozialisation** steht an. Auf der Prozessebene werden vermutlich die metakognitiven Momente bedeutender, die Distanz zum literarischen Geschehen wächst in gewisser Weise, schlichte Identifikation mit einer literarischen Figur hin zum guten Ende genügt psychisch nun meist nicht mehr. Das Verhältnis des Subjekts zu seinem sozialen Umfeld verliert an Fraglosigkeit, und die Kommunikation über Gelesenes wird entsprechend brüchiger. Freizeitlektüre wird bei Mittelschichtkindern oft als private, geradezu intime Form des Erlebens inszeniert, und entsprechend heftig wird der Abstand zum Literaturunterricht mit seinen analytischen oder hermeneutischen Zielen empfunden. Die große Aufgabe des gymnasialen Literaturunterrichts ab der Mitte der Sekundarstufe I ist es sicherlich, Schüler(inne)n bei der krisenhaften Entwicklung neuer, für sie tragfähiger und genussreicher Lesehaltungen und beim Finden geeigneter Lesemedien zu unterstützen. Diese Motivationskrise mündet für diejenige Minderheit an Gymnasiast(inn)en, die überhaupt noch in der Freizeit liest, in eine Neuorientierung, was die inhaltlichen Interessen und die Ausdifferenzierung von Lesehaltungen angeht. Nunmehr liest aber etwa nur noch ein Drittel eines Jahrgangs in seiner Freizeit.

Mit PISA kann man zeigen, dass dieser hier typisierte Verlauf der ineinander verschränkten Entwicklung des Lesens und Literaturverstehens für etwa **ein Viertel** der Schüler(innen) nicht zutrifft. Sie stammen in der Regel aus Familien, in denen ihr vorschulischer Zugang zu Schriftmedien wenig unterstützt wird. Im Erstleselehrgang und bis zum Beginn der Sekundarstufe nehmen diese Kinder ihre Leseentwicklung nicht aktiv gewissermaßen in die eigenen Hände, sondern lesen altersangemessene Texte weiterhin nur stockend, verwenden wenig Energie darauf, den Text mental zu verarbeiten, und vermeiden insgesamt das Lesen, wo es geht. So geraten sie schnell in einen **Teufelskreis**, denn der Mangel an Motivation und der an Kompetenz verstärken sich im Verlauf der Schulkarriere gegenseitig. Die Gratifikation für all die Mühen, der Lesegenuss, bleibt nachhaltig aus, weil die Lesefähigkeit immer hinter der sich steigernden Komplexität der Texte und des Unterrichts zurückbleibt. Die schwachen Leser(innen) werden mehrheitlich in den Hauptschulbereich überwiesen und treffen dort auf einen Unterricht, der diesem Stand der Lesefähigkeit und dem negativen lesebezogenen Selbstbild in der Regel nicht durch gezielte Förderung ihrer mangelnden Leseflüssigkeit (vgl. Kap. 3.3) und die Vermittlung kultureller Muster für den Umgang mit Büchern begegnet, sondern der, falls er überhaupt lesedidaktisch aktiv wird, weiterhin zum Lesen in den offenen Förderanlagen zu animieren versucht (vgl. Kap. 7), die bereits in der Grundschule bei diesen Schüler(inne)n nicht gegriffen haben.

Was den Verlauf ihrer **Lesesozialisation** angeht (vgl. zusammenfassend: Pieper 2010), fehlt diesen Gruppen also Leseflüssigkeit, die eine ausgeprägte Freizeitlektüre in der späten Kindheit vermutlich gefördert hätte. Ihnen fehlen aber auch die Erfahrungen, dass Lektüre ein eigenständiger und genussreicher Modus des Weltzugangs sein kann, und ihnen fehlt ein positives, erfolgszuversichtliches Selbstbild als Leser(in). Kurz gesagt: Es fehlt neben der **Kompetenz** zur Textverarbeitung auch die **motivationale Basis** für das Lesen. Die Jugendliteratur hält nur ausnahmsweise Texte bereit, die den wenig entwickelten Lesekompetenzen entgegenkommen und zugleich dem Weltverhältnis und Interessenhorizont junger Leute entsprechen, sodass diese Gruppe gewissermaßen auch bei den Lesemedien von den Altersgenossen in den höheren Schulen abgehängt ist. Die beiden großen Aufgaben des Leseunterrichts für diese schwachen Leser(innen) in der späten Grundschule und in der Sekundarstufe I sind sicherlich, einmal die Leseprozessfähigkeiten im hierarchieniedrigen Bereich zu stärken, also die Leseflüssigkeit zu fördern und die Verarbeitungsenergie zu steigern, und auf der anderen Seite eigenständige Erfahrungen mit Schriftmedien zu eröffnen. Die **literarische Sozialisation** dieser Gruppen ist von audiovisuellen Medien, von den Zeichentrickserien und Musikclips in den privaten Sendern, eventuell noch von Jugendmusikzeitschriften und Sportblättern geprägt, schriftsprachlich strukturierte literarische Genres kennen sie kaum (vgl. Pieper et al. 2004). Diese vorhandenen Genreerfahrungen auch in anderen Medien als Ausgangspunkt des Literaturunterrichts zu entfalten, ihre literarischen Potenziale zu finden und zu entwickeln ist sicher eine große Herausforderung für Literaturunterricht mit diesen Gruppen.

Praxisrelevante Literatur

Zur Lesedidaktik

Arslan, B.S. (2005). *Leseknick – Lesekick. Leseförderung in vielsprachigen Schulen.* Zürich: Lehrmittelverlag des Kantons Zürich. [Vielfältige direkt einsetzbare Anregungen zur Leseförderung mit besonderer Berücksichtigung von Vielsprachigkeit im Unterricht].

Baumert, J., Klieme, E., Neubrand, M., Prenzel, M., Schiefele, U., Schneider, W., Stanat, P., Tillmann, K.-J. & Weiß, M. (Hrsg.) (2001. *PISA 2000. Basiskompetenzen von Schülerinnen und Schülern im internationalen Vergleich.* Opladen: Leske und Budrich.

Bertschi-Kaufmann, A. (Hrsg.) (2007). *Lesekompetenz – Leseleistung – Leseförderung. Grundlagen, Modelle und Materialien.* Seelze-Velber: Kallmeyer. [Ein Überblicksband mit lesedidaktisch orientierten Handbuchartikeln zu den verschiedenen Dimensionen und Aspekten des Lesens].

Bertschi-Kaufmann, A. (2003). *Das Lesen anregen, fördern, begleiten.* Buchs: Lehrmittelverlag des Kantons Aargau. [Kurze praxisorientierte Einführung in die Leseförderung].

Gaiser, G. & Münchenbach, S. (2006). *Leselust dank Lesekompetenz. Leseerziehung als fächerübergreifende Aufgabe.* Donauwörth: Auer. [Heterogener Sammelband, der auf einem weiten Begriff von Lesekompetenz vielfältige Förderansätze diskutiert].

Gläser, E. (Hrsg.) (2005). *Lesekompetenz fördern von Anfang an. Didaktische und methodische Anregungen zur Leseförderung.* Baltmannsweiler: Schneider Verlag Hohengehren. [Sammelband mit einem Schwerpunkt auf Leseförderung in der Grundschule)].

Gold, A. (2007). *Lesen kann man lernen. Lesestrategien für das 5. und 6. Schuljahr.* Göttingen: Vandenhoeck & Ruprecht. [Einführung in die Lesetheorie und Förderpraxis mit Schwerpunkt auf der Vermittlung von Lesestrategien].

Hessisches Kultusministerium (Hrsg.) (2004). *Leseförderung in der Praxis. Tipps, Hilfe und Konzepte für die Sekundarstufe I.* Wiesbaden. [Praxisanregungen zur Leseförderung in den Bereichen Diagnostik, Leseverstehen, Lesemotivation und fächerübergreifende Leseförderung].

Köster, J. & Rosebrock, C. (2009). Lesen – mit Texten und Medien umgehen. In A. Bremerich-Vos, D. Granzer, U. Behrens & O. Köller: *Bildungsstandards für die Grundschule: Deutsch Konkret.* Berlin: Cornelsen (S. 104–138). [Darstellung eines standardorientierten Lesecurriculums für die Grundschule].

Zum Themenfeld „Literarische Sozialisation"

Eggert, H. & Garbe, C. (2003). *Literarische Sozialisation.* 2. aktual. Aufl. Stuttgart u.a.: Metzler. [Standardwerk, das den Forschungsstand zur Lesesozialisation aufarbeitet].

Garbe, C. (2009): Lesesozialisation. In C. Garbe, K. Holle & T. Jesch, *Texte lesen. Textverstehen – Lesedidaktik – Lesesozialisation.* Paderborn: Schöningh (S. 167–222).

Garbe, C., Philipp, M. & Ohlsen, N. (2009), *Lesesozialisation. Arbeitsbuch.* Paderborn: Schöningh. [Überblickstext zur Lesesozialisationsforschung mit folgendem dazugehörigem Arbeitsbuch zum Selbststudium, Letzteres mit zahlreichen Aufgaben und Materialien.]

Graf, W. (2007). *Lesegenese in Kindheit und Jugend. Einführung in die literarische Sozialisation.* Baltmannsweiler: Schneider Verlag Hohengehren. [Detaillierte qualitative Beschreibungen von Leseerfahrungen und Leseverhalten in der Kindheit und Jugend.]

Philipp, M. (2011). *Lesesozialisation in Kindheit und Jugend: Lesemotivation, Leseverhalten und Lesekompetenz in Familie, Schule und Peer-Beziehungen.* Stuttgart: Kohlhammer [in Druck]. [Umfassende Einführung in das Themengebiet, detaillierter Forschungsüberblick].

Pieper, I. (2010). Lese- und literarische Sozialisation. In M. Kämper-van den Boogaart & K.H. Spinner (Hrsg.), *Lese- und Literaturunterricht. Teil 1* (S. 87 – 147). Baltmannsweiler: Schneider [Zusammenfassung der Ergebnisse der Lesesozialisationsforschung].

Rosebrock, C. (2008). Lesesozialisation und Leseförderung; literarisches Leben in der Schule. In M. Kämper-van den Boogaart (Hrsg.), *Deutschdidaktik. Leitfaden für die Sekundarstufe I und II.* Neubearbeitung 2008 (S. 163 – 183). Berlin: Cornelsen Scriptor. [Überblicksartikel zu Lesesozialisation und Leseförderverfahren.]

Überblick: Plateaus der literalen und literarischen Entwicklung

Garbe, Holle und von Salisch (2006) haben den skizzierten Verlauf der literalen und literarischen Entwicklung auf der Basis der Arbeiten von vor allem Graf (1995; 2004) an das Konzept der Entwicklungsaufgaben angebunden, wie es die pädagogische Psychologie entwickelt hat, und zu schematisieren und abstrahieren versucht. Sie schlagen vor, drei »Plateaus« der Lese- und literarischen Sozialisation zu unterscheiden: Im Vorschulalter wird der Eintritt in die Literalität durch kompetente Andere installiert, das Plateau der Emergenz wird durch »interpersonale Literarität«, durch die Ko-Konstruktion des Lesens prototypisch zwischen Mutter und Kind in der Vorlesesituation gebildet. Im Laufe der Grundschulzeit bis zur Pubertätskrise des Lesens wird das Kind in seiner Lektüre gewissermaßen autonom, es entdeckt seine Erfahrungs- und Genussmöglichkeiten mit Texten. Nach der Pubertätskrise wandelt sich der Umgang mit Texten erneut: Nun differenzieren sich die Lesehaltungen; das Interesse, die eigenen Leseerfahrungen mit anderen abzugleichen, wird wieder größer. Diese Plateaus lösen einander nicht einfach ab, sondern die jeweils ältere, überwundene Erfahrungsform bleibt als Basis weiter bestehen.

Angemerkt werden muss, dass diese Theoretisierung deutlich an der Mittelschicht orientiert ist – die proklamierte Autonomie im Umgang mit (altersgemäßen) Texten wird von dem schwachen Viertel der Schülerschaft sicher nicht erreicht (vgl. Pieper et al. 2004).

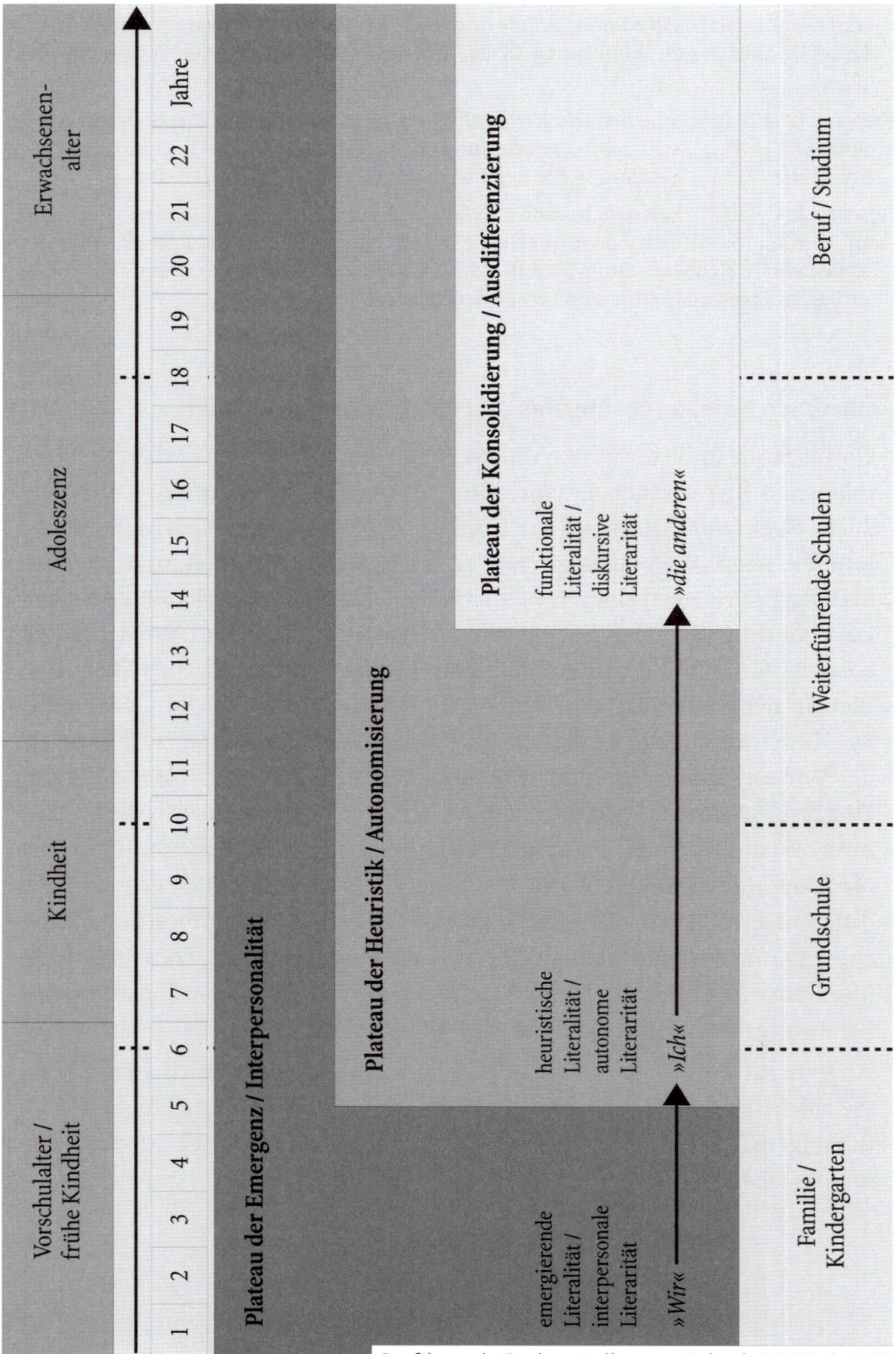

Grafik nach Garbe, Holle, von Salisch 2006, S. 127

3 Lautlese-Verfahren

3.1 Was versteht man unter Lautlese-Verfahren?

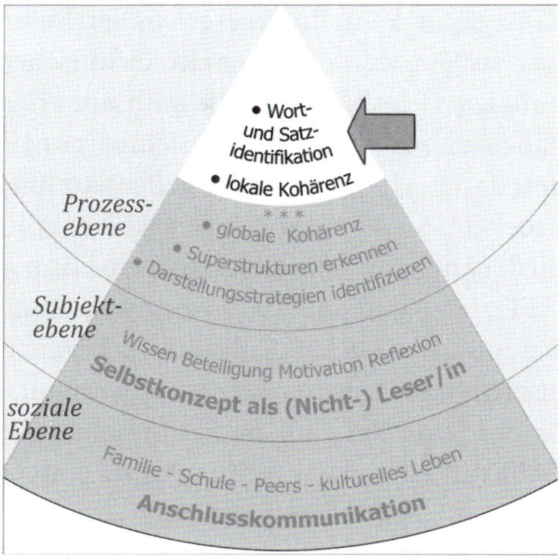

Unter dem Begriff »Lautlese-Verfahren« fasst man im Kontext der Lesedidaktik explizite Trainingsformen und -routinen zusammen, bei denen die Schüler(innen) durch das laute Lesen und Vorlesen (vgl. Blesi 2003; Ockel 2000) von kurzen Texten oder Textabschnitten vor allem ihre Lesefähigkeit bei der Worterkennung, der Verbindung von Wortfolgen im Satzzusammenhang und bei der Herstellung von Relationen zwischen den einzelnen Sätzen verbessern können. Lautlese-Verfahren zielen somit innerhalb des dargelegten Lesekompetenzbegriffs (vgl. Kap. 2.2) in kognitiver Hinsicht **direkt** auf eine Verbesserung der hierarchieniedrigen Leseprozesse ab, indem sie die Leseflüssigkeit (fluency) der Schüler trainieren. Allerdings belegen empirische Studien auch einen **indirekten** Transfer der Methoden auf höhere Verstehensleistungen, d. h. durch die Lautlese-Verfahren wird das Leseverstehen der Schüler(innen) insgesamt mitgefördert. Lesemotivation und Reflexionsvermögen werden bei den Verfahren insofern ebenfalls **indirekt** trainiert, als durch eine Verbesserung der technischen Lesefähigkeit das lesebezogene Selbstkonzept der Schüler(innen) positiv beeinflusst wird bzw. durch die stattfindende Verbesserung von Lesefehlern teilweise metakognitive Fähigkeiten geschult werden (vgl. zu Lautlese-Verfahren generell: Rosebrock, Nix, Rieckmann & Gold 2011).

3.2 Für welche Schüler(innen) sind Lautlese-Verfahren angebracht?

Viele Lehrer(innen) werden mit der Problematik vertraut sein, dass ein Teil ihrer Schüler(innen) nicht dazu in der Lage ist, Texte flüssig und sinnkonstituierend (vor)lesen zu können – mitunter auch nicht in der Sekundarstufe. Von einer fachlichen Auseinandersetzung mit Sach- und literarischen Texten im Unterricht kann für diese Schüler(innen) oftmals keine Rede sein, da sie bereits auf der elementaren technischen Ebene des Lesens scheitern: Sie müssen viele Wörter noch mühsam erlesen, wodurch sich ihre Lektüre nur langsam, zögerlich und mit sichtbarer Mühe vollzieht; sie verlesen sich oft; sie lesen weitgehend ohne sinnvolle Betonung in einer typischen monotonen und stockenden Wort-für-Wort-Lektüre. Weiterhin sind sie in vielen Fällen nicht in der Lage, aus dem Gelesenen eine sinnvolle Bedeutung zu konstruieren (vgl. Scheerer-Neumann 2003). Anders formuliert lässt sich sagen, dass der holzschnittartige Gedanke, dass die Schüler(innen) in der Grundschule das Lesen lernen (»learning to read«), um dann mit dieser ausgebildeten Lesekompetenz in der Sekundarstufe die Fachinhalte zu lernen (»reading to learn«), in dieser Schlichtheit einfach nicht stimmt. Zum einen können – wie eben dargelegt – bis in die Sekundarstufe hinein viele Schüler(innen) in technischer Hinsicht noch nicht richtig flüssig lesen; zum anderen sollte die Lektüre auch in der Grundschule in sinnvolle und möglichst lebensweltnahe Kontexte eingebunden sein, sodass die Schüler(innen) natürlich hier auch immer schon »aus Texten lernen« (vgl. dazu auch Kap. 6).

Auch empirische Untersuchungen können belegen, dass eine ausreichend ausgebildete Leseflüssigkeit (»reading fluency«) am Ende der vierten Klasse bei vielen Schüler(inne)n keinesfalls so sichergestellt ist, wie wir das gerne glauben möchten. In den USA beispielsweise wurden in einer 1995 durchgeführten Studie des National Assessment of Educational Progress (Pinnell et al. 1995) über 1100 Viertklässler hinsichtlich ihrer Leseflüssigkeit beim Vorlesen eines literarischen Textes getestet. Die Ergebnisse waren erschütternd: Nahezu die Hälfte aller Schüler (44 Prozent) wurde von den Autoren der Studie als »disfluent« eingestuft, das heißt, sie konnten den Text nicht flüssig und betont vorlesen, sondern stotterten mehr oder weniger Wort für Wort oder in Zweiwortgruppierungen durch das Gedruckte. Nur 13 Prozent aller getesteten Schüler erreichten die höchste Rating-Stufe und konnten dementsprechend den Text sprachlich sinnvoll gliedern und expressiv interpretieren. Auch aus Österreich liegen ähnliche Befunde vor. Ein zentrales Ergebnis der von Klicpera und Gasteiger-Klicpera (1993) durchgeführten Langzeitstudie, in der die Lese- und Schreibentwicklung von Anfang der ersten bis zum Ende der achten Klasse untersucht wurden, bestand in der Feststellung der großen Heterogenität von Lesekompetenz in den Klassen: Im Vergleich zu den guten Lesern gibt es laut den Autoren auch in den achten Klassen immer noch zahlreiche leseschwache Schüler(innen), die im Vergleich zu besser Lesenden bezüglich Lesegeschwindigkeit und Lesesicherheit zwei bis drei Jahre im Rückstand sind.

Wie verbreitet diese Defizite in Bezug auf die Leseflüssigkeit deutscher Schüler in der Sekundarstufe noch sind, wissen wir leider nicht genau, denn die großen Large-Scale-Untersuchungen im Rahmen von PISA, IGLU und DESI haben diese Dimension nicht als gesonderte Kriteriumsvariable erhoben. Die Autoren von PISA weisen aber in ihrer Analyse der Vorhersagefaktoren der Lesekompetenz darauf hin, dass die Dekodierfähigkeit der Schüler, worunter sie die »Schnelligkeit des Erfassens der korrekten Bedeutung von Sätzen eines längeren Textes verstehen« (Artelt et al. 2001, S. 128), zu den zentralen Prädiktoren von Lesekompetenz gehört.

Dass die Lage in Deutschland nicht wesentlich besser als in den USA und Österreich ist, können wir aufgrund der Ergebnisse zahlreicher Einzelstudien begründet vermuten. Zumindest für die Hauptschule ergibt sich der Befund, dass ein automatisierter Lesefluss, wie er theoretisch nach der Grundschule etabliert sein müsste, in vielen Fällen nicht erreicht ist. Zum einen befinden sich in dieser Schulform vor allem Schüler(innen) aus bildungs- und schriftfernen Elternhäusern, die außerhalb der Schule in der Regel kein »beiläufiges Lesetraining« durch Freizeitlektüre »absolviert« haben (vgl. dazu Kap. 4); darüber hinaus stammen viele dieser Kinder und Jugendlichen aus Migrantenfamilien und haben in vielen Fällen nur unzureichende sprachliche Fähigkeiten, die wiederum negativ auch auf die basale Lesefähigkeit rückwirken. Im Rahmen ihres Projektes zur »Lesesozialisation in schriftfernen Lebenswelten« konnten Cornelia Rosebrock und Team (Pieper et al. 2004) diese Vermutungen als Teilergebnis ihrer Studie bestätigen. Die befragten jungen Erwachsenen mit Migrationshintergrund zeigten überwiegend erhebliche Leseschwierigkeiten, sowohl hinsichtlich der technischen Lesefähigkeit (Worterkennung, Satzidentifikation usw.), als auch in Bezug auf das mühelos verstehende Lesen. Die Autor(inn)en ziehen daraus den Schluss, dass leseanimierende Ansätze (vgl. Kap. 7) diese schwachen Leser(innen) in vielen Fällen überfordern, da für sie die Lektüre mühevoll und anstrengend ist und nicht mit den versprochenen Gratifikationen des Lesens in Beziehung gebracht werden kann (vgl. Pieper et al. 2002).

Zusammenfassend lässt sich festhalten, dass Lautlese-Verfahren aus den genannten Gründen vor allem für solche Schüler(innen) angebracht sind, die auf der hierarchieniedrigen Prozessebene Probleme mit dem Lesen haben und deren Leseflüssigkeit nur mangelhaft ausgebildet ist.

		Ja/ Nein
Level 4	Der Schüler liest weitgehend in größeren, semantisch sinnvollen Worteinheiten.	
	Trotz gelegentlicher Rücksprünge im Text, Wiederholungen und Abweichungen wird der übergeordneten Geschichtengrammatik (story grammar) Rechnung getragen.	
	Die Syntax der Geschichte wird korrekt wiedergegeben.	
	Ein Großteil der Geschichte wird *expressiv interpretiert* (verschiedene Lesegeschwindigkeiten, Lautstärken, Stimmlagen, emotionale Beteiligung etc.).	
Level 3	Der Schüler liest überwiegend in *Dreier- oder Vierer-Wortgruppen*; gelegentlich treten auch *kleinere Wortgruppen auf.*	
	Die Mehrheit der Wortgruppierung ist (trotzdem) angemessen und entspricht der Syntax der Geschichte.	
	Wenig oder keine expressive Interpretation (verschiedene Lesegeschwindigkeiten, Lautstärken, Stimmlagen, emotionale Beteiligung etc.).	
Level 2	Der Schüler liest überwiegend in *Zweier-Wortgruppen. Dreier- und Vierer-Wortgruppen* treten gelegentlich auf.	
	Ab und zu kommt auch ein Wort-für-Wort-Lesen vor.	
	Die Wortgruppierungen erscheinen ungeschickt und stehen in keinem Zusammenhang zur Syntax der Geschichte.	
Level 1	Der Schüler liest die Geschichte hauptsächlich *Wort für Wort.*	
	Nur gelegentlich treten Zweier- oder Dreier-Wortgruppierungen auf.	
	Die wenigen Wortgruppierungen sind unregelmäßig und unterstützen nicht die Syntax der Geschichte.	

Disfluente Leser(innen) erkennen

Natürlich können disfluente Leser(innen) über standardisierte Tests identifiziert werden. Aber lesedidaktisch aufmerksame Lehrkräfte können auch durch einfachere Verfahren einen tragfähigen Einblick in die Leseleistungsfähigkeit ihrer Schüler(innen) gewinnen. Dafür lässt die Lehrkraft das Kind einen altersgemäßen Text von etwa 200 Wörtern zunächst still für sich lesen und bittet es dann, ihn ihr vorzulesen. Sie stoppt die Zeit und notiert auf ihrem Textexemplar die Länge der Wortgruppen, unangemessene Pausen und ob an einschlägigen Stellen expressiv gelesen wird, ob beispielsweise wörtliche Rede stimmlich abgesetzt wird usw. Zur Bewertung dieser Beobachtungen hat sich die von Pinnell und Team (1995) entwickelte »Oral Reading Fluency Scale« bewährt. Wir haben sie im Rahmen des Frankfurter Projekts »Leseflüssigkeit« für den deutschsprachigen Raum adaptiert und konnten eine hohe Übereinstimmung bei verschiedenen Beurteilern erzielen.

3.3 Was versteht man unter Leseflüssigkeit und wie hängt sie mit dem Textverstehen zusammen?

Warum eine ausgebildete Leseflüssigkeit für das Verstehen von Texten insgesamt wichtig ist, wird von der angelsächsischen Leseforschung sowohl theoretisch als auch empirisch eindrucksvoll dargelegt. Im Gegensatz zum deutschen Sprachraum wird dort Leseflüssigkeit nicht als beiläufiges Produkt des Leselehrgangs in der Grundschule stillschweigend erwartet und in der Sekundarstufe dann einfach vorausgesetzt, sondern sie wird in Stufenmodellen des Schriftspracherwerbs unter dem Begriff »reading fluency« als eigenständige und daher potenziell förderungsbedürftige Komponente von Lesekompetenz beschrieben. Der Erwerb von Leseflüssigkeit ist dabei in einem unauffälligen Schriftspracherwerb idealtypisch nach der alphabetischen Phase und vor der Fähigkeit zum effizienten Umgang mit längeren Texten angesiedelt. Die Leseforschung zeigt, dass vor allem vier Dimensionen den Begriff der Leseflüssigkeit bestimmen und die Verbindung zum Textverstehen insgesamt erklären (vgl. Rosebrock et al. 2011).

Erstens gehört zu einer flüssigen Lektüre die Fähigkeit, die Wörter im Text genau, also ohne Verlesungen, dekodieren zu können bzw. Lesefehler einer sofortigen Korrektur zu unterziehen. Werden sinnentstellende Verlesungen hingegen von den Schüler(innen) nicht unmittelbar korrigiert, verändert sich in den meisten Fällen die Bedeutung des Gelesenen erheblich, sodass eine falsche Sinnkonstruktion folgt bzw. die Sinnkonstruktion im Satzzusammenhang vollkommen scheitert. Der amerikanische Leseforscher Timothy Rasinski

(2003) hat ein Verfahren entwickelt (vgl. unten stehenden Kasten), mit dem man die Lesegenauigkeit von Schüler(inne)n prozentual ermitteln und bewerten kann. Fällt die Dekodiergenauigkeit unter 90 Prozent, bleibt ein Text für Schüler(innen) unverständlich; sie lesen dann auf einem »Frustrationslevel«. Ein Wert von 90–95 Prozent zeigt, dass der Text (mit unterstützender Hilfe) weitgehend verstanden werden kann, das Kind befindet sich auf einem »Instruktionsniveau«. Ein »unabhängiger Leselevel« wird hingegen mit einem Wert von 96–100 Prozent an Dekodiergenauigkeit erreicht; der Text kann gut und ohne gesonderte Hilfe verstanden werden (zur Diagnose von Leseflüssigkeit vgl. im Einzelnen Rosebrock et al. 2011).

Lautleseprotokolle – ein einfaches Verfahren zur Berechnung der Lesegeschwindigkeit und der Dekodiergenauigkeit

Ein einfaches Diagnoseverfahren für die Schulpraxis, das in den USA weit verbreitet ist und mit dem mit wenig Aufwand die Lesegeschwindigkeit und die Dekodiergenauigkeit eines Kindes ermittelt werden kann, ist das Lautleseprotokoll („running record", vgl. z. B. Rasinski 2003; S. 157 ff.). Dazu wählt die Lehrperson einen Text, der dem Stand der Lesekompetenz des Kindes oder Jugendlichen weitgehend entspricht. Das Kind liest den Text eine Minute lang laut vor. Die Lehrperson verfolgt die Lektüre auf einem gesonderten Textblatt und markiert alle Lesefehler. Als Fehler zählen falsche Aussprachen, Ersetzungen und Wortumstellungen bzw. -auslassungen, wenn sie den Sinn des Gelesenen entstellen. Auch Wörter, die durch den Lehrer vorgegeben oder korrigiert werden müssen, zählen als Fehler. Nicht als Fehler gelten Wiederholungen und Verlesungen, soweit sie vom Kind selbst korrigiert werden.

Nach Ablauf einer Minute markiert die Lehrperson die Textstelle, an der das Kind angekommen ist, und lässt es den Text zu Ende lesen. Die Anzahl der Wörter, die das Kind in einer Minute gelesen hat, beschreibt seine Lesegeschwindigkeit. Eine Lesegeschwindigkeit von etwa 100 Wörtern pro Minute markiert den Übergang zum flüssigen Lesen. Doch die Fehlerzahl ist natürlich auch bedeutend. Wenn das Kind zwar 100 Wörter in dieser Zeit gelesen hat, aber mehr als fünf Fehler dabei gemacht hat, ist eine Komponente der Leseflüssigkeit, die Genauigkeit, nicht genügend, und es muss als disfluent eingestuft werden. Eine Dekodiergenauigkeit von etwa 95 Prozent gilt als Bedingung für verstehendes Lesen.

Um die Dekodiergenauigkeit zu errechnen werden die fehlerhaften Wörter von der Gesamtzahl der im Zeitrahmen gelesen Wörter subtrahiert, sodass sich die Anzahl der fehlerfrei gelesenen Wörter pro Minute ergibt.

Diese Anzahl wird durch die Anzahl aller gelesen Wörter dividiert. Die Dekodiergenauigkeit stellt neben der Lesegeschwindigkeit ein sehr gutes Maß dar, um Entwicklungsprozesse der Schüler beim Lesen im hierarchieniedrigen Sektor zu diagnostizieren und zu dokumentieren. Verbesserungen werden so sichtbar gemacht, was sich positiv auf die Lesemotivation und das Selbstkonzept als Leser(in) auswirkt (vgl. Wember 1999).

$$\frac{\text{Anzahl der fehlerfrei gelesenen Wörter}}{\text{Anzahl der gelesenen Wörter pro Zeitabschnitt}} \times 100 = \text{Dekodiergenauigkeit in \%}$$

Zweitens bildet die Automatisierung der Dekodierfähigkeit einen wichtigen Bestandteil einer ausgebildeten Leseflüssigkeit. Nur wenn die Dechiffrierungsprozesse beim Lesen durch anhaltende Übung automatisiert wurden, d.h. mit Geschwindigkeit, ohne Mühe, autonom und unbewusst vollzogen werden, stehen kognitive Kapazitäten für die eigentlichen Textverstehensprozesse zur Verfügung (vgl. LaBerge & Samuels 1974). Umgekehrt kann man feststellen, dass schwache Leser(innen), die die hierachieniedrigen Prozesse noch nicht automatisiert haben, nahezu ihre ganze kognitive Aufmerksamkeit für die Entzifferung der Schrift benötigen und dadurch nicht auf den »Sinn« des Textes achten können.

Man kann sich die Bedeutung der Automatisierung gut am Beispiel des Autofahrens verdeutlichen. Fahranfänger sind mit den verschiedenen Teilaufgaben (Lenken, Schalten, Pedale bedienen usw.) meist so beschäftigt, dass sie nur wenig kognitive Ressourcen zur Beobachtung des Straßenverkehrs frei zur Verfügung haben. Geübte Autofahrer hingegen haben diese Prozesse voll automatisiert, sodass sie keine Aufmerksamkeitskapazitäten mehr dafür verwenden müssen und neben dem Fahren sogar telefonieren oder am Radio herumstellen können. Übertragen auf das Lesen bedeutet das, dass wir als geübte Leser(innen) die hierarchieniedrigen Leseprozesse so umfassend automatisiert haben, dass wir in der Regel überhaupt nicht mehr darauf achten, dass wir Wörter beim Lesen dekodieren. Wir können gar nicht anders als gedruckte Wörter automatisch zu entziffern. Wie stark dieser »Lesezwang« bei geübten Lesern ist, zeigt beispielsweise das sogenannte »Stroop-Experiment«. Hierbei bekommen Probanden Farbnamen dargeboten, die selbst in verschiedenen Farben gedruckt sind. Die Aufgabe besteht darin, möglichst schnell die Farbe (und nicht den Farbnamen!) des jeweiligen Wortes zu benennen. Die Ergebnisse des Experiments zeigen, dass die Benennung der Farbe eines Wortes dann verlangsamt ist, wenn die Bedeutung des Wortes der Farbe widerspricht, also wenn z. B. das Wort »gelb« grün gedruckt ist. Das Experiment zeigt eindrucksvoll, wie stark die Automatisierung bei geübten Leser(inne)n ist, da die Wortbedeutung quasi sofort »ins Auge springt« und die eigentliche Aufgabe, die Farbe zu benennen, stört. Eine weitere Möglichkeit, den Stellenwert der Automatisierung sichtbar zu machen, besteht beispielsweise darin, einen kurzen Text in Spiegelschrift von rechts nach links zu lesen. Die Automatisierung ist dann weitgehend aufgehoben, und selbst geübte Leser(innen) können nun nachvollziehen, wie mühevoll es ist, nicht flüssig lesen zu können.

Spiegeltext

Einen Text so zu lesen ist gar nicht so einfach, wie man denkt.
Und das, obwohl keine schwierigen Wörter darin vorkommen.
Man fühlt sich fast, wie wenn man nicht flüssig lesen kann.

Aus dem Zusammenspiel von Lesegenauigkeit und Automatisierung ergibt sich als **dritte** Dimension der Leseflüssigkeit die Lesegeschwindigkeit, deren Bedeutung für das Textverstehen schon durch einen einfachen Vergleich zwischen Leser(inne)n unterschiedlicher Lesekompetenz deutlich wird: Kompetentere Leser(innen) lesen deutlich schneller als schlechter lesende Gleichaltrige. Die Lesegeschwindigkeit durchschnittlicher Leser(innen) liegt im Englischen bei ca. 250 gelesenen Wörtern pro Minute (wpm), während geübte Leser(innen) durchschnittlich ca. 300–350 wpm und schwache Leser(innen) lediglich ca. 150 wpm erreichen (vgl. Bamberger 2000, S. 167). Theoretisch wird die Bedeutung der Lesegeschwindigkeit für das Textverstehen wiederum über kognitionspsychologische Aspekte erklärt. Zu langsame Leser(innen) haben demnach Schwierigkeiten, den Sinn des Gelesenen zu erfassen, weil sie durch ihre zögerliche Lektüre nicht genügend Informationen im Arbeitsgedächtnis speichern können. Am Ende eines Satzes angekommen, wissen sie sozusagen nicht mehr, was sie am Anfang des Satzes gelesen haben. Außerdem können die Prozesse der Selbstüberwachung (»monitoring«) beim Lesen nicht mehr geleistet werden, da der Leser den Text nicht mehr mit dem im Arbeitsspeicher abgelegten Korrelat vergleichen und so eventuelle Unstimmigkeiten erkennen kann. Allerdings ist aus diesen Befunden nicht zu schlussfolgern, dass eine höchstmögliche Lesegeschwindigkeit angestrebt werden sollte, wie es populäre »Speed-Reading-Programme« vorschlagen. Lesegeschwindigkeit ist natürlich immer auch abhängig von der Komplexität des Textes und der konkreten Rezeptionssituation, d. h. unterschiedliche Texte werden in unterschiedlichen Kontexten auch mit verschiedenen Lesegeschwindigkeiten gelesen (vgl. Holle 2005). Aus diesem Grund sollte es vielmehr nur darum gehen, eine ausreichende »Betriebsgeschwindigkeit« von mindestens 150 WPM bei Texten mittlerer Schwierigkeit sicherzustellen, sodass die Bedeutungskonstruktion des gelesenen Satzes und Textabschnittes mühelos möglich wird.

Als **vierte** Dimension der Leseflüssigkeit wird in der Forschung die Fähigkeit zum ausdrucksstarken Vorlesen angesehen. Beim angemessenen Vorlesen wird der Satz schon während der Lektüre in zusammengehörige sinnvolle Teilabschnitte segmentiert. Denn beim lauten Lesen artikulieren gute Leser(innen) ja nicht einfach Wort für Wort, sondern strukturieren mit einer sinnvollen Betonung, Intonation, Pausengestaltung und einem angemessenen Rhythmus sinnhaft das Gelesene. Gute Leser(innen) schlagen sich gleichsam erfolgreich eine Schneise des Sinnes durch das Dickicht der Worte. Diese etwas blumige Metapher umschreibt den englischen Ausdruck, der diesen Vorgang als »prosodic parsing« bezeichnet, also »einen Weg schlagen« mithilfe der Prosodie, der stimmlichen Wiedergabe der mentalen Sequenzierung des Textes. Die angemessene Betonung ist ihrerseits Ausdruck der Strukturierungen durch semantische und syntaktische Analysen während des Lesens. Ein klarer Leseausdruck, der den semantischen, syntaktischen, orthografischen und morphologischen Hinweisen im Text angemessen folgt, drückt bereits Verstehen auf der Ebene lokaler Kohärenz aus. Die Förderung der Segmentierung bei Lautleseverfahren ist vermutlich insbesondere für Schüler(innen) mit Migrationshintergrund das entscheidende Erfolgskriterium, denn auch für den Fall, dass ihr Sichtwortschatz ganz passabel im Verhältnis zu den lexikalischen Anforderungen des Textes ist, so erschwert doch die geringere Vertrautheit mit deutscher Schriftsprache das aktive Strukturieren literaler Sätze ganz erheblich. Beim Lautlesen ergibt sich durch das Lesemodell und die Wiederholung die Möglichkeit, schriftsprachliche Satzmuster gleichsam einzuschleifen.

Leseflüssigkeit (fluency) umfasst ...

... das genaue Dekodieren von Wörtern,
... die Automatisierung der Dekodierprozesse,
... eine angemessen schnelle Lesegeschwindigkeit,
... die Fähigkeit zur sinngemäßen Betonung des gelesenen Satzes, also zu einem ausdrucksstarken Vorlesen
(vgl. zum Konstrukt Leseflüssigkeit: Rosebrock et al. 2011).

3.4 Wie man Leseflüssigkeit fördern kann: Lautlese-Verfahren

Leseflüssigkeit und Leseverstehen stehen über die genannten vier Dimensionen in einem engen Wechselverhältnis. Bei einer diagnostizierten stockenden Leseflüssigkeit sollten daher – unabhängig von der Klassenstufe und dem Alter der Schüler(innen) – unbedingt passende Fördermaßnahmen durchgeführt werden, da die Fähigkeit zum Verstehen von Texten ansonsten bei diesen Schüler(innen) erheblich eingeschränkt bleibt. Zur Förderung der Leseflüssigkeit haben sich in der angelsächsischen Schulpraxis vor allem Methoden als erfolgreich erwiesen, bei denen Schüler(innen) nach verschiedenen Methoden und Prinzipien Texte im Unterricht laut bzw. halblaut vorlesen – eben die sogenannten »Lautlese-Verfahren« (vgl. NICHD 2000).

Im deutschsprachigen Raum sind diese Verfahren – trotz ihrer Einfachheit – für den regulären Deutschunterricht noch weitgehend unerschlossen (vgl. aber Klicpera & Gasteiger-Klicpera 1998, S. 370 ff.; 2004; Niemann 1998; für den Förderschulbereich: Wember, 1999). Vorlesen wird hierzulande, falls es im Unterricht überhaupt eingesett wird, meist in Form des sogenannten »Reihumlesens« praktiziert (vgl. dazu kritisch Crämer 1998; Opitz & Rasinski 1998). Bei diesem Ritual bekommen die Schüler(innen) einen (meist unbekannten) Text ausgeteilt, und die Lehrperson bestimmt reihum Vorleser, die Passagen des Textes laut vortragen, während die anderen Schüler(innen) still mitlesen (sollen). Die Methode soll dazu dienen, unbekannte Texte gemeinsam mit der Klasse zu erschließen und die Vorlesefähigkeit der Schüler(innen) zu verbessern. In der Forschung wird die Effektivität der Methode allerdings sehr stark angezweifelt. Ein Übungseffekt ist aufgrund der wenigen Lesezeit, die den einzelnen Schüler(inne)n zur Verfügung steht, sowie der Unvertrautheit mit dem unbekannten Text nicht zu erwarten. Zudem lesen die Schüler(innen) die Abschnitte nicht wiederholt, so dass sie sich durch eine Relektüre nicht verbessern können. Weiter kommt hinzu, dass die schlechteren Leser(innen) sozial vor der Klasse stigmatisiert werden, weil sie ihre zögerliche Lektüre den anderen vorführen müssen. Gute Leser(innen) hingegen langweilen sich beim Reihumlesen schnell und lesen den langsameren Vorleser(inne)n voraus, was wiederum einen Rüffel des Lehrers einbringen kann, da der Schüler nicht weiß, wo sich die Klasse »im Text befindet«.

Lautlese-Verfahren, die zur Förderung der Leseflüssigkeit eingesetzt werden, unterscheiden sich deutlich von der Methode des Reihumlesens. Es handelt sich hierbei um explizite Trainingsformen und -routinen, bei denen die Schüler(innen) durch das laute Vorlesen von kurzen Texten oder Textabschnitten gezielt ihre Lesefähigkeit im hierarchieniedrigen Bereich verbessern können. In den USA werden diese Methoden sowohl im außerschulischen Förderbereich als auch im Unterrichtskontext bereits seit den 70er Jahren mit Erfolg eingesetzt. Heute liegt eine beeindruckende Vielzahl von Verfahren, Varianten und kreativen Umsetzungen des Lautlesens vor, die in ihrer Gesamtheit kaum mehr zu überblicken ist (vgl. Rasinski & Hoffman 2003; Rosebrock & Nix 2006;), sich jedoch in den meisten Fällen auf zwei Grundformen zurückführen lassen: das **wiederholte Lautlesen** bzw. das **begleitende Lautlesen** (vgl. für einen detaillierten Überblick über die Verfahren: Nix 2011; Rosebrock et al. 2011).

Das **wiederholte Lautlesen** (»repeated reading«) wurde in den 70er Jahren von Carol Chomsky (1978) und Richard Samuels (1979) zunächst für den unterrichtsexternen Förderunterricht für leseschwache Schüler(innen) entwickelt. Die Grundidee des Verfahrens ist sehr einfach: Schüler(innen), die nicht flüssig lesen können, lesen einem Tutor einen kurzen, für sie mittelschweren Text so lange immer wieder laut vor, bis sie einen zuvor festgelegten Standardwert an gelesenen Wörtern pro Minute erreicht haben – was nach einigen Durchgängen in der Regel von ihnen geleistet werden kann. Je nachdem, wie gut der Text in der Übungsphase gelesen werden konnte, werden für die nächste Runde einfachere oder schwierigere Texte ausgewählt. Wirksam ist bei der Methode das titelgebende Prinzip der **Wiederholung**: Indem die Schüler(innen) einen Text sehr oft lesen, prägen sie sich neue Buchstaben- und Wortkombinationen ein und vergrößern sukzessive ihren Sichtwortschatz. Weiterhin lernen sie mit jeder Wiederholung – und der diesbezüglichen Unterstützung des Tutors –, bewusst auf bestimmte Signale im Text (Zeichensetzung, Satzzeichen, inhaltliche Schlüsselwörter usw.) zu achten und dadurch mit einer dem Inhalt angemessenen Betonung (»prosodic parsing«) vorzulesen. Alle drei der genannten Aspekte sind für Transferleistungen bei unbekannten Texten elementar.

Da das wiederholte Lautlesen in dieser ursprünglichen Konzeption relativ monoton ist und für die Schüler(innen) schnell langweilig werden kann, wurden – vor allem auch für die Anwendung innerhalb der Unterrichtszeit – interessantere Varianten des Verfahrens entwickelt. Die grundlegende Strategie, um das Verfahren motivierender zu gestalten, besteht dabei in der Schaffung von **Vorlesesituationen**, für die sich die Schüler(innen) mit dem wiederholten Lautlesen gezielt vorbereiten müssen.

Beispielsweise können die Schüler(innen)

- zu regelmäßigen Terminen klassenintern Stellen aus Lieblingsbüchern vorlesen,
- zusammen eine »Radiosendung« gestalten, für die sich die Sprecher(innen) präparieren müssen (»radio reading«),
- zusammen eine Hörbuch-Anthologie erstellen, für die jede(r) Schüler(in) einen Text auf Band sprechen muss,
- jüngeren Schüler(innen) aus niedrigeren Klassenstufen oder Kindergartenkindern literarische Texte vorlesen (»cross-age-reading«),

- sich auf diese Weise für den Vorlesewettbewerb der Stiftung Lesen vorbereiten,
- zusammen ein Lesetheater aufführen, bei dem literarische Texte mit verteilten Rollen wiederholt laut gelesen werden (vgl. unten stehenden Kasten) usw.

Der Phantasie der Lehrpersonen bei der Schaffung solcher Rahmenhandlungen sind im Prinzip keine Grenzen gesetzt. Wichtig ist nur, dass sich die Schüler(innen) immer mit dem wiederholten Lautlesen auf die Vorlesesituationen vorbereiten und dazu – einzeln oder in Gruppen – ausreichende Übungszeit zur Verfügung haben.

Das Lesetheater

Das Lesetheater ist eine Methode aus dem Umkreis der Lautlese-Verfahren, die das wiederholte Lautlesen in einen kreativen Kontext einbettet und die Routine für die Schüler(innen) lebendig und interessant macht. Dabei werden kurze literarische Texte bzw. Ausschnitte aus längeren Texten der Kinder- und Jugendliteratur in einfache Lese-Scripts umgewandelt, in denen die Rede der Figuren und des Erzählers in direkter Rede wiedergegeben werden. Je nach Leistungsniveau der Klasse werden die Scripts entweder von der Lehrperson im Vorfeld angefertigt bzw. von den Schüler(inne)n als Teil des Verfahrens selbst erstellt. Die Kinder üben mit diesen Scripts in Gruppenarbeit zum einen, eine von ihnen ausgewählte Figur des Textes durch das Vorlesen »zum Leben zu erwecken«, also durch verschiedene sprecherische Mittel (vgl. dazu Ockel 2000) die charakterlichen Eigenschaften, Gefühle, Gedanken und Motive der Figur im Kontext der jeweiligen Handlungssituation möglichst angemessen stimmlich zu interpretieren. Andererseits müssen die Schüler(innen) ihren individuellen Vortrag mit den anderen Sprecher(inne)n der Gruppe abstimmen, im Gruppenprozess die klangliche Inszenierung des Textes diskutieren und so eine Gesamtdeutung des Gelesenen zusammen erarbeiten. Die Zielsetzung des Lesetheaters besteht für die Schüler(innen) darin, sich durch das wiederholte Lautlesen und den Austausch in der Gruppe für die abschließende Lese-Aufführung des Textes vorzubereiten: Im Lesetheater soll den Zuhörer(inne)n (der eigenen Klasse, der Parallelklasse, den Eltern usw.) der Text möglichst bildhaft und einprägsam, eben »lebendig«, vor Augen geführt werden. Ein Unterrichtsmodell zum Lesetheater mit Lesescripten und Materialien wurde von Daniel Nix (2006) ausgearbeitet.

Bei dem anderen Grundprinzip der Lautlese-Verfahren, dem **begleitenden Lautlesen**, wird nicht primär auf Wiederholung, sondern auf die positive Wirkung eines kompetenteren **Lesemodells** gesetzt, das zusammen mit dem weniger gut lesenden Schüler Texte gemeinsam vorliest. Der kompetentere Leser demonstriert dabei, welche Lesegeschwindigkeit dem Text angemessen ist und welche Satzteile wie sinnvollerweise betont werden müssen. Außerdem achtet er auf sinnentstellende Lesefehler des schwächeren Lesers und spricht mit ihm über das Gelesene. Bei der Durchführung des begleitenden Lautlesens im Unterricht empfiehlt es sich, Paare aus gut lesenden und weniger gut lesenden Schüler(inne)n zu bilden, die zusammen üben. Dabei sind verschiedene Varianten der Grundidee denkbar: Tutor und Tutand können die Textstellen abwechselnd vorlesen, d.h. der bessere Leser liest eine Passage vor und der schwächere Leser wiederholt das Gelesene. Der Tutor kann auch an bestimmten Stellen schlagartig mit der Lektüre aussetzen und den Tutanden die laute Lektüre übernehmen lassen.

Eine sehr effektive Umsetzung des begleitenden Lautlesens stellt das von Keith Topping (1989; 1995) entwickelte »paired reading« dar (vgl. nachfolgende Kästen). Die Besonderheit des Verfahrens besteht darin, dass das Vorlesen in Form kooperativen Lernens der Schüler(innen) im Unterricht durchgeführt wird: Gute Leser(innen) (»Tutoren«) werden von der Lehrperson zusammen mit schwächeren Leser(inne)n (»Tutanden«) zu Lese-Tandems gruppiert, in denen frei gewählte einfache Texte synchron (»im Chor«) laut vorgelesen werden. Der etwas kompetenter Lesende fungiert somit als Lesemodell, das die Texte korrekt, mit einer möglichst angemessenen Geschwindigkeit und adäquaten Betonung vorlesen kann und auf diese Weise den Lesefluss des Schwächeren unterstützend begleitet. Das Ziel des Verfahrens besteht darin, den schwächeren Leser mehr und mehr dazu zu befähigen, möglichst lange Textpassagen fehlerfrei und flüssig vorzulesen. Weiterhin werden reflexive Prozesse geschult, da der Tutand auf seine Lesefehler achten muss und der Tutor die komplexe Aufgabe bewältigen muss, seinen eigenen Leseprozess in der Unterrichtssituation zu überdenken und zu modellieren. Signifikante Effekte auf die Leseflüssigkeit – aber auch das Leseverstehen – der Schüler(innen) sind nach den vorliegenden Forschungsergebnissen zu erwarten, wenn das paired reading über einen Zeitraum von mindestens acht Wochen dreimal pro Woche für fünfzehn bis zwanzig Minuten durchgeführt wird. Die Dauer von maximal zwanzig Minuten pro Übungseinheit sollte ernst genommen werden, weil dieses Training hohe Konzentrationsleistungen erzwingt und die Schüler(innen) bei einer längeren Trainingszeit überfordert werden. Zudem würde durch die Ausdehnung der Übungszeit das gesamte Verfahren für die Schüler(innen) langweilig.

Paired reading nach Keith Topping

Das »paired reading« ist ein von dem amerikanischen Leseforscher Keith Topping (1989; 1995) entwickeltes Lautlese-Verfahren zur Steigerung der Leseflüssigkeit. Durch fortlaufende empirische Erforschung des Verfahrens wurde von Topping und Team die folgende **formalisierte Routine** entwickelt, die einen – auch für die Schüler(innen) – effektiven, strukturierten und einfach zu handhabenden Einsatz der Methode im (Lese-)Unterricht gewährleistet:

Der Lehrer bildet Lesepaare, die jeweils aus besser (»Tutoren«) und schlechter lesenden (»Tutanten«) Schüler(innen) bestehen. Tutor und Tutand sitzen in der Übungssituation mit nur einem Text dicht nebeneinander, so dass der Text für beide Schüler gut einzusehen ist. Auf ein Zeichen hin (»eins – zwei – drei!«) beginnen beide Partner mit der synchronen halblauten Lektüre des Textes. Der Tutor kann die Zeile mit dem Finger mitführen.

Neben dieser grundlegenden Handlung des **gemeinsamen Synchronlesens** verlangt die Methode zwei weitere Regeln: Bei Verlesungen des Tutanden greift eine erste **Verbesserungsroutine**: Der Tutor räumt eine Selbstkorrekturfrist von ca. vier Sekunden ein, innerhalb derer der Tutand Lesefehler verbessern kann. Das synchrone Lesen wird dann am Satzanfang wieder aufgenommen. Findet keine Selbstkorrektur statt, deutet der Tutor auf das falsch gelesene Wort, liefert die korrekte Aussprache und stellt bei sichtbaren Unsicherheiten und schwierigen Wörtern – ggf. unter Zuhilfenahme externer Quellen (Wörterbücher, Rückfrage bei der Lehrperson usw.) – sicher, dass der Tutand die Bedeutung des jeweiligen Wortes verstanden hat. Der Tutand wiederholt die richtige Aussprache des Wortes und das gemeinsame Lesen geht am Satzanfang weiter.

Die zweite Regel, die **Allein-Lesen-Routine,** greift dann, wenn der Tutand längere Zeit ohne Fehler liest und sich – ermuntert durch entsprechendes Lob des Tutors – zunehmend sicherer fühlt. Er gibt dem Tutor dann ein zuvor verabredetes Signal (z. B. leichtes Anstupsen), worauf dieser mit dem Vorlesen aussetzt und unter Beibehaltung der Fingerführung so lange leise mitliest, bis der Textabschnitt erfolgreich bewältigt wurde oder bis aufgrund eines Lesefehlers die beschriebene Verbesserungsroutine wieder einsetzt.

Eine weitere Möglichkeit der Umsetzung des begleitenden Lautlesens besteht in technischen Realisierungen: Die Schüler(innen) können Hörbücher hören und begleitend den Text dazu mitlesen. Danach üben sie die gehörten Abschnitte einzeln so zu lesen, dass sie die Unterstützung über die Kopfhörer nicht mehr benötigen.

Hinsichtlich der Texte, die bei den Lautlese-Verfahren zum Einsatz kommen, empfiehlt die Forschung, die Schüler selbst Lektüren auswählen zu lassen, um sie zu motivieren. Allerdings sollte das Material sich an der Lesekompetenz der Tutanden orientieren, damit diese sich überhaupt mit Gewinn an dem Verfahren beteiligen können. Da gerade schwache Leser(innen) mit dieser adäquaten Auswahl oftmals Probleme haben und ihre Lesefähigkeit falsch einschätzen, hat es sich in der Praxis durchaus bewährt, passende Texte in Form eines Readers zusammenzustellen (vgl. nachfolgenden Kasten).

Lautlese-Tandems

Die Lautlese-Tandems stellen eine Adaptation des oben beschriebenen »paired reading« für den deutschen Sprachraum dar. Sie wurden innerhalb des Projektes »Leseflüssigkeit« an der Johann-Wolfgang-Goethe-Universität Frankfurt am Main als Fördermethode zur Steigerung der Fluency von Hauptschüler(innen) der sechsten Jahrgangsstufe mit signifikantem Erfolg eingesetzt (vgl. Trenk-Hinterberger et al., 2007).

Die im Kasten auf S. 48 dargelegte Routine wird dabei mit zwei Neuerungen durchgeführt. Zum einen wird das Verfahren in eine **Rahmenhandlung** eingebunden, bei der der **sportliche Charakter** des Lese-Trainings stark gemacht wird: Genau so, wie Sportler sich nur durch intensives Training verbessern können, brauchen auch »Lese-Sportler« anhaltende Übung, um sich im Lesen zu steigern. Dieser Gedankengang ist den meisten Schüler(inne)n sofort einsichtig, sodass von hier aus auch die Rollenverteilung in den Tandems ohne soziale Stigmatisierung erfolgreich bewältigt werden kann: Die schwächeren Leser(innen) nehmen hierbei die Rolle des »Lese-Sportlers« (= Tutand) ein, der von einem »Lese-Trainer« (= Tutor) trainiert wird. Die Einteilung in Trainer und Sportler erfolgt nach einem einfachen Lesegeschwindigkeitstest, wie er auch von Bamberger (2000) angewendet wird. Die kooperative soziale Grundeinstellung (Trainer ist für seinen Sportler verantwortlich; Sportler muss auf seinen Trainer hören usw.) sowie die einzelnen Schritte der Leseroutine werden auf einem Poster festgehalten und in der Klasse aufgehängt. Jedes Tandem nimmt dann an einer Art »Lesemeisterschaft« teil, bei der das beste Team gewinnen kann. Die Erfahrung in den Schulklassen zeigt, dass sich die Sportmetaphorik hervorragend zur Umsetzung des Verfahrens eignet.

Die zweite Neuerung betrifft das **Textmaterial**. Da schwache Leser(innen) häufig erhebliche Schwierigkeiten haben, einen Text auszuwählen, der ihrer Lesekompetenz entspricht, wurden im Projekt Reader zu verschiedenen »Trainingsetappen« zusammengestellt, in denen einfachere Sach- und literarische Texte zu lustigen, spannenden, phantastischen und informativen Themen abschnittsweise und in ein gut lesbares Schriftbild gesetzt vorlagen. Die Schüler(innen) mussten im Team jeden Abschnitt mindestens viermal zusammen lesen und in einem Kontrollfeld für jede Lektüre einen Haken machen. Insofern wurde im Projekt eine Kombination aus wiederholendem und begleitendem Lautlesen praktiziert. Bevor der nächste Abschnitt im Reader vom Team gelesen werden durfte, musste der Lehrperson vorgelesen werden, die beurteilte, ob der Vortrag angemessen war (entsprechende Kriterien finden sich bei Ockel 2000). Dann bekam das Tandem einen Stempel für die erfolgreiche Bewältigung des Abschnittes und las sich auf diese Weise durch das Übungsheft.

3.5 Effektivität der Lautlese-Verfahren

Die vorgestellten Lautlese-Verfahren sind allesamt über die Jahre hinweg im angloamerikanischen Sprachraum wiederholt empirisch erforscht worden, wobei ihre Wirksamkeit und Nachhaltigkeit immer wieder bestätigt wurde (vgl. NICHD 2000). Dabei zeigen sich positive Effekte vor allem auf die Leseflüssigkeit der Schüler(innen), aber auch das Textverstehen konnte in vielen Fällen dadurch verbessert werden (vgl. Rosebrock & Nix 2006). Die Verfahren können sich indirekt auch auf das Leseselbstkonzept der Schüler(innen) positiv auswirken, die ihre eigenen Fortschritte im Lesen dabei unmittelbar miterleben können. Im Unterschied zu den sonstigen gut gemeinten Ermunterungen der Lehrpersonen (»Es klappt schon viel besser mit dem Lesen«), die meist in deutlichem Kontrast zu der von den Jugendlichen selbst erlebten schlechten Lesekompetenz stehen, können Verbesserungen im Lesen während der Übungen mit den Lautlese-Verfahren objektiv abgebildet werden – etwa durch wiederholte Messungen der Lesegeschwindigkeit und/oder der Dekodiergenauigkeit. Werden die Messwerte im Verlauf des Trainings dann in Form von Diagrammen oder Tabellen dokumentiert, wie Wember (1999) dies vorschlägt, können Fortschritte für die Schüler(innen) direkt nachvollziehbar und erlebbar gemacht werden, sodass langfristig durch die Lautlese-Verfahren auch eingefahrene Selbstkonzepte als Nicht-Leser (vgl. dazu Kap. 7.3) beeinflusst werden können.

In Bezug auf die Altersspanne zeitigen die Verfahren bei »normalen« Leser(inne)n von der zweiten bis zur fünften Klasse die deutlichsten Erfolge; schwache Leser(innen) profitieren jedoch auch in der weiterführenden Schule von den Trainings. Dies zeigen auch die Ergebnisse aus dem bereits erwähnten Forschungsprojekt »Leseflüssigkeit« an der Frankfurter Universität. Hierbei wurden u. a. die kurz- und langfristigen Effekte der Methode »Lautlese-Tandems« auf verschiedene Dimensionen von Lesekompetenz (Lesegeschwindigkeit, Leseverstehen, Selbstkonzept, Lesemotivation) in sechsten Hauptschulklassen, also bei schwachen Leser(inne)n, untersucht. Das Verfahren wurde von den geschulten Lehrerinnen und Lehrern der Klassen über ein Schulhalbjahr hinweg dreimal in der Woche für 20 Minuten im Unterricht durchgeführt. Die Auswertung der erhobenen Daten zeigt, dass die geförderten Klassen im Vergleich zu einer Kontrollgruppe (in der Unterricht ohne spezifische lesefördernde Maßnahmen praktiziert wurde) signifikante Zuwächse in allen Leistungsdimensionen aufweisen: Die Schüler(innen) verbesserten sich kurzfristig durch das Training deutlich in ihrer Lesegeschwindigkeit und im Leseverstehen. Auch vier Monate nach dem Ende der Förderphase lassen sich die erreichen Fortschritte in den genannten Dimensionen von Lesekompetenz noch auf vergleichbarem Niveau nachweisen, sodass die Nachhaltigkeit der Förderung durch die Methode gewährleistet ist (vgl. zur ausführlichen Diskussion der Projektergebnisse: Gold et al. 2010; Nix 2011; Rosebrock et al. 2010, 2011). Für den Grundschulbereich wird eine vergleichbare Studie gegenwärtig mit über 1000 Schülern an der Frankfurter Universität durchgeführt. Erste Ergebnisse zeigen, dass die Lautlese-Tandems sich auch im Grundschulbereich als wirksam zur Förderung der Leseflüssigkeit erweisen. Aufgrund dieser eindeutigen positiven Befunde der Lautlese-Verfahren in der internationalen und deutschsprachigen Schulpraxis und vor dem Hintergrund der Einfachheit der Verfahren kann nur entschieden dafür plädiert werden, bei mangelnder Leseflüssigkeit Lautlese-Verfahren – neben anderen Leseförderaktivitäten – fest in den schulischen Leseunterricht zu integrieren.

Praxisrelevante Literatur

Klicpera, C. & Gasteiger-Klicpera, B. (2004). Aufbau von Lesefertigkeiten. In G.W. Lauth, M. Grünke & J.C. Brunstein (Hrsg.), *Interventionen bei Lernstörungen. Förderung, Training und Therapie in der Praxis.* Göttingen u. a.: Hogrefe (S. 268–278). [Praxisnahe Darstellung von Leseproblemen im hierarchieniedrigen Sektor mit Empfehlung passender Fördermaßnahmen].

Nix, D. (2011). *Förderung von Leseflüssigkeit. Theoretische Fundierung und empirische Überprüfung eines kooperativen Lautlese-Verfahrens im Deutschunterricht.* Weinheim; München: Juventa. [Ausführliche theoretische Aufarbeitung des Leseflüssigkeitsbegriffs und detaillierte Beschreibung der Methode »Lautlese-Tandems«. Die Ergebnisse des Frankfurter Hauptschulprojekts »Leseflüssigkeit« werden ausgewertet und diskutiert].

Rasinski, T. & Hoffman, J.V. (2003). Oral reading in the school literacy curriculum. *Reading Research Quarterly, 38(4)*, 510–522. [Englischsprachiger Überblicksartikel, der die verschiedenen Lautlese-Verfahren auf knappem Raum hinsichtlich ihrer theoretischen Grundlagen und praktischen Abläufe darstellt].

Rosebrock, C., Nix, D., Rieckmann, C. & Gold, A. (2011). *Leseflüssigkeit fördern. Lautleseverfahren für die Primar- und Sekundarstufe.* Seelze: Kallmeyer. [Umfassende Darstellung von Theorie, Diagnostik und Förderpotenzial der Leseflüssigkeit, Beschreibung von Lautlese-Verfahren, insbesondere von Lautlesetandems, einschließlich Unterrichtsmodellen, Lese- und Diagnosematerialien und Kurzfilmen mit Lautleseverfahren].

Wember, F.B. (1999). *Besser Lesen mit System. Ein Rahmenkonzept zur individuellen Förderung bei Lernschwierigkeiten.* Neuwied; Berlin: Luchterhand. [Praxiserprobtes individuell orientiertes Diagnose- und Förderverfahren für schwache Leser(innen) auf Förderschulniveau, eingebunden in ein theoretisches Modell von Lesekompetenz und in kleinen empirischen Untersuchungen positiv evaluiert].

4 Viellese-Verfahren

4.1 Was versteht man unter Viellese-Verfahren?

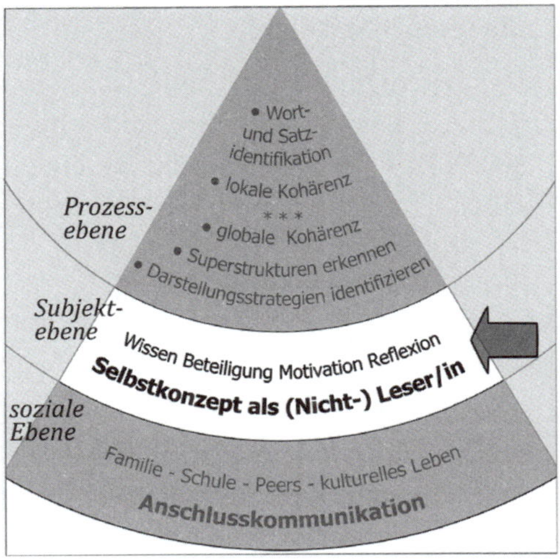

Der Begriff »Viellese-Verfahren« versammelt solche Verfahren der Lesedidaktik, bei denen sogenannte freie Lesezeiten als feste Termine im Unterrichtsgeschehen verankert werden. Diese Zeiten stehen für die Lektüre von motivierenden, frei gewählten Kinder- und Jugendbüchern zur Verfügung. Die Lektüre beim freien Lesen ist vom übrigen Unterrichtsgeschehen weitgehend abgekoppelt, d.h. die von den Schüler(inne)n gelesenen Bücher bzw. Buchausschnitte werden nicht zum Gegenstand weiterer Unterrichtshandlungen (Analysen, Aufgabenstellungen, Unterrichtsgespräche, Prüfungen usw.) gemacht. Die Lektüre ist vielmehr in lesedidaktischer Hinsicht als Selbstzweck gedacht. Denn man erhofft sich vom **Lesevorgang an sich** – unabhängig von der Qualität des Textes – beiläufige Effekte auf die unterschiedlichen Komponenten von Lesekompetenz. Im Unterschied zu leseanimierenden Verfahren (vgl. Kap. 7) findet die Lektüre tatsächlich in der Unterrichtszeit statt und ist für alle Schüler(innen) verpflichtend, d.h. jeder Schüler **muss** in der festgelegten Lesezeit in einem Buch seiner Wahl lesen. Die bekannteste Unterrichtsrealisierung innerhalb der Viellese-Verfahren stellt das in den USA seit den 70er Jahren etablierte »sustained silent reading« (SSR) dar. Im deutschdidaktischen Kontext ist mit der »Leseolympiade« von Richard Bamberger eine Variante des Verfahrens bekannt geworden (vgl. folgende Beispielkästen).

Die Leseolympiade

Die Leseolympiade ist eine Methode der Viellese-Verfahren, die von Richard Bamberger entwickelt und evaluiert wurde (vgl. Bamberger 2000). Das Verfahren beruht auf einem Anreizsystem für gelesene Buchseiten: Die Schüler(innen) der Projektklassen, meist Fünft- bis Siebtklässler, sind dazu verpflichtet, mindestens ein Buch der Kinder- und Jugendliteratur eigener Wahl pro Woche zu lesen. Die Lektüre findet dabei jedoch – im Unterschied zum »sustained silent reading« – außerhalb des Unterrichts statt. Die Schüler(innen) führen begleitend zu ihrer Lektüre einen individuellen Lesepass, in den sie die Titel der gelesenen Bücher eintragen und, je nach persönlichem Gefallen, benoten. Der Pass dient in motivationaler Hinsicht dazu, dem Projekt einen sportlichen Charakter zu verleihen (»Olympiade«) und die Schüler(innen) zu einem freundschaftlichen Wettkampf zu animieren: Diejenigen Schüler(innen), die am Ende die meisten Bücher auf dem Pass gesammelt haben, erhalten eine besondere Ehrung. Ggf. können auch mehrere Klassen einer Schule bzw. mehrerer Schulen untereinander in Wettbewerb treten. In etwa monatlichem Abstand misst die Lehrperson mit der Stoppuhr die Lesegeschwindigkeit, indem sie bei einem kurzen Text die für die Lektüre benötigte Zeit ermittelt. Das Leseverstehen bei diesem Test wird durch anschließende kurze Inhaltsfragen sichergestellt. Die individuelle Geschwindigkeit wird ebenfalls in dem Lesepass festgehalten.

Bamberger berichtet, dass im Verlauf der Leseolympiade bei den 10- bis 12-Jährigen relativ rasch eine enorme Steigerung der Lesegeschwindigkeit erreicht werden konnte: »Die Zahl der ›buchreifen‹ Schüler – also jener, die ein altersangemessenes Buch mit Leichtigkeit und Freude lesen – stieg von 40 auf 80 Prozent. Überprüfungen in den folgenden Jahren ergaben, dass man auch von einer dauernden Gewöhnung an das Lesen sprechen kann« (Bamberger, 2000, S. 293). Dem Autor zufolge sei das bessere Abschneiden der österreichischen Schüler bei PISA vor allem auf die Teilnahme an der Leseolympiade zurückzuführen.

4.2 Für welche Schüler(innen) sind Viellese-Verfahren angebracht?

Viellese-Verfahren finden in offeneren Unterrichtsarrangements statt, deren Wirkungen empirisch naturgemäß schwieriger zu ermitteln sind, als es in enger angelegten Trainingsroutinen der Leseförderung möglich ist. Die bisherige empirische Befundlage wird häufig so interpretiert, das Viellesen auch eine Verbesserung der Lesekompetenz insgesamt bewirkt (vgl. unten, Kap. 4.3). Differenzielle Aussagen stehen auf Grundlage der bestehenden empirischen Datenbasis bisher allerdings leider nicht zur Verfügung. Wir wissen beispielsweise nicht genau, für welche Alters- und Leistungsstufen die Viellese-Verfahren sinnvoll bzw. sinnvoller sind als angeleitete Lektüre in den Fächern oder im Literaturunterricht. Darüber hinaus scheinen die Zusammenhänge zwischen Viellesen und hoher Lesekompetenz zum Teil indirekt zu sein, nämlich über Lesemotivation vermittelt. Kurz gesagt, die differenziellen Voraussetzungen, die auf Schülerseite für eine erfolgreiche Durchführung der Methode gegeben sind, sind bisher nur mangelhaft empirisch untersucht.

Trotz der schlechten empirischen Forschungsbefunde in diesem Feld lassen sich einige Angaben über die beobachtbaren Ausgangslagen derjenigen Schüler(innen) machen, an die sich das Verfahren vorrangig wendet. Primär stehen diejenigen Schüler(innen) im Fokus der Methode, die im Verlauf ihrer Lesesozialisation in Familie und Freundeskreis keine habituelle Lesehaltung entwickeln konnten, für die die Lektüre ganzer Bücher also keineswegs eine Selbstverständlichkeit ist, sondern im Gegenteil als Anstrengung empfunden und als Lebenspraxis »anderer« Gesellschaftsschichten bzw. Lebensstile angesehen wird (vgl. Pieper et al. 2004). Da diese buch- und bildungsfernen Schüler(innen) in der Regel in ihrer Kindheit und Jugend keine Freizeitlektüre betrieben haben und gegenwärtig betreiben, stehen sie den vielfältigen Herausforderungen der Lesekultur – von der Auswahl interessanter und geeigneter Buchtitel über die angemessene Lesehaltung im Umgang mit den Büchern bis hin zu einer Form der Anschlusskommunikation über das Gelesene – weitgehend abstinent gegenüber. Neben diese fehlenden Lesegewohnheiten treten oftmals noch, wie bereits oben dargelegt (vgl. Kap. 3.3), auch in der Sekundarstufe technische Leseprobleme, weil schwache und buchferne Schüler(innen) kein »beiläufiges Lesetraining« der hierarchieniedrigen Leseprozesse im Freizeitlesen absolviert haben. Zusammengenommen konstituieren diese Defizite einen »Teufelskreis des Nichtlesens« (vgl. Groeben & Schroeder 2004) bei schwachen Leser(inne)n: Sie lesen nicht viel, weil sie nicht gut lesen können, und sie verbessern sich nicht, weil sie nicht viel lesen.

Viellese-Verfahren zielen darauf, diese Fähigkeiten bei den schwachen und buchfernen Leser(inne)n zu fördern, indem sie interessante Stoffe zugänglich machen, Buchauswahl und Lesehaltungen einüben und vor allem die Lektüre selbst in der Unterrichtszeit für alle verbindlich ansiedeln. Damit leistet das Verfahren insgesamt, leseschwachen Schüler(inne)n Schritt für Schritt eine habituelle Leserrolle nahezubringen, die mit Selbstvertrauen in den eigenständigen Umgang mit Büchern, mit höherer Lesemotivation für die Lektüre lebensweltnaher Bücher und mit einem gefestigten lesebezogenen Selbstkonzept verbunden ist bzw. sein soll. Schule kompensiert in dieser Perspektive anregungsarme Lesesozialisationsverläufe der buchfernen Kinder- und Jugendlichen. Letztlich bereiten die Viellese-Verfahren die schwächeren Leser(innen) idealtypisch für den selbstverantwortlicheren Umgang mit Texten und Literatur vor, wie sie für leseanimierende Verfahren (vgl. Kap. 7) und natürlich für den eigentlichen Sach- und Literaturunterricht (vgl. Kap. 6 und 8) vorausgesetzt werden.

Mit der starken Fokussierung auf die »struggling readers« soll jedoch nicht der Eindruck erweckt werden, dass die kompetent(er) lesenden Schüler(innen) in den Klassen nicht auch von den Viellese-Verfahren profitieren. Im Gegenteil: Folgt man der These vom »Matthäus-Effekt« beim Lesen (vgl. Stanovich 1986), dann haben gerade die besseren Leser aufgrund einer höher ausgeprägten Lesekompetenz in allen Dimensionen des Begriffs auch bessere Ausgangsvoraussetzungen, um sich aktiv an den Viellese-Verfahren zu beteiligen. Sie lesen sozusagen mehr, weil sie sowohl technisch besser lesen können als auch motivierter dazu sind, und sie werden immer besser, weil sie mehr lesen (»Engelskreis des Lesens«; Groeben & Schroeder 2004). In lesedidaktischer Hinsicht gelten die genannten positiven Wirkmechanismen der Viellese-Verfahren also auch bzw. gerade für die besseren Leser(innen), die auf der Basis vergleichsweise besserer Lesekompetenz starten. Sie können neue interessante Bücher und Buchreihen kennenlernen und in der ansonsten leistungsorientierten Schulwelt eine punktuelle Insel der Selbstversunkenheit beziehen, auf der sie im fiktionalen Raum der Literatur ihren (Lese-) Bedürfnissen nachkommen können. Insofern verbinden sich mit den verschiedenen Verfahren des Viellesens die Hoffnung, dass diese Form von integrativer Leseförderung im Unterricht dazu beiträgt, eingeschliffene »Teufelskreise« in den individuellen Lesebiographien der Schüler(innen) erfolgreich zu durchbrechen und bereits angelegte »Engelskreise« des Lesens weiter zu stützen.

Sustained Silent Reading (SSR)

Im angloamerikanischen Sprachraum gehören freie Lesezeiten schon seit den 70er Jahren zum festen Bestandteil des Schulunterrichts. Das »sustained silent reading« (SSR) ist dabei die bekannteste Bezeichnung, unter der die freie Lektüre der Schüler(innen) im Unterricht betrieben wird (vgl. Pilgreen 2000). Im Kern bestehen alle SSR-Verfahren darin, ein bestimmtes Zeitkontingent (ca. 20 Minuten) des Unterrichts regelmäßig (ca. drei- bis viermal pro Woche) für die Lektüre von selbstgewählten Büchern zur Verfügung zu stellen, die sich die Schüler(innen) aus Schul- oder Gemeindebibliotheken und/oder klasseninternen Lesekisten frei auswählen bzw.

von zu Hause mitbringen. Die Textbegegnung wird nicht durch Aufgabenstellungen vorstrukturiert, auch werden keine Vorgaben hinsichtlich der Art oder Qualität der Texte gegeben. Im Gegenteil wird die Bedeutung einer möglichst großen Variabilität an zur Verfügung stehenden unterschiedlichen Lesestoffen als wichtig erachtet. Die Schüler(innen) sollten dementsprechend Zugang zu Sach- und literarischen Texten unterschiedlicher Länge und Qualität haben, die für ihr Alter angemessen sind und potenziell möglichst motivierend sein sollten. Hinsichtlich der Medialität der Texte gibt es in der Forschung unterschiedliche Positionen. Während bei manchen Konzeptionen alle Textformen (Zeitschriften, Comics, Magazine usw.) zugelassen sind, beschränken sich andere Realisierungen auf linear geschriebene Texte in Buchform.

In den freien Lesezeiten wählen sich die Schüler(innen) ein Buch ihrer Wahl aus und lesen darin still auf ihrem Platz. Gespräche jeglicher Art sind in dieser Zeit untersagt. Die Lektüre der Schüler(innen) wird anschließend nicht zum Gegenstand des regulären Unterrichts gemacht; es werden keine Aufgaben dazu gestellt oder gar Analysen zu den Lektüren abverlangt. Insgesamt soll ein ungezwungenes Leseklima in der Klasse herrschen. Die Schüler sind auch nicht verpflichtet, ein Buch ganz zu Ende zu lesen, sondern können bei Nichtgefallen auch die Lektüre abbrechen. Das ist wichtig, weil auch gute Leser in der Regel eine Lektüre vorzeitig beenden, die ihren Erwartungen oder ihren gegenwärtigen Lesezielen nicht entspricht. Allerdings sollen die Schüler(innen) jedem Buch eine »Zehn-Seiten-Chance« (vgl. Schoenbach et al. 2006, S. 80) geben, da man häufig erst einige Seiten benötigt, um sich in der »neuen Welt« eines Buches zu orientieren und Zugang dazu zu finden.

Die Lehrperson beteiligt sich an dem Verfahren der »stillen Lesezeiten« als Lesemodell, liest also selbst in dieser Zeit in einem ausgewählten Buch. Weiterhin »überwacht« sie die Einhaltung der Regeln und steht für Buchempfehlungen, literarische Gespräche, Beratungen und Anfragen aller Art zur Verfügung.

4.3 Wie hängt die Lesemenge mit dem Textverstehen zusammen?

Im Gegensatz zu den engschrittigeren Lautlese-Verfahren (vgl. Kap. 3), bei denen Einzelkomponenten des Leseprozesses gezielt trainiert werden, steht bei der Begründung von Viellese-Verfahren ein anderer Gedanke im Vordergrund: »Lesen lernt man durch vieles Lesen«, so die These. Diese zunächst schlicht anmutende Überzeugung kann durch qualitative und quantitative Daten aus der Leseforschung gestützt werden. Aus der Analyse von Lesebiographien weiß man beispielsweise, dass gute Leser(innen) in der Regel kein spezielles Lesetraining absolviert, dass aber viele von ihnen, wenn auch nicht alle, in ihrer Freizeit über die Jahre hinweg eine anhaltende Lektürepraxis – vornehmlich belletristischer Literatur – gepflegt haben. Bekannt sind Äußerungen von Leser(inne)n, die die lesebiografisch schwierige Phase der »literarischen Pubertät« (ca. 13–15 Jahre) erfolgreich überwunden haben und diverse Formen von Lektüre mit vielfältigen Funktionen und unterschiedlichen Lesehaltungen in ihren Lebensalltag integrieren konnten. Sie berichten insbesondere im Blick auf ihre Kindheitslektüre von wiederholt stattfindenden »Leseorgien«, in deren Verlauf dicke Bände meist mehrteiliger Buchreihen oder eines Lieblingsautors »verschlungen« wurden und von dem anschließenden »Hunger« nach »mehr Lesestoff« (vgl. Graf 1995; 2004).

Neben diesen durch qualitative Studien belegten Zusammenhängen zwischen Viellesen und gutem Lesen sprechen auch zahlreiche der zur Verfügung stehenden quantitativen Daten für den beiläufigen Erwerb von Lesekompetenz durch ein quantitativ gesteigertes Lesepensum. Erich Schön (2002) hat sich unter diesem Gesichtspunkt die Ergebnisse der PISA Studie nochmals genau angesehen. Auffällig ist hierbei die Korrelation zwischen der bekanntermaßen schlechten Lesekompetenz der deutschen 15-Jährigen und dem Anteil derjenigen Schüler(innen), die sich als Nichtleser beschreiben: 43 Prozent aller Schüler(innen) geben an, überhaupt nicht zum Vergnügen zu lesen. Freilich warnt auch Schön davor, aus diesem korrelativen Zusammenhang eine kausale Schlussfolgerung zu ziehen. Dagegen sprechen die PISA-Befunde aus anderen Ländern, in denen eine Beziehung zwischen »Lesen zum Vergnügen« und Lesekompetenz nicht feststellbar ist. Dennoch hält Schön an der Überzeugung fest, dass man »Lesen durch lesen lernt«. Sein Argument ist: »Für den Erwerb von Lesekompetenz entscheidend ist nicht, ob ›zum Vergnügen‹ gelesen wird, sondern ob und wie viel überhaupt gelesen wird, einschließlich des Lesens als schulischer Pflicht« (S. 83). Er legt dar, dass das schlechte Abschneiden deutscher Schüler(innen) u. a. darin begründet sei, dass der Umfang des schulischen Lesepensums in Deutschland wesentlich geringer ist als in anderen Ländern. Anders und zugespitzt formuliert: Überall dort, wo die Lektüre in großen Mengen schulisch verordnet wird, wie es beispielsweise in Japan der Fall ist, würden die Schüler bei PISA besser abschneiden. Hervorgehoben wird von Schön vor allem der Musterfall Österreich, wo die Schüler durch die Teilnahme an der Leseolympiade Richard Bambergers deutlich besser abgeschnitten hätten als die deutschen Gleichaltrigen, so die Behauptung. Bei der Leseolympiade sind die Schüler(innen) dazu verpflichtet, pro Woche mindestens ein Buch zu lesen (vgl. Beispielkasten S. 46). Das Fazit Schöns lautet daher, nicht (alleine) auf den »Spaß-Faktor« des Lesens zu setzen und diesen in der Leseförderung zu propagieren, sondern auch eine Erhöhung des verpflichtenden Lesepensums in den Deutschunterricht zu integrieren. Erfolgserlebnisse, Glücksgefühle beim Lesen und ein Zuwachs an Kompetenz könnten sich schließlich nur dann einstellen, wenn zuerst eine Schwierigkeit oder ein innerer Widerstand durch Anstrengung überwunden würde.

Die von Schön angesprochenen empirischen Zusammenhänge von Lesekompetenz und Lektüremenge werden schließlich statistisch von einer enormen Vielzahl an Studien gestützt, die im angloamerikanischen Sprachraum seit geraumer Zeit vorgenommen wurden (vgl. zusammenfassend: Rosebrock & Nix 2006). Ein Großteil dieser Erhebungen belegt den korrelativen Zusammenhang zwischen Viellesen und Lesekompetenz, kann also zeigen, dass gute Leser(innen) in ihrer Biographie eindeutig mehr gelesen haben als schlechter lesende Gleichaltrige. Drastisch sind beispielsweise die Zahlen, die Allington (1984) in diesem Zusammenhang ermittelt hat. Demnach lasen Erstklässler mit einer geringen Lesekompetenz im Durchschnitt nur 16 Wörter pro Woche, während Schüler(innen) mit hoher Lesekompetenz einen Durchschnitt von 1933 gelesenen Wörtern pro Woche erreichten. Auch Nagy und Anderson (1984) konnten in ihrer Studie den Zusammenhang belegen, dass gute im Vergleich zu schwachen Lesern mehr als zehnmal mehr Wörter in dem einjährigen Untersuchungszeitraum lasen. Die wohl auch heute noch populärste Studie zu dieser Beziehung stammt jedoch von Anderson, Wilson und Fielding (1988). Die Autoren untersuchten hier die Fragestellung, inwiefern außerschulische Leseaktivitäten mit einem Zuwachs der Lesekompetenz von Schüler(innen) in der fünften Jahrgangsstufe korrelieren. Als Ergebnis konnte ein eindeutig positiver Zusammenhang festgestellt werden: Das Buchlesen in der Freizeit korrelierte signifikant mit der Lesekompetenz der Schüler(innen) und war zudem der größte Prädiktor für die Vorhersage der Lesekompetenz vom zweiten bis zum fünften Schuljahr.

Kritiker heben an dieser Stelle den bereits bei Schön angesprochenen methodologischen Aspekt hervor, dass diese Studien lediglich einen korrelativen, nicht aber einen kausalen Zusammenhang dokumentieren (vgl. Nichd 2000). Mit anderen Worten: Es ist angesichts dieser Ergebnisse durchaus nicht zu entscheiden, ob gute Leser wirklich deshalb besser sind, weil sie so viel gelesen haben, oder ob sie nicht umgekehrt einfach mehr gelesen haben, weil sie beispielsweise eine höhere Lesekompetenz, mehr intellektuelle Neugierde, stärkere Motivation usw. aufweisen.

Dass auch eine kausale Einflusstendenz vom Viellesen auf die Lesekompetenz nicht einfach von der Hand zu weisen ist, zeigt sich, wenn man den Schritt von der Empirie zur Theorie vollzieht und die Argumente beleuchtet, die innerhalb der kognitionspsychologischen Leseforschung zum Verhältnis Lesemenge und Lesekompetenz – zum Teil kontrovers – diskutiert werden.

Zunächst ist hierbei die These anzusprechen, dass häufiges Lesen die Leseflüssigkeit steigere, da hierbei der Wortschatz vergrößert werde und sich die Lesegeschwindigkeit nach und nach erhöhe. Nach dieser Argumentation leistet das Verfahren also eben das beiläufig und indirekt, was bei den zuvor beschriebenen Lautlese-Verfahren (Kap. 3) direkt eintrainiert wird: die hierarchieniedrigen Leseprozesse zu fördern und einen »langen Leseatem« einzuüben. Kritisch muss allerdings angemerkt werden, dass bei dieser Argumentation weitgehend außer Acht gelassen wird, dass die Viellese-Verfahren verglichen mit den kleinschrittigeren Lautlese-Verfahren graduell auf einer höheren Stufe der Lesekompetenz in allen aufgezeigten Dimensionen (vgl. Kap. 2.2) angesiedelt sind, denn sie verlangen weitgehend eigenständige Leseakte. Sie setzen vermutlich sowohl einen höheren Basiswert an Leseflüssigkeit als auch an hierarchiehöheren kognitiven Leseleistungen voraus.

Eine zweite These bezieht sich auf das allgemeine Weltwissen. Die Argumentation lautet hier, dass durch das Viellesen die Leser mit immer neuen Wissensbeständen konfrontiert werden (»Lesen bildet«), sodass sich im Laufe der Lektürezeit im Unterricht das Vorwissen der Schüler(innen) nach und nach vermehrt. Ein ausgeprägtes Weltwissen begünstigt wiederum das Textverstehen insgesamt erheblich. Auch hier muss jedoch einschränkend darauf hingewiesen werden, dass dieser Zusammenhang nicht spezifisch für das Lesen gilt, sondern auch beispielsweise für das Fernsehen, das ebenfalls Weltwissen anbietet, angenommen werden müsste. Trotzdem gilt die Gleichung »Mehr Fernsehen führt zu besserem Fernsehen« offensichtlich nicht, sondern es wird angenommen, dass die Qualität des Fernsehprogramms bzw. beim Lesen: des Textes sowie das mentale Engagement, mit dem jeweils rezipiert wird, eine wesentliche Rolle spielen. Wäre tatsächlich die Vermehrung des Weltwissens oder genauer: des sprachlich strukturierten Weltwissens der wirksame Kern dieser Lesefördermaßnahme, so dürften nicht Texte eigener Wahl gelesen, sondern es müssten speziell solche Texte vorgegeben werden, die das Vorwissen gezielt aufbauen, und es müsste gesichert werden, dass sie verstehend gelesen werden. Damit wäre aber das hier diskutierte Verfahren gänzlich abgeändert und konterkariert.

Eine dritte These schließlich bezieht sich auf die motivationale Lage des Lesenden: Eine hohe Lesemenge fördert das lesebezogene Selbstkonzept des Lesers, und ein positiv auf Lesen bezogenes Selbstkonzept ist ein starker Faktor sowohl in der Lesebiographie (vgl. Graf 1995) als auch in der aktuellen Lesemotivation (vgl. Möller & Schiefele 2004). Dieses theoretische Argument scheint uns eine überzeugende praktische Relevanz zu besitzen: Bekanntlich sitzen insbesondere in der Hauptschule viele Schüler(innen), die noch nie ein Buch zu Ende gelesen haben. Sie können sich bei Lektüren innerhalb der Unterrichtszeit in der Regel darauf verlassen, dass die Textinhalte im Verlauf des Unterrichtsgeschehens von der Lehrperson oder den Mitschülern zusammengefasst werden, sodass sie eine eigenständige Textbegegnung nicht engagiert betreiben müssen. Viellese-Verfahren könnten bewirken, solchen Schüler(innen) überhaupt die Erfahrung zu verschaffen, dass sie Bücher ganz auf sich gestellt lesen und deren globalen Zusammenhang verstehen können. Das ist keineswegs trivial. Schwache Leser(innen) sind nämlich oft in einer Haltung befangen, die Lesen als einen Habitus von anderen sozialen Schichten versteht, als etwas, was ihrer Lebenswelt und Identität nicht zugehörig ist (vgl. Pieper et al. 2004). Dieses Bild des Lesens »der anderen« ist ziemlich wirklichkeitsfern, weil diesen Schüler(inne)n oft elementare lesekulturelle Erfahrungen fehlen.

Viellese-Verfahren verlangen von ihren Leser(inne)n neben der Einnahme einer spezifischen Leserolle auch, die Auswahl eines adäquaten Buches treffen zu können. Damit müssen die Schüler(innen) ihre Leseziele vorab präzisieren, sodass das Viellesen über das Gesagte hinaus eine vierte Leistung erbringen kann, die in der Theorie folgendermaßen formuliert wurde: Wer viel liest, kann seine verschiedenen Leseziele – die kognitiven im Leseakt selbst und die übergeordneten situativen und kontextbezogenen Anforderungen und Motivationen – strategisch besser aufeinander abstimmen. Vielleser(innen) können differenzieren, wo beispielsweise eine genussorientierte Lektüre gefragt bzw. erlaubt ist bzw. wo eine eher extrinsisch motivierte Textbegegnung erforderlich ist, und die entsprechenden Lesehaltungen annehmen. Sie sind in der Lage, selbst zu entscheiden, wann welches Buch wie gelesen und zu Ende gelesen wird oder ob die Lektüre bei Nichtgefallen vorzeitig abgebrochen wird. Sie lesen langsamer, wenn der Text schwierig ist oder wenn sie ihn sich immer in allen Einzelheiten einprägen wollen, und sie bemerken Verstehensprobleme und können mit ihnen umgehen. Leseschwache Schüler(innen) kommen mit den Viellese-Verfahren also dem kulturellen Habitus des Lesens mit seinen vielfältigen Anforderungen ein Stück weit näher, indem von ihnen gefordert ist, ihn für sich einzunehmen.

4.4 Die Wirksamkeit von Viellese-Verfahren

Freilich sollte man sich bewusst machen, dass Viellese-Verfahren längere Zeiträume und vor allem ein umfassendes lesekulturelles soziales Umfeld zu fordern scheinen – eine »lesende Schule« nämlich, in der von allen Beteiligten immer die Funktion und die Hochschätzung des Lesens vorgelebt wird. Kurzfristig und als isolierte Fördermaßnahme ergeben sich mit Viellese-Verfahren keine nachweisbaren Effekte für die Leseleistung und auch keine Steigerung der Lesemotivation bei schwachen kindlichen Leser(inne)n. Das zeigen neben vielen amerikanischen Studien auch die Ergebnisse unseres Frankfurter Projekts zur Leseflüssigkeit, in dessen Rahmen an 23 Hauptschulklassen der sechsten Jahrgangsstufe zwei verschiedene Lesefördermaßnahmen eingesetzt und evaluiert wurden (vgl. Gold et al. 2010; Rieckmann 2010; Rosebrock et al. 2010). In unserem Forschungsprojekt haben mehrere hundert Hauptschüle-r(innen) der 6. Jahrgangsstufe über ein Schulhalbjahr hinweg dreimal wöchentlich je 20 Minuten in einem belletristischen Kinder- bzw. Jugendbuch eigener Wahl gelesen, und zwar im Rahmen der Unterrichtszeit. Die Bücher dieses Viellese-Verfahrens wurden in der Folge nicht Unterrichtsgegenstand, die Lektüre war also weitgehend dem Freizeitlesen ähnlich, abgesehen davon, dass minimale Kontrollverfahren sicherstellten, dass tatsächlich Zeit mit Lesen verbracht wurde. Andere Klassen haben mit dem gleichen Zeitaufwand ein Lautlesetraining an vorgegebenen Kurztexten absolviert (vgl. dazu Kap. 3), mithin ein deutlich stärker reglementiertes und weniger buchorientiertes Verfahren zur Ausbildung von Leseflüssigkeit. Vor und nach diesem Schulhalbjahr wurden die Schüler(innen) und acht Kontrollklassen mit standardisierten Tests zur Lesekompetenz und zu anderen moderierenden Variablen überprüft. Die Auswertung der standardisierten Lese-Leistungstests führte zu folgenden Ergebnissen: Während das eingesetzte Lautlese-Verfahren in den zentralen Leistungsdimensionen von Lesekompetenz (Lesegeschwindigkeit, Wort-, Satz-, Textverständnis, Leseselbstkonzept) zu signifikanten Verbesserungen führten (vgl. auch Kap. 3.5), zeichnet sich bei den »stillen Lesezeiten« keine klare Verbesserung der Schüler(innen) im Blick auf Lesekompetenz ab. Selbst der für die »stillen Lesezeiten« erwartete Zuwachs in den Bereichen Lesemotivation und Selbstkonzept konnte empirisch nicht nachgewiesen werden (vgl. zusammenfassend: Rosebrock et al. 2010).

So unvollständig dieser Kurzbericht der Projektergebnisse auch ist (vgl. ausführlich: Rieckmann 2010), lässt sich doch Folgendes daraus ableiten: Durch die vermehrte Lektüre von altersangemessener Kinderliteratur als isolierte Maßnahme lässt sich bei etwa zwölfjährigen schwachen Leser(inne)n keine Verbesserung der Lesekompetenz innerhalb eines Schulhalbjahres erreichen. Das Mehr-Lesen transferiert unter diesen Bedingungen nicht auf die Lesekompetenz. Wir konnten zwar all die positiven Effekte beobachten, die sich oft in Erfahrungsberichten von geglückten Leseprojekten finden: In den entsprechenden Zeiten wurde nämlich tatsächlich still gelesen, die Kinder waren in der Mehrheit begeistert von dem Projekt und schrieben uns liebevolle und lobende Briefe, und sie wünschten sich bestimmte Bücher als Ergänzung der Bücherkiste, die wir ihnen geliefert hatten. Viele hatten zum ersten Mal in ihrem Leben allein ein Buch durchgelesen. Die Lehrpersonen haben das Projekt engagiert durchgeführt, sie waren mehrheitlich beeindruckt davon, wie praktikabel solch ein Verfahren auch mit unterdurchschnittlichen Leserinnen und Lesern ist, und von den positiven Auswirkungen für die Klasse insgesamt, und sie waren durchweg von seiner Wirksamkeit überzeugt. Und doch beißt hier keine Maus den Faden ab: Wir konnten keinen Transfer der Menge auf Kompetenz nachweisen; schwache Leser(innen) dieser Altersstufe können ihre Defizite so nicht kompensieren.

Es ist offensichtlich nicht so, dass die selbstbestimmte Lektüre von Kinderliteratur in einem solchen Rahmen **allein** Lesekompetenz entwickelt. Vielmehr scheint es so zu sein, dass schwache Leserinnen und Leser die mentale Aktivität, mit der die Wörter und Sätze weiterverarbeitet und in Zusammenhänge eingeordnet werden müssen, um Textverstehen zu verwirklichen, nicht aufbringen und auch in ihrer Lesegeschichte nicht aufbrachten. Sie betreiben Lesen vermutlich als ein »Durchkommen« durch den Text, indem sie ein Wort nach dem anderen hinter sich lassen, ohne entsprechende integrierende und komplexe mentale Modelle des Dargestellten parallel aufzubauen. Wenn man sich von solchen schwachen kindlichen Leser(inne)n ein Textstück auf Tonträger vorlesen lässt – wie im erwähnten Projekt als Teilstichprobe geschehen – und ihre Lesung transkribiert und analysiert, kann man diesen Eindruck bestätigen. Denn sinnrelevante Fehler werden oft nicht korrigiert, sodass kein lokaler Zusammenhang zwischen den Sätzen hergestellt werden kann; es wird stockend und in Zwei- bis Dreiwortgruppen gelesen, sodass Bedeutungszusammenhänge von Wortgruppen nicht immer gewahrt und Notwendigkeiten der Intonation – etwa Satzzeichen oder wörtliche Rede – nicht realisiert werden. Womöglich bleibt deshalb das Lesen selbst von solchen Texten, deren Inhalt die Schüler(innen) interessiert, langweilig und mühsam; denn die Gratifikation, nämlich die Erfahrung der spannenden, lustigen oder berührenden Textwelten, stellt sich nicht ein.

Nach einer längeren Phase der Vernachlässigung dieses Themas in der Folge der scharfen Kritik, die das National Reading Paneel an solchen Förderverfahren geübt hatte, orientiert sich die Forschung im angloamerikanischen Raum in jüngster Zeit wieder mehr auf die Suche nach den Erfolgsbedingungen von stillen Lesezeiten. Dass das Thema wichtig ist, ist unmittelbar einsichtig: Denn eigenständige Lesen, das hier praktiziert wird, muss doch das endliche Ziel aller schulischen Lesedidaktik sein. Aussichtsreich dafür scheint die Etablierung einer Routine, mit der das individuelle Lesen der Kinder engschrittig beobachtet und unterstützt wird, sodass das Lesen ein weitgehend eigenständiger und in vielen Komponenten selbstorganisierter Akt bleibt, zugleich aber durch eine enge Begleitung und Kontrolle stabilisiert wird. Diese Routine besteht im Kern aus individuellen 5-Minuten-Konferenzen innerhalb der stillen Lesezeiten, in denen die Lehrkraft mit einem Lautleseprotokoll (vgl. Kap. 3.3) die Leseflüssigkeit und die Passung von Textkomplexität und Lesefähigkeit individuell überprüft, Inhaltsfragen stellt und Leseziele mit dem Kind vereinbart. Sie sollten regelmäßig und häufig durchgeführt werden (vgl. zu dieser Routine und ihrer Wirksamkeit in amerikanischen Grundschulklassen: Reutzel et al. 2008; zur aktuellen Diskussion der Vielleseverfahren: Hiebert, 2009; Hiebert & Reutzel, 2010). Ob und wie eine solche Routine auch in die hiesige Unterrichtskultur überführbar ist und ob sie wirksam für die Leseleistung ist, hoffen wir in Frankfurt gegenwärtig überprüfen zu können.

Die fehlende Effektivität der Stilleseverfahren bei der Messung der Leseleistung zeigt aus unserer Sicht in erster Linie, dass Viellesen nicht als singuläre Maßnahme verstanden werden kann, sondern dass es schulisch vor allem bei schwachen Leser(inne)n darauf ankommen muss, den familiären Sozialisationsraum im Blick auf Schrift und Texte durch ein dezidiert buch- und lesefreundliches schulisches Kommunikationsklima zu konterkarieren. Dann erst zeigen sich vermutlich die belohnenden und die bildenden Effekte des Buchlesens auch für schwache Leser(innen).

Wir halten es also – trotz fehlender linearer Wirkungen bei den prozessbezogenen Leistungen – gerade in den unteren Schulformen für sinnvoll, regelmäßig eine Form der stillen Lesezeiten (vgl. Beispielkästen) in den Regelunterricht zu integrieren, um eine solche Schulkultur zumindest auf den Weg zu bringen. Die Unterrichtszeit muss hierbei keineswegs allein vom Deutschunterricht »abgezweigt« werden; auch in den übrigen Fächern kann die Lesezeit der Schüler untergebracht werden oder sie kann perspektivisch bei der Entwicklung von Ganztagsschulkonzepten fest eingeplant werden. Von daher ist es in der Praxis sinnvoll, Absprachen innerhalb des Kollegiums zu treffen und die Lesezeiten regelmäßig zu festen Terminen im Stundenplan der Schüler(innen) zu verankern.

Stille Lesezeiten

Eine Synthese der »Leseolympiade« und des »sustained silent reading« wurde für unser Projekt »Leseflüssigkeit« an der Universität Frankfurt am Main entwickelt (zum Projekt im Einzelnen: Rieckmann 2010; Rosebrock et al. 2010). Bei diesen »stillen Lesezeiten« wurde der beschriebene Ablauf des SSR (Bücherkisten mit motivierenden KJL-Titeln in der Klasse; freie Lesezeiten von 20 Minuten dreimal pro Woche; keine analytische Aufbereitung im Unterricht usw.) um eine **Rahmenhandlung** ergänzt: Die Schüler(innen) einer Klasse nahmen am »großen **Kilometer-Lesen**« teil, bei dem sie zusammen möglichst viele »Buch-Meter« erlesen mussten. Das geschah im Wettstreit mit anderen teilnehmenden Klassen. Auf jedes Buch wurde diejenige Wegstrecke in Metern geschrieben, die sich ungefähr ergibt, wenn man die Zeilen des Buches hintereinander reiht. Je mehr Seiten von der Klasse insgesamt gelesen wurden, desto mehr Buch-Kilometer kamen am Ende zusammen. Um die gelesene Meterzahl zu dokumentieren, aber auch um sicherzustellen, dass die Schüler(innen) in der freien Lesezeit tatsächlich lesen, mussten die Kinder für jedes Buch einen **»Lese-Reise-Pass«** ausfüllen: Neben dem Titel des Buches, dem Autorennamen und der im Unterricht bzw. zu Hause gelesenen Seitenzahlen mussten die Schüler(innen) den jeweils gelesenen Abschnitt und am Ende das ganze Buch knapp bewerten. Die Lehrperson kontrollierte mit einem Stempel, ob die angegebenen Seitenzahlen realistisch waren. Bei erfolgreicher Beendigung (bzw. begründetem Lektüreabbruch) wurde der gesamte Pass von der Lehrperson mit einem Stempel »beglaubigt« und dann im Klassenzimmer aufgehängt. Auf diese Weise entstand nach und nach auch eine visuell nachvollziehbare eindrucksvolle Wegstrecke an Gelesenem, zugleich konnten sich die Kinder über die Lektüren ihrer Mitschüler informieren und sich Anregungen für weitere Griffe in die Bücherkiste holen. Diese Rahmenhandlung hat sich als sehranimierend und praxistauglich erwiesen.

Praxisrelevante Literatur

Bamberger, R. (2000). *Erfolgreiche Leseerziehung in Theorie und Praxis. Mit besonderer Berücksichtigung des Projektes »Leistungs- und Motivationssteigerung im Lesen und Lernen unter dem Motto Lese- und Lernolympiade«*. Baltmannsweiler: Schneider Verlag Hohengehren. [Umfangreiche Einführung in das Themengebiet der Leseförderung, wobei der Schwerpunkt auf einer lesekulturellen Perspektive auf das Thema liegt. Neben allgemeinen Argumentationen der Leseforschung ist in dem Band Bambergers Projekt der »Leseolympiade« aus den 1970er Jahren und dessen Auswertung dokumentiert].

Bertschi-Kaufmann, A. (2007). Offene Formen der Leseförderung. In A. Bertschi-Kaufmann (Hrsg.), *Lesekompetenz – Leseleistung – Leseförderung. Grundlagen, Modelle und Materialien.* Seelze-Velber: Kallmeyer, Zug: Klett und Balmer, (S. 165 – 175). [Theorie und Praxis der offenen Formen der Leseförderung werden systematisch dargestellt].

Hiebert, E.H. & Reutzel, D.R. (Eds.) (2010). *Revisiting silent reading. New directions for teachers and researchers.* Newark, DE: IRA. [Der Stand der Forschung und zahlreiche erprobte Unterrichtsverfahren sind hier praxisnah zusammengestellt].

Lange, R. (2007). *Die Lese- und Lernolympiade. Aktive Leseerziehung mit dem Lesepass nach Richard Bamberger.* Baltmannsweiler: Schneider Verlag Hohengehren. [Aktualisierung und Aufbereitung der Bamberger'schen Leseolympiade mit neuen Unterrichtsvorschlägen und Materialien].

Pilgreen, J.L. (2000). *How to manage a Sustained Silent Reading program.* Porthsmouth, NH: Heinemann. [Umfassendes englischsprachiges Handbuch, in dem die Planung, Durchführung und Auswertung eines SSR-Programms im Unterricht detailliert beschrieben wird].

Rieckmann, C. (2010). *Leseförderung in sechsten Hauptschulklassen. Zur Wirksamkeit eines Vielleseverfahrens.* Baltmannsweiler: Schneider Verlag Hohengehren. [Theoretische Aufarbeitung des Viellese-Ansatzes und genaue Beschreibung der Methode »Stille Lesezeiten«. Die Ergebnisse des Frankfurter Hauptschulprojekts »Leseflüssigkeit« werden detailliert ausgewertet und umfassend diskutiert.]

5 Lesestrategien einüben

5.1 Was versteht man unter Lesestrategien?

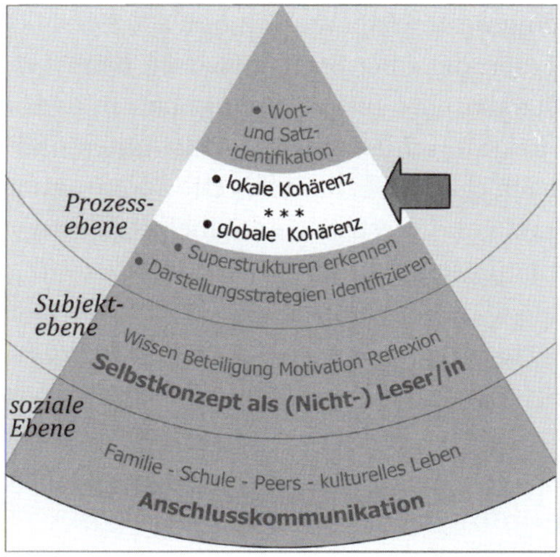

Lesestrategien werden als »mentale Werkzeuge« angesehen, mit denen die Schüler(innen) die hierarchiehohen Verstehensanforderungen von Texten während des Lesens auf verschiedenen kognitiven Ebenen (vgl. Kap. 2.2.1) gezielt unterstützen können.[4] Lesestrategien erfüllen entsprechend die folgenden Kriterien (vgl. Streblow 2004, S. 285 f.):

- Sie müssen instrumentell und operational auf ein bestimmtes Leseziel hin ausgerichtet sein (z. B. »Grundlegende Informationen aus Texten entnehmen«).
- Sie werden nicht einzeln, sondern immer in einem systematischen Verbund mit anderen Lesestrategien angewendet und gelehrt.
- Sie sind bei guten Leser(inne)n weitgehend automatisiert und routinisiert, d. h. sie werden meist unwillkürlich und in der bestimmten Situation regelmäßig angewendet. Bei Bedarf können die Strategien aber wieder ins Bewusstsein gerückt und auf Nachfrage verbalisiert werden.[5]

Zusammenfassend kann eine Lesestrategie somit als eine Sequenz oder ein Plan mentaler Lesehandlungen bezeichnet werden, die vom Leser/der Leserin

---

[4] In der Forschungsliteratur sind variierende Definitionsansätze zu finden, sodass eine allgemeingültige und abschließende Definition des Strategiebegriffs im Kontext des Lesens bisher nicht formuliert werden konnte (vgl. Bimmel 2002; Gold 2007; Willenberg 2004). Es ist jedoch Konsens in der Forschung, den instrumentellen Charakter von Lesestrategien in den Vordergrund zu stellen.

[5] Es ist sinnvoll, von diesem Strategiebegriff die weiter gefassten Begriffe der »Leseweise«, der »Lesehaltung« bzw. der »Umgangsweise« mit Texten zu unterscheiden. Texte können in unterschiedlichen Rezeptionsmodi und mit unterschiedlichen Lesehaltungen gelesen werden (vgl. zu Lesehaltungen Graf 2004a; Pette 2001), ohne dass damit schon der Begriff der Lesestrategie gerechtfertigt ist (vgl. Gölitzer 2006, S. 5).

in einer bestimmten Lesesituation zur Erreichung eines bestimmten Leseziels eingesetzt wird (vgl. Bimmel 2002, S. 117). Man kann sich vorstellen, dass ein Leser, der über Strategiewissen beim Lesen verfügt, einen »mentalen Werkzeugkasten« zur Verfügung hat, in dem unterschiedliche »Leseinstrumente« für unterschiedliche Lesesituationen und -ziele vorhanden sind (vgl. Schoenbach et al. 2006, S. 91 ff.). Die Lesesituationen, die im Schulunterricht den Einsatz von Lesestrategien nahelegen, sind vorrangig auf das Leseziel der Informationsentnahme, auf die Identifizierung von Hauptgedanken in Texten und auf das Verständnis der Textintention hin ausgerichtet. Weiterhin spielen strukturierende Zielsetzungen eine große Rolle, bei denen der Text reorganisiert und auf die wesentlichen Inhalte reduziert werden muss. Idealtypisch betrachtet, wählt ein strategischer Leser zur Erreichung dieser Zielsetzung aus seinen »mentalen Werkzeugen« flexibel die für die Textarbeit passenden »Instrumente« aus, bringt sie zur Anwendung und kontrolliert reflexiv deren Ausführung.

Lesestrategien spielen auf drei unterschiedlichen mentalen Ebenen eine wichtige Rolle für die aktive Auseinandersetzung mit Texten:

- Auf der unmittelbaren Ebene der Lektüre können kompetente Leser(innen) aktiv durch den flexiblen Einsatz verschiedener Lesetechniken mit dem Text interagieren – vor, während und nach der Lektüre. Sie verfügen über ein Repertoire an unterschiedlichen (»primären«) Lesestrategien, deren Einsatz sie adäquat beherrschen
- Auf einer zweiten reflexiven Ebene verfügen gute Leser(innen) über metakognitive Strategien, mit denen sie ihren eigenen unmittelbaren Leseprozess »überwachen« können. Habe ich etwas nicht verstanden? Woran könnte das liegen? Lese ich schon seit einer Seite, ohne etwas zu verstehen? Bin ich abgelenkt und unkonzentriert? Ärgert mich ein Moment im Text? Wo muss ich im Text wieder einsetzen, damit ich den Anschluss wiederfinde? Kann ich mich nicht zum (Weiter-)Lesen motivieren? Wenn ja, woran liegt das? Durch diese Überwachungstätigkeit (»monitoring«) des eigenen Leseprozesses können kompetente Leser(innen) Unstimmigkeiten im Verlauf der Lektüre registrieren und Techniken zum Einsatz bringen, mit denen diese Defizite behoben werden können.
- Auf einer dritten umfassenden Ebene ist die eigenständige Regulation der Lesestrategien angesiedelt. Sie stellt gleichsam die höchste Anforderungsstufe für Schüler(innen) dar. Hierbei ist es nämlich wichtig zu entscheiden, welche »mentalen Werkzeuge« aus dem Strategierepertoire in der jeweiligen Situation ausgewählt werden müssen. Denn nicht in jeder Situation und für jede Zielsetzung beim Lesen sind alle Strategien nötig oder gar sinnvoll. Der selbstständige Umgang mit Lesestrategien zielt also darauf, die

Strategien der zuvor genannten Ebenen mit den Anforderungen der Situation und dem dadurch festlegten Leseziel in Einklang zu bringen (»kognitive und metakognitive Selbstregulation«). Die Ebene der Selbstregulation umfasst aber die auf der Subjektebene angesiedelten Dimensionen von Lesekompetenz wie z. B. die affektive und motivationale Beteiligung am Geschehen (vgl. Kap. 2.2). Hierbei ist es besonders wichtig, realistische Zielsetzungen aufbauen zu können, die dann bei der Lektüre eines Textes auch tatsächlich erreichbar sind.

Lesestrategieprogramme – Beispiel 1: »SQ3R« und »PQ4R-Methode«

Eine der ältesten und auch bekanntesten Routinen für den Umgang mit Lesestrategien stellt wohl die von Robinson (1948) entwickelte »SQ3R«-Technik dar, die fünf primäre Lesetechniken zu einem Ablauf zusammenstellt. Die Buchstaben im Titel des Verfahrens sind dabei zugleich die Anfangsbuchstaben der englischsprachigen Einzeltechniken:

- »Survey«: Den Text überfliegen, um dabei einen ersten Überblick über Struktur und Inhalt zu bekommen bzw. um relevantes Vorwissen zu aktivieren.
- »Question«: Fragen an den Text stellen, auf Grundlage des gewonnenen Überblicks und des Vorwissens zum Thema.
- »Read«: Den Text aktiv lesen und durcharbeiten.
- »Recite«: Den Inhalt unmittelbar nach dem Lesen in eigenen Worten wiederholen, um so die eigene Verstehensleistung zu überprüfen.
- »Review«: Das Gelesene wird überprüft, indem die ersten vier Schritte nochmals gedanklich mit dem Ziel des Gesamtüberblicks wiederholt werden.

Eine leichte Modifikation des Programms wurde unter dem Titel »PQ4R«-Methode (Thomas & Robinson 1972) vorgenommen:

- »Preview«: Den Text überfliegen und dabei Abschnitte festlegen, die als Einheit gelesen werden können.
- »Question«: Vor dem Lesen des jeweiligen Abschnittes Fragen zu dessen Inhalt stellen.
- »Read«: Den Abschnitt lesen und die Fragen beantworten.
- »Reflect«: Während des Lesens über den Inhalt nachdenken, Beispiele finden und das Gelesene mit den eigenen Erfahrung in Beziehung setzen.
- »Recite«: Den Inhalt des Abschnittes mit eigenen Worten wiederholen.

- »Review«: Das Gelesene wird überprüft, indem die ersten vier Schritte nochmals gedanklich mit dem Ziel des Gesamtüberblickes wiederholt werden.

Die empirische Wirksamkeit der beiden Verfahren konnte über die Jahre hinweg in mehreren Studien belegt werden. Wichtig ist es allerdings, dass die gesamte Abfolge der Strategien durchlaufen wird, da die Anwendung einzelner Teilschritte allein in der Regel nicht zu einer Verbesserung des Textverständnisses führt (vgl. Christmann & Groeben 1999, S. 185f.).

5.2 Für welche Schülerinnen und Schüler ist die Vermittlung von Lesestrategien angebracht?

Die Ergebnisse der PISA- und der DESI-Studie machen deutlich, dass viele unserer Schüler(innen) vor allem mit dem **Verstehen** von gelesenen Texten gravierende Schwierigkeiten haben. Vor dem Hintergrund des dargelegten Begriffs von Lesekompetenz (vgl. Kap. 2.2) kann man sagen, dass – vor allem an den höheren Schulformen – ein Großteil der 15-jährigen Schüler(innen) zwar in lesekognitiver Hinsicht in der Lage ist, Texte auf der technischen Ebene flüssig zu lesen, aber deutliche Probleme damit hat, das Gelesene auf den hierarchiehöheren Prozessebenen mental zusammenzuführen, zu strukturieren und mit dem bereits vorhandenen Vorwissen sinnvoll in Beziehung zu setzen. Ihr mentales Modell des gelesenen Textes umfasst nicht alle vom Text geforderten Aspekte und Beziehungen, es ist nicht textadäquat und nicht ausreichend differenziert. Sie lesen den Text zwar, können aber die wesentlichen Informationen oftmals nicht identifizieren, die Hauptgedankengänge nicht nachvollziehen und dadurch die Intention des Geschriebenen nicht erfassen. Insofern **lesen** viele Schüler die Texte zwar **durch**, können aber nicht sinnvoll aus ihnen **lernen** (vgl. Kintsch 1996). Die Autoren von PISA empfehlen für schwache Leser(innen) mit diesen Leseschwierigkeiten – also ausreichender Leseflüssigkeit, aber nur mangelhafter Verstehensleistungen – nachdrücklich, die Informationsverarbeitungskompetenz durch die Vermittlung von Lern- und Lesestrategien zu fördern (vgl. Artelt et al. 2001, S. 131ff.). Diese Forderung ist, so kann man inzwischen feststellen, innerhalb der Pädagogischen Psychologie und auch der Literatur- bzw. Lesedidaktik auf fruchtbaren Boden gefallen. Die Diskussion über Lesestrategien nimmt in der fachdidaktischen Debatte einen breiten Raum ein (vgl. z.B. Praxis Deutsch, Heft 187); zahlreiche für den Einsatz im Schulunterricht gestaltete und empirisch erprobte Lesestrategieprogramme liegen vor (vgl. die im Kapitel angeführten Beispielkasten; zusammenfassend: Streblow 2004).

Lesestrategieprogramme – Beispiel 2: »Wir werden Textdetektive«

Das Lesestrategieprogramm »Wir werden Textdetektive« wurde von der Arbeitsgruppe um Andreas Gold (vgl. zusammenfassend Gold 2007) speziell für den Einsatz im schulischen Regelunterricht entwickelt. In 14 Lerneinheiten (ca. 26 Unterrichtsstunden) können die Schüler(innen) dabei den eigenverantwortlichen Umgang mit verschiedenen Lesestrategien erlernen und ihre Fähigkeiten bei der Verarbeitung von Textinformationen verbessern. Das Programm basiert auf psychologischen Theorien des Textverstehensprozesses, es ist praktisch erprobt und hinsichtlich seiner Effektivität mit guten Ergebnissen für verschiedene Schulformen empirisch evaluiert. Das Strategietraining liegt in Form eines speziell gestalteten Lehrer- und Schülermanuals vor, in dem ausgearbeitete Unterrichtsstunden und Arbeitsmaterialien als direkte Unterrichtsvorlage bzw. als Anregung für den selbstgestalteten Unterricht zur Verfügung stehen.

Das Strategietraining wird durch eine Rahmenhandlung eingeführt: Gemeinsam mit den Schüler(inne)n erarbeitet die Lehrperson eine Analogie zwischen genauem, verstehendem Lesen und der Arbeit, die ein Detektiv zu leisten hat. Die Schüler(innen) werden so in die Rolle eines »Textdetektivs« hineinversetzt, der im Text nach Informationen, wichtigen Hinweisen, Themen und Zusammenhängen sucht und das »Rätsel« des jeweiligen Textes löst, indem er das Textganze versteht. Dazu muss der Detektiv allerdings zunächst bestimmte »Detektivmethoden« (= Lesestrategien) kennenlernen und beherrschen. Insgesamt **sieben Lese- und Lernstrategien** werden auf diese spielerische Weise eingeführt: 1) Überschrift beachten; 2) Sich etwas bildlich vorstellen; 3) Umgang mit Textschwierigkeiten; 4) Prüfen, ob alles verstanden wurde; 5) Wichtiges unterstreichen; 6) Wichtiges zusammenfassen; 7) Prüfen, ob Hauptgedanken erinnert werden. Die verschiedenen Strategien trainieren dabei unterschiedliche Bereiche des Leseverstehensprozesses: Die »Behaltensstrategien« zielen darauf ab, den Text zu organisieren und die wichtigsten Informationen zu ermitteln; die »Verstehensstrategien« üben, die Informationen aus dem Text mit dem schon vorhandenen eigenen Wissen zu verbinden. Weiterhin lassen sich diese beiden Kategorien zusätzlich danach unterscheiden, ob sie unmittelbar die kognitive Prozessebene beim Lesen unterstützen oder ob sie sich auf die Metakognition der Schüler(innen) beziehen, die ihren eigenen Verstehensprozess beim Lesen dadurch überwachen.

Eine große Bedeutung wird innerhalb des Programms dem Vermittlungsprozess beigemessen. Jede Strategie wird zunächst von der Lehrperson einzeln eingeführt. Anhand einer entsprechenden Symbolkarte, die dem Material beiliegt, wird mit den Schüler(inne)n Ablauf und Nutzen der jeweiligen Methode besprochen. Anschließend modelliert die Lehrperson die Anwendung an einem Beispieltext, bevor die Schüler(innen) ebenfalls die Anwendung gemeinsam und dann eigenständig üben. Eine zweite Phase ist erreicht, nachdem alle Strategien den Schüler(inne)n geläufig sind. Nun müssen sie lernen zu entscheiden, für welche Lesesituation und welchen Text welche Detektivmethode angebracht ist. Das abschließende Ziel des Trainings besteht darin, die Schüler(innen) dazu zu befähigen, einen eigenen »Leseplan« für einen zu lesenden Text zu erstellen. Darin sollen Leseziele und Lesestrategien adäquat aufeinander bezogen sein. Zusammengenommen durchläuft die Vermittlung damit einen Prozess, in dessen Verlauf zunehmend mehr Verantwortung auf die Schüler(innen) übertragen wird. Weiterhin ist dem Lesestrategieprogramm ein gesondertes motivationsorientiertes Training beigefügt. Die Schüler(innen) sollen hierbei lernen, sich realistische, d.h. für sie erreichbare Leseziele zu setzen.

5.3 Welche konkreten Lesestrategien gibt es?

Wie aber kann man grundsätzlich bestimmen, welche »Instrumente« am besten für eine Förderung des verstehenden Lesens geeignet sind und in den »mentalen Werkzeugkasten« der Schüler(innen) hineingehören? Ganz einfach: durch eine Beobachtung des Leseprozesses kompetenter Leserinnen und Leser. Wie bereits dargelegt wurde, unterscheiden sich gute von weniger guten Leser(inne)n vor allem darin, wie **aktiv** sie – **vor, während und nach der Lektüre** – mit dem Text interagieren und welche Lesestrategien sie dabei einsetzen.

Kompetente Leser machen sich schon **vor der Lektüre** Gedanken über den potenziellen Inhalt des Buches oder des Textes und bauen eine entsprechende Erwartungshaltung zum Text auf. Dabei setzen sie z. B. folgende Lesestrategien ein:

- Über den Titel des Buches bzw. des Textes nachdenken. Welche Assoziationen verbinde ich mit dem Titel? Was weiß ich schon zu dem Thema? Welche Erwartungshorizonte eröffnen sich mir?
- Klappentexte, vorangestellte Zusammenfassungen oder »advanced organizers« (vgl. dazu Christmann & Groeben 1999, S. 185 f.) zuerst lesen, um die genannten Erwartungen an den Text zu verfeinern
- Über den Autor und den Kontext des Textes nachdenken: Habe ich schon einen Text von diesem Autor gelesen? Könnte der Text zu einem ähnlichen

Thema sein? Welchen ästhetischen/wissenschaftlichen Richtungen kann ich den Autor zuordnen? In welchen historischen/zeitgenössischen Kontexten ist der Text zu verorten? Usw.

- Den Text durchblättern und überfliegen: Welche Aussagen kann ich dabei schon zur Textstruktur und zum Aufbau treffen? Wie ist der Text gegliedert (z.B. Einleitung, Hauptteil, Schluss)? Welche Unterkapitel mit welchen Überschriften gibt es? Kann ich bereits bestimmte Schlüsselwörter und -begriffe erkennen, die in dem Text eine wichtige Rolle spielen? Wie umfangreich ist der Text? Bei Erzähltexten: Welchem Genre (Märchen, Kriminalroman, Gedicht ...) gehört der Text an, und was weiß ich über diese Textsorten? Bei Sachtexten: Welcher Wissensdomäne gehört der Text an? Wie ist er aufgebaut?
- In der Gruppe »Brainstormings« oder »Blitzlichtrunden« zu diesen Aspekten durchführen usw.

Die strategische Beschäftigung mit diesen Fragen führt dazu, dass kompetente Leser(innen) schon im Vorfeld der Lektüre ihr **Vorwissen aktivieren**. Sie bauen eine hypothesengelenkte Erwartungshaltung zu dem0 Text auf (»Was weiß ich schon zu diesem Thema?«; »Was könnte ich aus dem Text noch lernen?«), die dann während und/oder nach der Lektüre metakognitiv ausgewertet, verworfen, bestätigt, ergänzt usw. wird. Durch diese Prozesse ist am Ende einer erfolgreichen Lektüre ein kohärentes mentales Modell des Textes im Inneren des Lesers entstanden, in dem das Vorwissen und die Informationen aus dem Text zu neuen Vorstellungen verschmolzen sind. Je nachdem, welche Leseziele dabei angesteuert werden, lassen sich **während und/oder nach der Lektüre** a) ordnende b) elaborierende und c) wiederholende Lesestrategien voneinander unterscheiden (vgl. Gold 2007, S. 48f.):

a) Ordnende Lesestrategien

Leseziel: Den Text strukturieren und auf seine wesentlichen Kernaussagen reduzieren

- Wichtige Textstellen unterstreichen oder markieren
- Sinnvolle Überschriften für einzelne Textabschnitte finden
- Die Kernaussage eines Textabschnittes in einem Satz zusammenfassen
- Einen zentralen Satz pro Abschnitt herausschreiben
- Die wichtigsten Stichwörter eines Textabschnittes zusammenstellen
- Schlüsselbegriffe konzeptgeleitet miteinander am Rand des Textes verbinden (vgl. Rupp & Bonholt 2004)
- Den Argumentationsgang (den »roten Faden«) des Textabschnittes herausarbeiten

- Stellen im Text markieren, an denen das Thema bzw. die Argumentation wechselt
- Strukturmarkierende Hinweise identifizieren (Dafür gibt es drei Gründe ...; zusammenfassend lässt sich sagen ...)
- Beispiele für eine Aussage im Text finden
- Argumentationsstrukturen markieren (Thesen finden, Beispiele dafür benennen etc.)
- Eine »Mindmap« des Textes erstellen, in der die Haupt- und Unterideen identifiziert und in eine grafische Ordnung gebracht werden
- Eine Netzwerkkarte des Textes erstellen, in der die Kernideen des Textes mit deren semantischen Verknüpfungen grafisch dargestellt werden (beispielsweise das Verhältnis von Begriff-Definition, Begriff-Beispiel, Begriff-Spezifikation, Ursache-Wirkung, Bedingung, Vergleich, zeitliche Abfolge usw.).

b) Elaborierende Lesestrategien

Leseziel: Über die unmittelbare Textebene bewusst »hinausgehen« (elaborieren), um den Textinhalt gezielt mit Vorwissen, Gefühlen, Meinungen, inneren Bildern usw. der Leser(innen) in Beziehung zu setzen

- Vor der Lektüre eigenständig formulierte Fragen oder Voraussagen über den Textinhalt/den Textverlauf während bzw. nach der Lektüre beantworten (z. B. nach dem Schema: 1. Das war neu für mich 2. Das wusste ich schon 3. Das verstehe ich nicht 4. Das möchte ich fragen 5. Darüber möchte ich sprechen; vgl. Müller & Roebbelen 2004)
- Textstellen oder Textabläufe visualisieren: als mentale Beschreibung (»Versuche, dir den zeitlichen Ablauf der geschilderten Ereignisse bildlich vorzustellen«; »Stelle dir den im Text beschriebenen Gegenstand so genau wie möglich vor«) und/oder als grafische Illustration (»Zeichne den im Text beschriebenen Gegenstand auf«; »Gebe den Ablauf des Textes in Form einer Bildergeschichte wieder«)
- Gezielt persönliche Assoziationen initiieren: (»Welche Textstelle können mit persönlichen Erlebnissen und Erfahrungen verbunden werden«? »Für welche Sachverhalte können persönliche Beispiele gefunden werden«?)
- Die eigene Leseerfahrung am Textrand mitnotieren
- Absätze in eigenen Worten reformulieren
- Pro- und Contra-Diskussionen zum Zentralthema
- Das Gelesene mit einem zweiten Text vergleichen usw.

c) Wiederholende Lesestrategien

Leseziel: Eine erneute Textauseinandersetzung einleiten, um die Verstehens- und Behaltensleistungen zu vertiefen.

- Den Text bzw. bestimmte Textstellen ein zweites Mal lesen. Was fällt mir bei der erneuten Lektüre auf? Welche Aspekte habe ich verstanden/nicht verstanden? Was hat mir besonders gut/schlecht gefallen?
- Bestimmte Textstellen (wiederholt) laut vorlesen. Gerade bei schwächeren Leser(inne)n kann die phonologische Rekodierung dazu beitragen, die Intention der Textpassage besser zu verstehen.
- Problematische Passagen abschreiben bzw. gezielte Notizen mit dem Wortlaut des Textes anfertigen usw.

Lesestrategieprogramme – Beispiel 3: »Reziprokes Lehren«

Das sehr effektive »reziproke Lehren« wurde ursprünglich von Palincsar und Brown (1984) als Interventionsmethode konzipiert, um in außerschulischen Fördergruppen Schüler(innen) mit deutlichen Rückständen im Leseverständnis zu unterstützen. Seit längerer Zeit wird das Verfahren aber auch mit nachweisbarem Erfolg im angloamerikanischen Sprachraum im regulären Unterricht praktiziert. Dabei wird das ursprüngliche Verfahren leicht variiert. Für den deutschen Sprachraum wurde die detaillierte Vorgehensweise der Originalroutine sowie der Unterrichtsadaptation mit Vorschlägen zur praktischen Unterrichtsgestaltung von Anke Demmrich und Joachim Brunstein (2004) ausführlich beschrieben, Claudia Pangh (2009) berichtet praxisnah von Erfolgen mit leseschwachen Schüler(inne)n:

Innerhalb des Verfahrens werden **vier** der oben erläuterten **Lesestrategien** zu einem Programm integriert:

1) Zusammenfassen eines Textabschnittes (dabei werden vermittelnde Techniken wie sinnvolles Unterstreichen und das Notieren von Stichwörtern ebenfalls unterrichtet)
2) Fragen zum jeweiligen Textabschnitt stellen
3) Klären von Wortbedeutungen und unklaren Textstellen (zunächst aus dem Kontext, dann durch Lexika oder Expertenbefragung)
4) Vorhersagen treffen, worum es im nächsten Textabschnitt geht

Die Besonderheit des reziproken Lehrens besteht darin, dass die Anwendung dieser Routine mehr und mehr in die **Eigenverantwortung der Schüler(innen)** gelegt wird, die in Kleingruppen (4–6 Schüler) zusammen die Strategieanwendung üben. Für den Einsatz im Regelunterricht empfiehlt sich die Einhaltung folgender Schritte:

1) Anfangs werden die einzelnen Strategien von der Lehrperson vorgestellt und zusammen mit den Schüler(inne)n erarbeitet. Jede Strategie

wird von der Lehrperson »vorgemacht«. Dabei ist die bereits angesprochene Methode des »lauten Denkens« zentral, bei der die Gedanken in einer Art »Selbstgespräch« verbalisiert werden (vgl. nachfolgenden Kasten).

2) Als Nächstes werden einzelne Schüler(innen) aufgerufen, die Strategien einzeln der Klasse vorzumachen. Dabei orientieren sie sich exakt an der Vorgehensweise der Lehrperson, die sie während dieser Arbeit unterstützt.

3) Die Schritte 1 und 2 werden wiederholt, wobei nun alle Strategien auf einen Textabschnitt angewendet werden. Die Schüler(innen) sollen hierbei lernen, wann welche Strategie sinnvoll angewendet werden kann und wann nicht. Nach Demmrich und Brunstein (2004) sollten für die ersten drei Schritte 5–10 Unterrichtsstunden eingeplant werden.

4) Im nächsten Schritt werden Gruppen von 4–6 Schüler(inne)n gebildet. Es werden Regeln für die Gruppenarbeit erarbeitet, die Aufgaben und die Rollenverteilung wird festgelegt: Für jeden Abschnitt übernimmt wechselnd ein(e) Schüler(in) die Rolle des »Lehrers«. Die Aufgaben des Lehrers (z. B. »Stelle eine Frage, wie sie ein Lehrer stellen würde«; »Fordere jemanden auf, eine Zusammenfassung zu finden«) werden auf einer entsprechenden Karte festgehalten, das Auftreten eines »guten Lehrers« wird besprochen, und allgemeine Gesprächsregeln (»Ausreden lassen«; »Alle kommen gleich oft als Lehrer dran«) werden für alle sichtbar schriftlich fixiert.

5) Durchführung des Verfahrens in den Kleingruppen: Für jeden Textabschnitt übernimmt ein(e) Schüler(in) die Rolle des »Lehrers« und demonstriert bzw. moderiert laut denkend für den Abschnitt die Anwendung der oben genannten Lesestrategien: Zunächst werden Assoziationen der Gruppe zur Überschrift eingeholt, danach wird der Abschnitt laut vorgelesen. Unklarheiten werden benannt und in der Gruppe geklärt, und eine Zusammenfassung wird erstellt. Als Letztes fordert der »Lehrer«-Schüler die Gruppe auf, eine Vorhersage zum nächsten Abschnitt zu formulieren. Danach übernimmt ein anderes Kind die Lehrerrolle, und der folgende Textabschnitt wird wieder laut vorgelesen, die Routinen folgen. Lernerfolge finden vor allem durch die in der Gruppe stattfindenden »reziproken Erkenntnisdialoge« statt, in denen sich die Schüler(innen) intensiv mit dem Inhalt des Textes beschäftigen und kooperativ eine Bedeutung konstruieren.

5.4 Wie lehrt man Lesestrategien?

Die eingangs angeführte Definition hat Lesestrategien im schulischen Kontext als planvoll eingesetzte mentale Lesehandlungen beschrieben, mit deren Hilfe Leser(innen) das Leseziel der effektiven Informationsverarbeitung von Texten (effektiver als bisher) erreichen können. Lesestrategien können entsprechend auf den **drei Ebenen**, nämlich der **unmittelbaren Textarbeit**, der **Metakognition** und der **Selbstregulation**, angesiedelt werden. Aus diesem Grund liegt es nahe, für die lehrpraktische Vermittlung von Lesestrategien im Unterricht eine entsprechende dreischrittige Handlungslogik aufzugreifen.

1) Lesestrategien müssen im deklarativen Wissensbestand der Schüler(innen) verankert werden

In einem ersten Schritt müssen die Schüler(innen) Lesestrategien kennenlernen. Ihr »mentaler Werkzeugkasten« muss, bildlich gesprochen, zunächst mit »Leseinstrumenten« aufgefüllt werden. Die Lehrperson sollte dazu einleitend den Nutzen und die Bedeutung von Lesestrategien erläutern und einen Katalog von Primärstrategien zusammen mit den Schüler(inne)n erarbeiten. Damit dieser Schritt für die Schüler(innen) nicht zu abstrakt und somit unverwirklicht bleibt, empfehlen sich für den Unterricht zwei grundsätzliche Vorgehensweisen:

Erstens sollte die **Lehrperson als Lesemodell** oder »Lesemeister« (vgl. Willenberg 2007a) auftreten, die für die weniger gut lesenden Schüler (»Leselehrlinge«) ihre eigenen mentalen Tätigkeiten beim Lesen konkreter Texte offenlegt und die jeweilige Lesestrategien »vormacht«. Für diese Vorgehensweise ist die Methode des »lauten Denkens« (vgl. Schoenbach et al. 2006, S. 94 ff.) zentral: Das Denken, das sich normalerweise der Beobachtung entzieht, wird dabei ausgesprochen, wie es beispielsweise auch bei einem Selbstgespräch passiert oder beim »Mitmurmeln« des Gedankengangs während des Lösens einer mehrschrittigen Aufgabe. Im Prinzip ist das laute Denken einfach. Die Lehrperson sollte allerdings das Verfahren vorbereitend einüben, damit sie es im Unterricht gut präsentieren kann. Sie liest dazu einen Text laut sequenzweise vor, unterbricht bei Unklarheiten oder nach bestimmten Sätzen/Textabsätzen die Lektüre und verbalisiert dabei ihre Gedanken – ein Leitfaden findet sich im folgenden Beispielkasten. Auf diese Weise lernen die Schüler(innen) nicht nur, dass ein guter Leser ein strategischer Leser ist, der seinen eigenen Leseprozess aktiv und metakognitiv überwacht, sondern sie lernen vor allem, dass auch die Lehrperson als »Meisterleser« den Text nicht passiv aufnimmt, sondern lesebegleitend Fragen an den Text stellt und mit der Textbedeutung ringt. Die Schüler(innen) sehen auf diese Weise, dass auch das Verstehen von Texten ein prinzipiell lernbarer Prozess ist – auch für sie.

Elemente des lauten Denkens – Beispiele

(in Anlehnung an Schoenbach et al. 2006, S. 95)

Vorhersagen

- »Ich sage vorher, dass ...«
- »Ich glaube, im nächsten Abschnitt ...«
- »Ich wette, das wird sich gleich im nächsten Absatz klären«

Vorstellungen entwickeln

- »Ich stelle mir vor, ...«
- »Ich kann bildlich vor mir sehen, wie ...«
- »Ich glaube, ...«

Verbindungen herstellen

- »Dies ist wie ...«
- »Dies erinnert mich an ...«
- »Ich finde wunderschön, wie ...«
- »Ich kann sehr gut nachvollziehen ...«

Ein Problem identifizieren

- »Ich war verwirrt, als ...«
- »Ich weiß nicht genau ...«
- »Ich habe nicht erwartet ...«
- »Ich wundere mich über ...«
- »Unklar ist mir noch ...«

Probleme lösen

- »Ich glaube, ich muss den Abschnitt noch mal lesen, um ihn zu verstehen«
- »Jetzt verstehe ich, warum ...«
- »Ich versuche den Textabschnitt für mich zusammenzufassen«
- »Ich versuche, folgende Unklarheiten vor dem Weiterlesen zu klären«
- »Zuerst schaue ich dazu ...«

Zweitens sollte sich die Lehrperson bei der Erarbeitung der primären Lesestrategien an dem **Wissensstand der Schüler(innen) orientieren**. Es gerät oftmals in Vergessenheit, dass auch schwächere Leser(innen) bereits implizit durchaus über ein bestimmtes strategisches Wissen verfügen, das mit Fragen (z. B. »Was macht ihr, wenn ihr Wörter im Text nicht versteht?«, »Wie geht ihr vor, wenn ihr den Sinn einer Textstelle nicht versteht?«) sichtbar gemacht werden kann (vgl. Schoenbach et al., 2006 S. 97 ff.). Auf diese Weise kann ein Katalog von

Primärstrategien erarbeitet werden, der sowohl in der Lehrperson (»Meisterleser«) als in den Schüler(inne)n (»Leselehrlingen«) konkret, d.h. auf den Text bezogen, verankert ist. Dieser Katalog kann dann nach verschiedenen Rubriken (z.B. »vor«, »während«, »nach der Lektüre«) gegliedert und grafisch gestaltet in der Klasse aufgehängt bzw. für alle vervielfältigt werden.

2. Die Schüler(innen) müssen üben, die gelernten Lesestrategien immer anzuwenden

In einem nächsten Schritt müssen die Schüler(innen) lernen, die Lesestrategien eigenständig bei neuen Texten anzuwenden und mit ihnen längerfristig zu arbeiten. Auch hierbei sollten verschiedene Prinzipien beachtet werden. **Erstens** sollte man das Training mit einer **Auswahl einfacher Lesestrategien** beginnen, die als Routine zunächst bei jedem zu erarbeitenden Text angewendet werden (vgl. Willenberg 2004). Man kann sich dafür an bereits zusammengestellten Unterrichtsroutinen orientieren (siehe Beispielkästen in diesem Kapitel) oder selbst zusammen mit den Schüler(inne)n eine sinnvolle Auswahl zusammenstellen. **Zweitens** sollten diese Strategien auf Übersichtsblättern, Lesezeichen, Symbolkarten, Beobachtungsfächern, Strategiefächern usw. festgehalten werden, die von den Schüler(inne)n selbst gebastelt und entsprechend grafisch verziert und illustriert werden. Die Schüler(innen) sollen bei jedem neuen Text dieses »**Vademecum**« [= lateinisch: »Was ich immer bei mir habe«] zur Hand nehmen und die dort genannten und kurz erläuterten Strategien anwenden (vgl. Senn & Widmer 2005; Willenberg 2004, S. 13). Auf diese Weise können sie selbstständig die ausgewählten Lesestrategien anwenden und lernen nach und nach, die für die jeweilige Aufgabenstellung und den jeweiligen Text angemessenen Strategien auszuwählen.

Um den eigenständigen Umgang der Schüler(innen) mit den Lesestrategien zu stärken, ist es nachweislich sehr effektiv, den Vermittlungsprozess der Lesestrategien im Laufe der Zeit immer mehr in die Verantwortung der Schüler(innen) zu legen, wie es bei der Methode des »reziproken Lehrens« vorgeführt wird. Die Schüler(innen) finden sich dabei in Kleingruppen zusammen und bringen sich in Form kooperativen Lernens gegenseitig den Umgang mit den Lesestrategien bei.

3. Die Schüler(innen) müssen nach und nach einen reflektierten und selbstregulierten Umgang mit Lesestrategien erlernen

Letztlich müssen die Schüler(innen) nach und nach einen reflektierten, flexiblen und selbstregulierten Umgang mit ihrem Strategierepertoire einüben. Sie müssen erkennen können, in welcher Situation welche Lesestrategie angemessen ist und wann ein angewendetes »Leseinstrument« nicht zum gewünschten

Ziel führt und »ausgetauscht« werden muss. Dafür ist es unabdingbar, dass die Schüler(innen) neben den oben aufgeführten unmittelbaren Lesestrategien auch über metakognitive Strategien verfügen, mit denen sie ihren Leseprozess überwachen können. Im engeren Sinn müssen sie also dazu in der Lage sein, Lesefehler bzw. unverstandene Textstellen zu identifizieren und zu korrigieren (»monitoring«). Im weiteren Sinn müssen sie in der Lage sein, die von ihnen angewendeten Lesestrategien mit ihrem Leseziel und ihrer Lesemotivation abzustimmen. Der selbstregulative Umgang mit Lesestrategien ist somit die Schnittstelle zwischen Lesestrategien und allgemeinen Lernstrategien, mit deren Hilfe der motivationale und kognitive Umgang mit Lerngegenständen verbessert werden soll.

Die nachhaltige Vermittlung von Lesestrategien stellt durch das Zusammenspiel dieser drei unterschiedlichen Dimensionen einen anspruchsvollen Lernbereich dar, der nur über einen langfristig angelegten Unterricht erarbeitet werden kann. Schnell einzulösende Erfolge sind von vornherein nicht zu erwarten. Von daher ist es sinnvoll, in Form einer größeren Unterrichtseinheit bzw. eines Projekts explizit eine Einführung in die Thematik zu geben, in der die verschiedenen Strategien vermittelt werden, und dann im regulären Unterrichtsverlauf immer wieder die erarbeiten Lesestrategien im Umgang mit den gerade aktuell behandelten Texten einzusetzen. An dieser Stelle bietet sich die große Chance, die Förderung des Textverstehens fächerübergreifend zu gestalten. Erarbeitete Lesestrategien können und müssen nämlich gerade auch in den Sachfächern eingesetzt werden, bei denen es ja darauf ankommt, die wesentlichen Aussagen der Texte zu erfassen und zu verstehen (vgl. Kap. 6). Aus diesem Grund sollte sich im besten Fall das Kollegium einer Schulklasse für ein einheitliches Set von Lesestrategien entscheiden, dieses in Form eines entsprechenden »Vademecums« festhalten und dann regelmäßig im jeweiligen Fachunterricht anwenden.

Sinnvoll ist es, dafür auf ein bereits ausgearbeitetes Lesestrategieprogramm zurückzugreifen. Dabei handelt es sich um für den Unterricht zusammengestellte Routinen von Lesestrategien, die nach einem festgelegten Ablaufplan mit den Schüler(inne)n durchgeführt werden. Diese fertigen Unterrichtsprogramme nehmen somit den Lehrkräften die Arbeit der Selektion der einzelnen Strategien und der Planung des Unterrichtsablaufs weitgehend ab. Sie bieten darüber hinaus ausgearbeitete Materialien, die unmittelbar für die eigene Lehrtätigkeit verwendet werden können. Weiterhin sind die dort zur Anwendung gebrachten Routinen hinsichtlich ihrer Wirksamkeit in der Regel empirisch evaluiert und bestätigt (vgl. Beispielkästen in diesem Kapitel).

Lesestrategieprogramme – Beispiel 4: »Lesen. Das Training«

Als letztes Beispiel für Lesestrategieprogramme für den Unterricht soll im Folgenden das von Andrea Bertschi-Kaufmann und Team konzipierte Förderprogramm »Lesen. Das Training« vorgestellt werden (Bertschi-Kaufmann et al. 2007). Das Lesetraining umfasst insgesamt drei Teile, die sich auf verschiedene Stufen der im Kap. 2.2.1 dargestellten kognitiven Leseprozesse beziehen: Nach zwei Bausteinen im hierarchieniedrigen Bereich (»Lesefertigkeiten«; »Lesegeläufigkeit«) widmet sich der dritte Teil der systematischen Vermittlung von Lesestrategien.

Im Trainingsprogramm werden sechs Lesestrategien vermittelt, die Lesetätigkeiten vor, während und nach dem Lesen entsprechen. Sie werden gemeinsam mit der Klasse erarbeitet, wobei insgesamt drei verschiedene Stufen durchlaufen werden. Im ersten Durchgang (Einführung) findet eine Thematisierung der Einzelstrategien im Plenum statt. Im zweiten Schritt (Vertiefung) arbeiten die Schüler individuell mit der jeweiligen Strategie, um die selbstständige Anwendung einzuüben. In einer dritten Phase (Transfer) geht es letztlich darum, durch wiederholtes selbstständiges Anwenden der Strategien in allen Fächern einen routinierten Umgang mit den Lesestrategien herzustellen. Die Schüler benutzen für alle Phasen ein optisch ansprechend gestaltetes Übungsheft, in dem die Strategien aufbereitet sind und an geeigneten Texten eingeübt werden können. Dem Material ist als Kopiervorlage ein »Strategiefächer« beigefügt, auf dem die einzelnen Strategien zusammengefasst sind und der von den Schülern selbst gestaltet werden kann. Das Strategietraining ist insgesamt auf mindestens 14 Unterrichtsstunden ausgerichtet.

Kritisch sollte im Blick bleiben, dass Lesestrategietrainings grundsätzlich nichts anderes als Methodentrainigs sind, die – genauso wie beispielsweise die ausufernden methodischen Vorschläge von Klippert (2004) – da, wo sie sich verselbstständigen, das verlieren, worum es eigentlich geht: den Textgegenstand. Denn Lesen ist nicht nur ein komplexer Akt der Entzifferung und mentalen Ordnung von Zeichen. Lesen ist primär das Lesen von etwas – deshalb wird es betrieben. Anders ausgedrückt: Es geht beim Lesen nicht um es selbst, sondern um den Textgegenstand. Die Aufmerksamkeit auf die Methoden zu lenken darf also, lesedidaktisch gesehen, nicht dazu führen, dass der Textgegenstand zweitrangig wird. Die grundsätzlich an den Klippert-Konzepten geäußerte Kritik der »Inhaltslosigkeit« gilt auch für Lesestrategietrainings: Ein isoliertes Methodentraining bringt in letzter Konsequenz die Sache selbst – die

Inhalte der Texte – zum Verschwinden (vgl. Gruschka & Martin 2002; Liesmann, 2006 S. 36).

Praxisrelevante Literatur

Bertschi-Kaufmann, A., Hagendorf, P., Kruse, G., Rank, K., Riss, M. & Sommer, T. (2007). *Lesen. Das Training. Lesefertigkeiten – Lesegeläufigkeit – Lesestrategien. Stufe I und II.* Seelze: Friedrich. [Umfassendes Trainingsprogramm für hierarchieniedrige und hierarchiehohe Leseprozesse in zwei Schwierigkeitsgraden mit Materialheft für die Schülerarbeit und theoretischen bzw. praktischen Darreichungen für die Lehrperson].

Demmrich, A. & Brunstein, J.C. (2004): Förderung sinnverstehenden Lesens durch ›Reziprokes Lehren‹. In: G. W. Lauth, M. Grünke & J.C. Brunstein (Hrsg.), *Interventionen bei Lernstörungen. Förderung, Training und Therapie in der Praxis.* Göttingen u.a.: Hogrefe (S. 279-287).

Gold, A. (2007). *Lesen kann man lernen. Lesestrategien für das 5. und 6. Schuljahr.* Göttingen: Vandenhoeck & Ruprecht. [Theoretisierung und Zusammenfassung lesestrategischer Ansätze mit Schwerpunkt auf dem von der Forschergruppe um Gold entwickelten Unterrichtsprogramm »Wir werden Textdetektive«].

Gold, A., Mokhlesgerami, J., Rühl, K., Schreblowski, S. & Souvigner, E. (2004). *Wir werden Textdetektive (Lehrermanual und Arbeitsheft).* Göttingen: Vandenhoeck & Ruprecht. [Zentrale Publikation des theoretisch fundierten und praktisch positiv evaluierten Strategieprogramms für fünfte und sechste Schulklassen mit Materialienheft für die Schülerarbeit sowie theoretischer und praktischer Einführung für die Hand des Lehrers. Das Programm ist inzwischen in verschiedenen Varianten erhältlich: als Wiederholungseinheit (Trenk-Hinterberger & Souvigner 2006), für Förder- und Hauptschulen (Rühl & Souvigner 2006) sowie für den Englischunterricht (Gaile, Gold & Souvigner 2007)].

Pangh, C. (2009). ›Jetzt hab ichs!‹ Reciprocal Teaching: ein Förderkonzept zum selbstständigen verstehenden Lesen. *Lernchancen 67*, 15–25.

Streblow, L. (2004). Zur Förderung der Lesekompetenz. In U. Schiefele, C. Artelt, W. Schneider & P. Stanat (Hrsg.), *Struktur, Entwicklung und Förderung von Lesekompetenz. Vertiefende Analysen im Rahmen von PISA 2000.* Wiesbaden: Verlag für Sozialwissenschaften (S. 275–306). [Forschungsbeitrag, in dem die gegenwärtig vorliegenden Lesestrategieprogramme vorgestellt und hinsichtlich ihres heuristischen Potenzials bzw. ihrer empirischen Wirksamkeit diskutiert werden].

6 Sachtextlektüre unterstützen

6.1 Lesen in Wissensdomänen

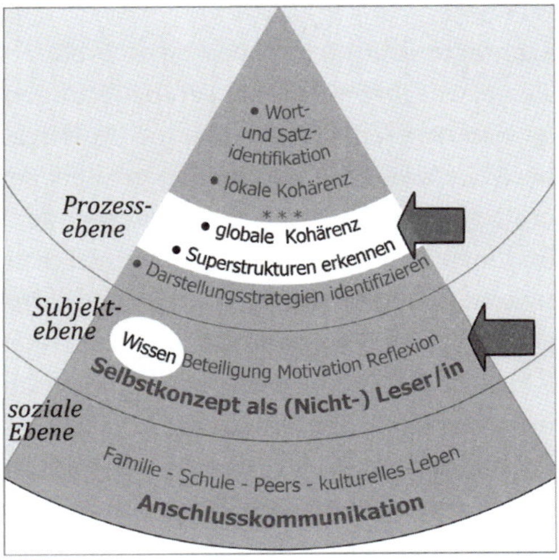

Die professionelle Unterstützung des Lernens aus Texten, und zwar aus einer speziellen Textsorte, aus Lehrtexten, soll hier Thema sein. Sie ist kein eigentlich isolierbares und auf bestimmte Defizite hin zugeschnittenes Leseförder-Verfahren und lockert insofern die Systematik des vorliegenden Buches. Sachtextlektüre und ihre Didaktik sollen hier aber ein eigenes Gewicht erhalten, auch um die generelle Notwendigkeit der Domänenspezifik von Leseförderung erneut zu unterstreichen: Denn die Mehrzahl der Texte, die in der Schule gelesen und verstanden werden müssen, gehören – von der Grundschule bis in die Oberstufe – in die Gruppe der Sachtexte. Es sind mehrheitlich Lehrtexte, bei denen es darauf ankommt, die Inhalte beim Lesen in Vorwissensstrukturen einzufügen und auf diese Weise das Wissen zu erweitern. Kurz: Es geht um das Lernen aus Lehrtexten.

Während in der Grundschule dem »common sense« zufolge noch das »learning to read«, das Lesen-Lernen, im Vordergrund steht, sollte ab der fünften Klasse das »reading to learn« stattfinden – die basalen Lesefähigkeiten sollten nun gefestigt sein, sodass aus Texten gelernt werden kann. Doch alle wissen, dass das selbst im gymnasialen Bereich nur eingeschränkt zutrifft. Sogar in den höheren Klassen der Sekundarstufe I haben viele Jugendliche Schwierigkeiten mit weniger geläufigen Satzmustern, Argumentationsgängen und Textstrukturen, zumal wenn noch eine ungewohnte Lexik hinzutritt. Hier fehlt ein Lesecurriculum, das diese Anforderungen auffächert und explizit zu Lerngegenständen macht.

6.2 Was sind Sachtexte?

Sachtexte sind nicht grundsätzlich einfacher oder schwieriger als literarische Texte, was ihre Verstehensanforderungen angeht; von beiden Typen kommen gewissermaßen alle Niveaus vor. Außerdem gibt es praktisch breite Zwischenbereiche zwischen den beiden großen Textgruppen; man denke nur an manche Spiegel-Artikel, an Biographien oder an sogenannte »Tatsachenromane«, in denen sich literarische Erzählmuster und der Anspruch auf sachliche Richtigkeit aufs Merkwürdigste mischen können. Aber man kann doch grob von zwei großen Textgruppen ausgehen, deren systematischer Unterschied im Kern darin besteht, dass die typische Funktion im einen Fall die Information, im anderen die Unterhaltung ist (vgl. Groeben 2004). Insofern sind Sachtexte für ein adäquates Verständnis dominant auf Vorwissensstrukturen bei den Lesern angewiesen. Bei literarischen Texten ist das deshalb weniger der Fall, weil sie in der Regel inhaltlich auf Alltagsmuster des Erzählens und Verstehens hin orientiert sind. Sie sind allerdings oft stärker auf affektive Beteiligung und Empathiefähigkeit von Seiten des Lesers angewiesen, als das bei Sachtexten der Fall ist.

Sachtexte, die nun im Fokus stehen, lassen sich didaktisch sinnvoll durch ihre Funktionen unterscheiden und intern in drei Gruppen aufteilen: Einmal in **Lehrtexte**, die Sachverhalte darstellen und deren zentrale Funktion die Wissensvermittlung ist, zweitens in **Persuasionstexte** wie beispielsweise politische Kommentare oder Predigten, deren zentrale Funktion in der Erzielung einer Einstellung beim Rezipienten besteht, und schließlich drittens in **Instruktionstexte** im engeren Sinn, die auf Handlungen beim Rezipienten zielen, z.B. Gebrauchsanweisungen und Ratgeber (vgl. Christmann & Groeben 2002). Wegen der überragenden Bedeutung der ersten Untergruppe, der Lehrtexte, für das Lesen und Lernen im schulischen Kontext wollen wir uns hier auf diese Gruppe beschränken. Damit stehen diejenigen Texte, die in den Sachfächern die entsprechenden Schulbücher füllen und verstanden werden müssen, im Mittelpunkt. Sie werden als Textsorte absurderweise während des schulischen Curriculums an keiner Stelle systematisch erarbeitet. Denn wenn sich der Deutschunterricht mit nicht-literarischen Textsorten beschäftigt – Bericht, Erörterung, Rede, Kommentar usw. werden hier behandelt, aber nicht der »einfache« darstellende Lehrtext –, so vorrangig deshalb, um die Strukturen dieser jeweils spezifischen Textsorten zu vermitteln. Dort, wo Lehrtexte unter textstrukturellen Fragestellungen dringend erarbeitet werden müssten, in den Sachfächern nämlich, sind die Lehrkräfte nicht dafür ausgebildet und erachten das häufig auch nicht als ihre Aufgabe.

6.3 Fachspezifik der Inhalte und der Textstruktur

Unter lesedidaktischen Gesichtspunkten sind zwei Aspekte bei der Unterstützung von Lehrtextlektüre besonders wichtig: Lehrtexte sind in semantischer Hinsicht domänenspezifisch, d.h., sie handeln von bestimmten fachlichen Wissensgebieten, und sie sind vielfältig strukturiert, d.h. ihr Aufbau variiert stark.

Die intensive Kontextorientierung von Lehrtexten, ihr Bezug also auf bestimmte Felder des Wissens, führt dazu, dass die erfolgreiche Lektüre auf **domänenspezifisches Vorwissen** beim Leser angewiesen ist. Lehrtexte enthalten nämlich in der Regel mehr ungewohnte und alltagsfernere Begriffe und Konzepte als beispielsweise eine literarische Erzählung, die sich ja gerade durch ihre Nähe zur Lebens- und Erfahrungswelt der Schüler(innen) auszeichnet und insofern auch deren Begrifflichkeit dominieren lässt. Deshalb stehen Erzähltexte, selbst wenn sie aus fernen Kulturen oder Zeiten stammen, thematisch meist dem »Hier und Jetzt« von Schüler(inne)n näher, weil sie oft unmittelbarer an der persönlichen Erfahrung anknüpfen, als das ein Lehrtext tut. Lehrtexte sind semantisch weit fremder – der Lehrperson, die schon lange in ihrem Fach sozialisiert ist, fällt das u. U. gar nicht auf.

Dafür ein Beispiel: Ein wesentliches Konzept in literarischen Texten ist das der Plausibilität der Figurenidentität – ein Konzept, das Schüler(inne)n aus ihrer sozialen Lebenspraxis denkbar nah und vertraut ist. Im Gegensatz dazu abstrahieren die Lehrtexte in Schulbüchern stark von solchen lebensweltlichen Konzepten der Schüler(innen), eben um ihnen neue Konzepte, also neues Wissen über situationsferne Felder zu vermitteln, Wissen, das durch ungewohnte Begrifflichkeit und eine vergleichsweise unbekannte Ordnung dieser Begriffe didaktisch charakterisiert ist: Beispielsweise die Darstellung einer Epoche im Geschichtsunterricht oder die des Atommodells in der Physik verwenden implizite Konzepte des Gegenstands, die eben **nicht** der Alltagswelt entstammen. Ausgewiesene Fachtexte, die im Unterschied zu Lehrtexten zudem eigene fachliche Begrifflichkeit voraussetzen, steigern das noch einmal. In Schulbüchern sollten Fachbegriffe, wo sie vorkommen, erklärt sein, sodass hier von Lehrtexten gesprochen werden darf.

Das zweite Merkmal, das Sachtexte unter lesedidaktischen Gesichtspunkten von erzählenden literarischen Texten absetzt, ist die **strukturelle Vielfalt der Textmuster**. Während Erzähltexte im Wesentlichen einem einzigen Muster folgen – der sogenannten »story grammar« mit Situationsexplikation, Komplikation, Bewährung, endlicher Evaluation –, gibt es bei Sachtexten eine Vielzahl von basalen Mustern der Textorganisation. Im angloamerikanischen Raum konnte gezeigt werden, dass es lesedidaktisch außerordentlich erfolgreich ist, diese Muster abstrakt den Lernenden transparent zu machen – es ist aber nur dann erfolgreich, wenn das jeweils innerhalb der Wissensdomäne geschieht, in der der Text angesiedelt ist (vgl. Hall et al. 2005; Weaver & Kintsch 1996). Ein Text im Geschichtsunterricht interpretiert z. B. historische Quellen und setzt sie zu anderen vergleichend in Beziehung; ein Text im Physikunterricht dagegen beschreibt eine Versuchsanordnung und interpretiert deren Ergebnisse vor dem Horizont abstrakter Naturgesetze; Textaufgaben in der Mathematik schließlich entwerfen eine Fiktion, die stimmig ist allein im Blick auf ihre Mathematisierbarkeit, aber jenseits davon manchmal von geradezu erschütternder Blödheit. Damit sind sehr unterschiedliche textuelle Organisationsformen angesprochen, die jeweils eigene Formen der Argumentation und der Stimmigkeit hervorbringen, Muster, die in den unterschiedlichen Wissensdomänen hervorgebracht wurden und eingesetzt werden. Unter lesedidaktischen Aspekten muss es also darauf ankommen, diese **domänenspezifischen Organisationsformen von verschriftlichtem Wissen** transparent zu machen und damit das Erkennen der globalen Ordnung von Textteilen, also von Superstrukturen, bei den Lesenden zu unterstützen, jene Ebene des Leseprozesses also, auf der sie gezielte Erwartungen aufbauen und Textaussagen einordnen.

Im Folgenden geht es zunächst um den erstgenannten Punkt, die Angewiesenheit von Lehrtexten auf das domänenspezifische Vorwissen der Leser(innen). Anschließend folgt ein Abschnitt zur Unterstützung der Verarbeitung von Textstrukturen.

6.3.1 Vorwissensstrukturen

Lehrtexte behandeln einen spezifischen Ausschnitt aus dem Universum des menschlichen Wissens und fordern, auf welchem Niveau auch immer, Vorwissen aus eben dieser Domäne ein, in das die neuen Informationen eingetragen werden sollen. Deshalb ist Vorwissen eine zentrale Kategorie für das Verstehen von Sachtexten (vgl. Köster 2003; 2007).

Dieses Vorwissen ist mental in hierarchischer Weise organisiert. Die Kognitionspsychologie beschreibt solche Wissensstrukturen, mit denen der neue Text mental verknüpft werden muss, mit dem Begriff des mentalen **Schemas**. In solche Schemata werden beim lernenden Lesen neue Informationen aus dem Text eingetragen; anspruchsvolle Texte verlangen u. U. eine Umorganisation bereits vorhandener mentaler Schemata.

Dafür ein Beispiel: Für die Wissensdomäne »Märchen« haben schon Vorschulkinder in der Regel Schemata entwickelt: Die »böse Hexe« ist so ein Objektschema, das zu Schulbeginn in unserer Kultur schon mehr oder weniger ausdifferenziert ist – sie ist buckelig, frisst Kinder, ist fiktional – ein Objektschema, das bei der Lektüre hilft, das mögliche Figurenarsenal dieser Textsorte einzugrenzen und im konkreten Leseprozess zu erwarten. Aber für die Lektüre eines Textes aus dem Geschichtsbuch über die Hexenverbrennungen in der frühen Neuzeit stimmt dieses Schema nicht. Für den Diskurs der Historiographie und ihre spezifischen Textsorten braucht es ein mentales Ordnungsgerüst mit anderen Konturen und Differenzierungen, anderen begrifflichen Nachbarschaften, anderem Realitätsstatus – nämlich dem der historischen Tatsache – usw. Mit einem historiografischen Text ist das kindliche Objektschema »böse Hexe« also zunächst unverträglich – und wegen der Offensichtlichkeit dieser Differenz wird der Kontrast im Geschichtsunterricht bei der Behandlung des Themas »Hexen« in der Regel auch explizit gemacht. Über solche Relativierungen und Spezifizierungen von Schemata entwickelt sich im Verlauf des Lernens Wissen – die »böse Hexe« findet dann ausschließlich in der Domäne »Märchen« nicht-metaphorisch Anwendung, in anderen Textsorten hat sie nichts zu suchen. Doch in der Regel sind die Diskrepanzen zwischen den Vorwissensstrukturen der Schüler(innen) und den Konzepten des Textes weit weniger offensichtlich als in diesem Beispiel, und den Fachlehrer(inne)n fehlt manchmal das Bewusstsein für die Spezifik ihrer Domäne. Kurz gesagt, wir tendieren dazu, das, was wir als Fachleute schon lange wissen und kennen, nicht mehr als spezifisch wahrzunehmen.

Schüler(innen) verfügen bei einem Sachtext zu einem neuen und komplexen Thema oft nicht über ausreichendes Wissen von der verhandelten Sache, um ein kohärentes mentales Modell zu entwickeln, in das sie die Textaussagen einfügen können. Sie sind dann darauf angewiesen, eine ganzheitliche Vorstellung des Wissensgebiets, von dem der Text einen Ausschnitt verhandelt, aus dem Text und gegebenenfalls aus weiteren Hilfstexten wie Lexika heraus zu entwickeln – durch Arbeit am Text, also durch genaue Lektüre, durch Unterstreichungen, durch Notizen zu den einzelnen Passagen, durch die Zusammenfassung von Kernaussagen einzelner Passagen, durch Nachfragen bei der Lehrperson, am gründlichsten sicherlich durch die Darstellung der textseitigen Inhaltsorganisation in einer Grafik (siehe Kasten unten) oder durch schriftliche Neuformulierung der Textaussagen; darüber tauscht man sich am besten auch noch mit anderen aus. Das Erarbeiten solcher Texte kommt also kaum ohne begleitendes Schreiben aus (vgl. Feilke 2002) und ist durchaus mit Aufwand in der Unterrichtsorganisation verbunden. Am Rande bemerkt, sind solche Schreibaufgaben auch ein gutes Diagnoseinstrument für die Lehrperson, die darüber verlässliche Einblicke in die tatsächlichen Verstehensprozesse erhält. Die Mühen solcher Textarbeit sollten allerdings nicht unterschätzt werden. Denn die Horizonte für das Geschriebene, die der Text selbst nicht oder nur andeutungsweise liefert, müssen rekonstruiert werden, die Stimmigkeit des Ganzen muss gefunden werden.

Freilich sollte ein Lehrtext aus einem Schulbuch in der Regel altersadäquat verständlich sein, er sollte also seine Horizonte, die Verstehensvoraussetzungen für Novizen im Fachgebiet bilden, explizit machen – oft ist es aber nicht so. Gerhard Henke-Bockschatz (2007) zeigt durch eine systematische Überprüfung der Verstehensleistungen von gymnasialen Sechstklässlern, dass ein Text aus einem Geschichtsbuch für diese Altersstufe von den Adressaten in der Tat nicht ausreichend verstanden wird, und er zeigt weiter, dass die Textverständlichkeit, Adressatenorientierung und vor allem die Kohärenz dieses sicher typischen Textes deutlich zu wünschen übrig lässt. Seine Schlussfolgerung, dass Lehrpersonen die Defizite solcher Texte durch eine hohe Sensibilität für die schülerseitigen Schwierigkeiten didaktisch überbrücken müssen, ist praktisch sicher nicht von der Hand zu weisen. Von Schulbuchautor(inn)en muss allerdings auch nachdrücklicher erwartet werden, dass sie die Verständlichkeit ihrer Texte mit der entsprechenden Altersgruppe pilotieren und die Texte daraufhin optimieren, was gegenwärtig offensichtlich kaum gemacht wird. Nicht altersgerechte oder inkohärente Lehrbuchtexte sind eine Zumutung bei der ohnehin schwierigen Aufgabe der Vermittlung von Lesekompetenz bei Sachtexten; Schulen sollten bei der Buchbeschaffung diesen Faktor scharf überprüfen.

Schließlich spielt auch das Interesse der Schüler(innen) für die jeweilige Domäne eine erhebliche Rolle: Wenn das Thema nicht zu meinen Interessengebieten gehört, so habe ich vermutlich ohnehin relativ wenig Vorwissen und wenig Motivation, die nunmehr sehr hohe Verstehensanstrengung, die der Text von mir fordert, zu leisten. Das verleitet vor allem die eher wenig interessierten Schüler(innen) häufig dazu, den Text zwar auftragsgemäß »durchzulesen«, ihn aber gerade nicht zu erarbeiten, sich also nicht der Anstrengung zu unterziehen, seine Aussagen adäquat zu ko-konstruieren, was heißt: mentale Schemata mit Hilfe des Textes abzurufen bzw. aufzubauen. Im Ergebnis haben sie den Text dann nicht verstanden, auch wenn das eine oder andere Stichwort daraus abrufbar ist.

Entsprechend kommt es für die Lesedidaktik hier in erster Linie darauf an, bei der Textauswahl von Lehrtexten die **Passung zwischen dem domänenspezifischen Vorwissen sowie den Interessen der Schüler(innen) und der Textschwierigkeit** sicherzustellen. Die Vorentlastung durch die Vermittlung unbekannter Wörter, Zusammenhänge und Konzepte kann notwendig sein, um bei der Lektüre selbst die Einbettung des Gelesenen in das Vorwissen überhaupt zu eröffnen. Diese impliziten Konzepte des Gegenstandes didaktisch so modellieren zu können, dass sie Schüler(inne)n zugänglich werden, ist sicher eine zentrale Lehrkompetenz des jeweiligen Fachs und eine ebenso schwierige wie wichtige Aufgabe für Lehrpersonen. Wo das etwa in Schulbüchern nicht oder nicht ausreichend geleistet wird, sind Lehrpersonen stark gefordert. Die entsprechenden Lehrtexte sind in solchen Fällen nicht angemessen strukturiert, sie sind zu informationsdicht, kaum redundant, kaum anschaulich, und sie addieren in der Tendenz Einzelinformationen, anstatt sie in ein kohärentes und transparentes Gesamtkonzept einzubinden, das dann entdeckt und verstanden werden könnte. All das soll die Lehrperson ausgleichen.

Lehrtexte besonders im schulischen Kontext sind immerhin in der Regel so geschrieben, dass auf Wortebene kaum ernste Verständnisprobleme auftauchen sollten – denn seltene Wörter oder Fachbegriffe werden in Fußnoten erklärt, Wörterbücher sind im Unterricht verfügbar. Trotzdem realisieren Schüler(innen) oft nicht den Zusammenhang zwischen einzelnen Passagen, sie können der Logik nicht folgen oder sie können nicht verstehen, worauf das Ganze hinausläuft, worin der globale Sinn des Textes besteht. Da helfen ihnen die Worterklärungen, seien sie im Text selbst oder von der Lehrperson geliefert, allein nicht weiter, und die dann oft erfolgende Orientierung vorrangig auf die Wortebene birgt die Gefahr, von der mentalen Orientierung auf Textverstehen zurückzufallen auf eine Orientierung auf bloßes Wortverstehen. Die Schüler(innen) haben also, um es in der Begrifflichkeit des Lesemodells zu beschreiben, Probleme in hierarchiehohen Bereichen, nämlich bei der Herstellung von globaler Kohärenz (»Worum geht es insgesamt?«) oder beim Nachvollzug der Superstruktur (»Wie ist der Inhalt organisiert? Wie hängen die Textteile zusammen?«). Darauf sollten sich die Vermittlungsanstrengungen der Lehrperson konzentrieren. Die Identifizierung von Darstellungsintentionen (»Was soll das Ganze überhaupt?«) fordern Schulbuchtexte dagegen in der Regel nicht ein, da sie durch den Kontext sichergestellt werden: Der Textinhalt soll nämlich gelernt und behalten werden, darin besteht in der Regel die Darstellungsintention bei Lehrtexten.

Dies sind keine Argumente gegen Wortschatzarbeit; natürlich ist die Verfügbarkeit des Vokabulars ein wichtiger Faktor für das Textverstehen, und die systematische Erarbeitung von Wortfeldern ist auch im Fachunterricht wichtig und notwendig (vgl. z.B. Bromley 2007). Aber die praktischen Verstehensprobleme mit Lehrtexten in der Schule haben ihren Schwerpunkt in der Regel nicht auf der Ebene des Vokabulars.

Intuitiv verhalten sich Lehrpersonen ja häufig adäquat: Vor der Lektüre »wärmen« sie die inhaltlichen Bereiche an, um die es gleich gehen soll, indem sie den Zusammenhang schildern, in dem der Text steht, und sie explizieren zentrale Konzepte, die im Text verwendet werden, im Vorfeld, um die mentalen Schemata der Schüler(innen) aufzurufen und anzulegen. Freilich: Die kleinschrittige Überwachung des Leseprozesses selbst müssen Leser(innen) notwendig eigenständig übernehmen, indem sie ihren Verstehensvorgang fortlaufend metakognitiv begleiten und so dafür sorgen, dass der inhaltliche Kern jeder Passage Eingang findet in die mentalen Ordnungsstrukturen, die parallel aufgebaut werden – oder indem sie eine Textpassage, die stimmig einzuordnen nicht gelingt, als Verstehensproblem realisieren (vgl. dazu auch Kap. 5). Schlechte Leser(innen) müssen sich diese Verarbeitungsroutinen erst aneignen, weil sie im Leseprozess zu wenig Energie in die Weiterverarbeitung der Inhalte stecken – oft so wenig, dass ihnen nicht bewusst wird, dass sie den Text nicht verstehen. Die oben genannte schreibende Erarbeitung des Textes mit ihren Verlangsamungen und Wiederholungen ist das tradierte Verfahren, um zu diesen hierarchiehohen Verarbeitungen hinzuleiten.

Im mündlichen Bereich leisten **Strategietrainings**, wie sie in Kapitel 5 dargestellt wurden, die Orientierung der Schüler(innen) hin auf diese metakognitive Überwachung ihres eigenen Leseprozesses. Sie unterstützen den Aufbau von Schemata, indem sie sicherstellen, dass das Gelesene aktiv eingeordnet und auf einem mittleren Level verarbeitet wird. Allerdings sind Strategietrainings in der Regel nicht auf Schulbuch-Lehrtexte ausgerichtet: Die Strategie »Zusammenfassen« bzw. »Wiedergabe in eigenen Worten« ist z. B. dann kaum anwendbar, wenn es sich um einen hoch verdichteten Text handelt, beispielsweise um einen Lexikontext; »Wichtiges unterstreichen« kann nur, wer das Wichtige erkennen und verstehen kann, wobei »das Wichtige« in Lehrtexten oft in den entsprechenden komplexen Begriffen zusammenschießt – die eben erst verstanden sind, wenn der Text insgesamt verstanden ist (vgl. Leisen 2006a).

Trotzdem bleibt die Anwendung von Strategien das angemessene Verfahren, um die eigenständige metakognitive Überwachung des Leseprozesses zu gewährleisten – also zu gewährleisten, dass die Schüler(innen) merken, dass ihnen bestimmte Strategien beim vorliegenden Text weiterhelfen, andere nicht. Die Fachlehrkraft kann darauf hinweisen, welche Strategien für den vorliegenden Text geeignet sind – sie kann z. B. vorschlagen, dass die Schüler(innen) bei sehr verdichteten Sachtexten die Passagen nicht zusammenfassen, sondern vielmehr auseinanderfalten, also ergänzen und anfüllen (Leisen schlägt zehn hierarchisch gestufte Strategien zur Erarbeitung eines Textes aus dem Physikbuch vor, vgl. Leisen 2006b; 2007a; b).

Die Entscheidung für ein Stategietraining wird im Optimalfall von allen in der jeweiligen Klasse eingesetzten Lehrkräften getroffen und verabredet, sie können die Strategien flexibel für die Anforderungen des jeweiligen Faches nutzen. Dann erfolgt die Unterstützung des strategischen Lesens in einem bestimmten Zeitraum konzentriert in allen Fächern, die auf Leseverstehen direkt angewiesen sind – beispielsweise in den fünf Wochen, die für die »Textdetektive« veranschlagt werden. Dadurch können einerseits die metakognitiven Routinen der Trainings wirkungsvoller eingeschliffen werden. Wenn die Schüler(innen) an einem einzigen Schultag zunächst im Englischunterricht, dann für Textaufgaben in der Mathematik, anschließend für ein Gleichnis im Religionsunterricht und schließlich für einen Abschnitt im Geografiebuch jedes Mal aufgefordert werden, in ihrer Tischgruppe die Fragekärtchen des Strategietrainings hervorzuholen und mit diesen den aktuellen Text allein oder in der Kleingruppe durchzuarbeiten, dann wird eine außerordentlich intensive Konzentration auf die hierarchiehohen Verarbeitungsanforderungen von Texten aus einem breiten Spektrum von Wissensgebieten bewirkt, und die Universalität der Verstehensanforderung bei der Lektüre wird bekräftigt. Der zweite Grund für ein fächerübergreifendes Vorgehen bei der Förderung durch Strategieübungen ist die viel besagte Domänenspezifik des Leseverstehens: Es kann nicht angehen, dass den Schüler(inne)n zwar im Deutschunterricht Strategien des Leseverstehens erklärt werden, die Aufgabe jedoch, sie für Texte in anderen Fächern anzuwenden und ggf. sogar zu verändern, lehrerseitig nicht entsprechend angefordert und passgenau unterstützt wird.

Aber auch die diversen **Lautlese-Verfahren** (vgl. Kap. 3) lassen sich sinnvoll mit Sachtextlektüre verknüpfen. Wenn solche Verfahren beispielsweise im Sinne der Förderung von Leseflüssigkeit mit eher leseschwachen Klassen in der frühen Sekundarstufe I durchgeführt werden – warum dann mit inhaltlich unvernetzten Texten im Deutschunterricht und nicht zumindest auch mit denjenigen Texten, die in den Sachfächern auf dem Plan stehen? Auch hier sollten sich alle beteiligten Lehrkräfte auf ein Verfahren einigen und die Synergien nutzen. Zwar stehen bei Lautlese-Verfahren die hierarchiehohen mentalen Prozesse eher im Hintergrund – aber die Verfahren transferieren auch auf Textverstehen (vgl. dazu Kap. 3.3), und die mehrmalige Lektüre unterstützt den Aufbau des (fachspezifischen) Wortschatzes neben dem Training der Leseflüssigkeit. Schon die Ablösung des »round robin«, des nachweislich unwirksamen »Reihumlesens« eines neuen Textes in der Klasse, durch solche aktivierenden und lesedidaktisch erfolgreichen Verfahren wäre ein ungeheurer Gewinn für die Lesedidaktik.

6.3.2 Textorganisationsformen: Unterstützung bei der Erkennung der rhetorischen Strukturen von Lehrtexten

Im Blick auf die Ebene der Bildung von Superstrukturen beim Leseprozess muss festgestellt werden, dass wir in den deutschsprachigen Ländern zwar mit dem Literaturunterricht einen Fachunterricht haben, zu dessen expliziten Aufgaben die Vermittlung und Ausdifferenzierung von Textsortenkenntnis und spezifischer Inhaltsorganisationen gehört – aber natürlich im Blick auf die Literatur. Wir haben dagegen **keinen eigenen Unterricht für die Vermittlung von Textsortenwissen bezogen auf Texte in anderen Wissensdomänen.** Stillschweigend gehen wir davon aus, dass die Lehrpersonen in den Fächern das zu ihrer Aufgabe rechnen – ohne dass sie über systematisches Wissen zur Spezifik von Textsorten und zu deren jeweiligen Anforderungen an Leseprozesse verfügen.

Für die englischsprachigen Länder mit ihrer differenzierten Lesedidaktik ist dagegen das sogenannte »content area reading«, also das »Inhaltsbereich-Lesen«, nämlich die Didaktik der Sachtextlektüre, in den Sachfächern angesiedelt, die Lehrpersonen in diesen Bereichen sind mit hoher Selbstverständlichkeit auch Lesedidaktiker(innen) mit entsprechenden Kenntnissen. So können sie im Idealfall sicherstellen, dass der Textinhalt und die Vorwissensstrukturen der Schüler(innen) zusammenpassen – davon war oben bereits die Rede. Zum zweiten entwickeln sie einen Blick für die dem Text zugrunde liegenden Strukturen, für die Form, in der seine Inhalte organisiert sind, also für seine Rhetorik. Der Unterricht soll nämlich darauf ausgerichtet sein, diese Strukturen bewusst zu machen, um den Schüler(inne)n im Leseprozess ein mentales Gerüst an die Hand zu geben, in das sie die Textaussagen einfügen können, um, kurz gesagt, die Bildung von Superstrukturen beim Lesen zu unterstützen.

Oben war bereits von Objektschemata die Rede, mentale Ordnungen, mittels derer das Wissen von einem Gegenstand und dessen Umfeld organisiert ist. Aus den Erfahrungen mit Texten heraus verfügen Leser aber nicht nur über Objektschemata, sondern auch über Wissen bezüglich der typischen Handlungsabläufe in diesem Gebiet, sogenannte Skripts oder **Ereignisschemata**. Darin ist erfasst, in welcher typischen Weise sich in dieser Wissensdomäne Darstellungen, also Sprachhandlungen, vollziehen. Solche Schemata brauchen natürlich eine gewisse Offenheit und Elastizität, weil jede neue Erfahrung mit der Textsorte sie präzisiert und variiert, und sie sind in sich hierarchisch gestuft. Im Biologiebuch wird beispielsweise beim Thema »Maus« zunächst ihr Körperbau dargestellt, sodann Lebensweise und Fortpflanzung, schließlich ihr Status in ihrer Umwelt – dann kommt das nächste Tier, mit dem es genauso geht, zumindest dann, wenn es sich um ein strukturell einfaches Biologiebuch handelt.

Solche Textmuster abstrakt verfügbar zu haben heißt nicht unbedingt, dass sie schon benannt werden können. Im Grammatikunterricht ist es ja auch so, dass die hochkomplexen Muster der Syntax lange im Sprechen und Verstehen genutzt werden, bevor der Unterricht einen Teil davon benennt. Aber deutlich geworden ist, warum die Verfügung nicht nur über inhaltliches, sondern auch über textstrukturelles Vorwissen für die Leseverstehensfähigkeit so bedeutend ist: Diese Schemata sind gewissermaßen ein fachspezifisches strukturelles Gerüst, durch das der konkrete Lernprozess gestützt wird, ein abstraktes Muster, in das neue Informationen eingetragen werden und das für diese spezielle Textsorte, für diesen speziellen Inhaltsbereich erworben wurde - oder eben nicht. Mit dem altehrwürdigen Lehrfach Rhetorik standen bis vor etwa 250 Jahren das Verständnis und die Anwendung solcher Textstrukturen im Mittelpunkt des institutionell erwerbbaren Wissens. Heute wird dagegen die Organisation von Texten lediglich im Deutschunterricht bei politischen Texten, Werbetexten usw. angesprochen (vgl. Ockel 1998).

Lehrtexte, wie sie sich in Schulbüchern der Sachfächer finden, differieren im Blick auf ihre Rhetorik erheblich stärker untereinander, als das narrative Texte tun, wie oben bereits angedeutet wurde. Erzähltexte sind an diesem Punkt, wenn man so will, einfacher, Lehrtexte sind dagegen strukturell ungeheuer vielfältig. Lehrtexte

- beschreiben einen zentralen Lerngegenstand gleichsam von allen Seiten,
- oder sie zählen Lerngegenstände auf nach dem Muster der Liste,
- oder sie folgen der Organisation einer »mind map« mit einem zentralen Gegenstand, dessen verschiedene Nachbarschaften entfaltet werden,
- oder sie entwickeln eine logische oder zeitliche Abfolge, in der eines auf dem anderen basiert,
- oder sie entfalten eine Gegenüberstellung nach dem Muster »Kontrast - Vergleich«,
- oder sie folgen dem Schema »Problem - Lösung(en)«,

um nur die gängigsten Muster zu nennen; komplexere Texte kombinieren diese und andere Vorgehensweisen.

Lesedidaktisch gilt es, den **Nachvollzug der Textstruktur** bei solchen Texten zu unterstützen. Das ist nachweislich eine sinnvolle Vorgehensweise, um die Verstehensleistungen bei der Lehrtextlektüre zu fördern (vgl. Pearson & Duke 2002). Eine US-amerikanische Studie kann für die Lehrtextlektüre von Erstklässlern zeigen, dass die gezielte Unterstützung bei der Wahrnehmung und Verarbeitung der Textstruktur noch effektiver ist als ein Unterricht, der dominant auf die Vermittlung von inhaltlichem Vorwissen zur Unterstützung der Textverarbeitung setzt, also zunächst Wortfelder klärt usw. (vgl. Hall et al. 2005). Die Textstrukturen verschiedener deskriptiver Sachtexte werden beispielsweise in einem Unterrichtsmodell von Dymock (2005) mit Grundschüler(inne)n erarbeitet. Dabei werden an Textmustern die Liste, das Netz, die Matrix und sequenzielle Strukturen jeweils mit einer kleinen Strichzeichnung an der Tafel grafisch veranschaulicht, sodass die Kinder sie im Text entdecken können (siehe nebenstehenden Kasten).

Von Seiten der **Textverständlichkeitsforschung** sind auch auf dieser Ebene Anforderungen an die strukturelle Verständlichkeit von Sachtexten formuliert worden: Texte, die eingangs zunächst darlegen, was im Folgenden wie präsentiert bzw. entwickelt wird, bieten mit einer solchen Vorstrukturierung (sogenannte »advance organizer«) die Chance, den Aufbau des Kommenden und damit die Verankerung des Textgegenstands in den mentalen Schemata der Rezipient(inn)en zu erleichtern. Außerdem sollten verständliche Sachtexte hierarchisch-sequenziell organisiert sein, d. h., sie sollten, wenn sie Konzepte auf verschiedenen Hierarchieebenen anfordern, diese deutlich machen und dabei mit dem inklusivsten Konzept beginnen und schrittweise die hierarchieniedrigeren Schemata bedienen (vgl. Groeben & Christmann 1995). Aus didaktischer Perspektive kann gerade bei Sachtexten die grafische Verdeutlichung des Textmusters im Unterricht eine starke Orientierungs- und Ordnungshilfe für Leser(innen) sein, wie der Kasten zeigt.

Dymock (2005) zeigt mit Unterrichtsvorschlägen für Acht- bis Zwölfjährige, wie das Bewusstsein von Textstrukturen bei der Sachtextlektüre gezielt unterstützt werden kann. Dabei bietet das »CORE-Modell« (Connect; Organize; Reflect; Extend) den Rahmen: Zunächst müssen die Lernenden mit dem Thema des Textes in Verbindung treten (»connect«), denn dieser inhaltliche Kontakt stellt überhaupt den Zugang zum Text her. Die Organisation des Textes wird im zweiten Schritt (»organize«) grafisch veranschaulicht. Dymock setzt dafür einfache Grafiken ein, die das Prinzip der Liste, des Netzes, der Matrix (für deskriptive Texte) und eines Textmusters für einen sequenziellen Text verdeutlichen. Dies wird für unseren Kontext unten noch verdeutlicht. Die Reflexion (»reflect«) darüber setzt ein, wenn die Schüler(innen) den Inhalt, die Struktur und die Strategien des Textes erklären können. Schließlich geht es darum, die universale Struktur auf andere Gegenstände und Texterfahrungen zu übertragen (»extend«).

Die Verdeutlichung der Textmuster geschieht dabei mit möglichst einfachen Grafiken, die für den jeweiligen Text vorbereitend oder zusammen mit der Klasse hergestellt werden. Beispielsweise ist ein Text über ein Spatzennest nach dem Muster der **Liste** aufgebaut, was für die Grundschüler explizit folgendermaßen verdeutlicht wird:

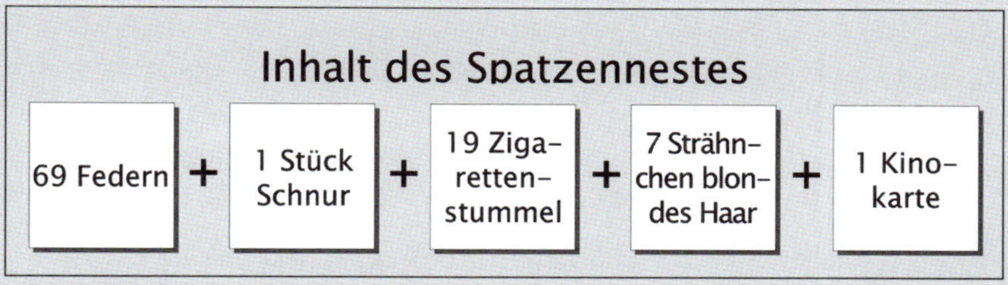

Das Textmuster **»Netz«** im folgenden Beispiel ist bei uns auch als »Mind-Map« bekannt, d.h. die Attribute eines zentralen Gegenstands werden zueinander bzw. zu diesem Gegenstand ins Verhältnis gesetzt. Die Felder können die Schüler(innen) nach der Textlektüre selbst füllen:

Wenn im Text zwei oder mehr Gegenstände miteinander systematisch verglichen oder kontrastiert werden, spricht Dymok vom Muster der **Matrix**, die sich wie im folgenden Beispiel in Tabellenform grafisch veranschaulichen lässt:

Matrix Tiere und Schlamm

Tier	Mag das Tier Schlamm?	Was das Tier mit dem Schlamm tut	Was der Schlamm für das Tier bedeutet	Größe des Tiers
Schwein	ja	sich wälzen	kühlt es	groß
Frosch	ja	schlafen	bietet ein Versteck vor Feinden	klein
Wasserbüffel	ja	stehen	hält Fliegen ab	sehr groß
Nashorn	ja	baden	schützt es vor Sonnen-einstrahlung	sehr groß

Als **sequenzielle Textmuster** bezeichnet sie Texte, die durch zeitliche Gegebenheiten strukturiert sind; im einfachsten Fall geschieht das chronologisch und linear im Sinne von »zuerst – und dann« usw., wie das folgenden Beispiel für junge Grundschulkinder zeigt:

Brütende Enten

1. Die weibliche Ente baut ein Nest aus Gras und Blättern →
2. Die Ente legt die Eier hinein. →
3. Sie legt sich dicht auf die Eier, um sie warm zu halten →
4. Die Eier werden bebrütet →
5. Die Mutter bringt den Kindern das Schwimmen, die Nahrungssuche und die Abwehr von Feinden bei.

6.4 Bilder in Lehrtexten: Hilfe und Problem

Sowohl in Sach- als auch in literarische Texte sind häufig Bilder eingebettet. Grundsätzlich besteht auch für Bilder, Diagramme usw. ebenso wie für Texte keine Eins-zu-Eins-Zuordnung zu den mentalen Repräsentationen der Leser(innen). Bilder müssen also grundsätzlich auch zu mentalen Korrelaten verarbeitet werden, sie müssen »gelesen« werden (vgl. Schnotz 2002). Das ist relativ einfach, wenn es sich um **realistische Bilder** handelt – darunter sollen bildliche Darstellungen von der Strichzeichnung bis hin zum Foto verstanden werden. Für ihr Verständnis sind die Schemata der alltäglichen Wahrnehmung ausreichend. Solche Bilder stellen idealerweise eine Illustration des mentalen Modells, das der Text anfordert, oder eines Teils davon dar; dann ist sowohl die »Lektüre« des Bildes vergleichsweise mühelos, weil sie von den allgemeinen Wahrnehmungsfähigkeiten profitiert, als auch der herzustellende Bezug zum Text, weil das textuell Angeforderte abgebildet wird. So ist es zum Beispiel bei Bilderbüchern für Vorschulkinder, in denen die Illustrationen direkt die Erzählung unterstützen.

Bei Lehrtexten treten zu solchen realistischen Bildern auch **logische Bilder** wie Diagramme, Tabellen usw. hinzu. Hier ist im Unterschied zu realistischen Bildern der dargestellte Sachverhalt erst auf einer abstrakten Ebene durch gemeinsame Strukturmerkmale mit dem Textinhalt verbunden. Für solche logischen Bilder reichen dann die genannten alltäglichen Wahrnehmungsschemata nicht mehr aus. Denn hier muss ein System von räumlichen Relationen, das das Diagramm vorzeigt und das zunächst verstanden werden muss, abgebildet werden auf ein System von semantischen Relationen, zu denen der Text verarbeitet wird. Dieser mentale Akt, nämlich die Lektüre des logischen Bildes auf die Lektüre der entsprechenden Passage des Textes zu beziehen, ist noch einmal eine eigene Anforderung solcher multimedialer Texte. Bei einem guten Sachtext sollte also der Textteil die bewusste konzeptgeleitete semantische Weiterverarbeitung der Diagramm-Lektüre anleiten und explizit unterstützen, sodass auf den hierarchiehohen Ebenen die Integration von Text und Diagramm angebahnt wird (vgl. Schnotz 2002). Im Blick auf die Didaktik solcher Sachtexte bleibt festzuhalten, dass einerseits die adäquate Lektüre des Diagramms, aber auch seine Integration in die leserseitige Verarbeitung des sequenziellen Textes eigene Verstehensanforderungen darstellen, die didaktisch berücksichtigt werden müssen: Auf welchen Sachverhalt des Textes bezieht sich das Diagramm? Und wie?

Als historisch vergleichsweise neues Phänomen im Grenzbereich von literarischen und Sachtexten tritt schließlich noch die **Lockerung der Linearität** von Texten, insbesondere von Sachtexten, hinzu, die vor allem durch die Informationsressourcen des Internet wichtiger wird. Die epochale Ablösung der Geschlossenheit des Buches durch die Offenheit kombinierter Textteile und Bilder bzw. Grafiken hat im Sachtextbereich längst in den Alltag Einzug gehalten.

Beispielsweise sind die Schulbücher für die Sachfächer und die Sprachen aktuell fast immer nach dem Doppelseiten-Prinzip gestaltet. Auf solchen Doppelseiten finden sich oft mehrere kleine Textblöcke, realistische und logische Bilder wie Fotos, Comic-Figuren, Diagramme, Tabellen und Aufrisszeichnungen, die zusammen ein Thema konstituieren. Überschriften verschiedener Hierarchien gliedern diese Doppelseiten ggf. zusätzlich. Die Textteile sind, wohl um das Design nicht zu »textlastig« werden zu lassen, oft außerordentlich informationsdicht, wobei oft additiv Informationen verschiedener Abstraktionsgrade nebeneinanderstehen. Oft handelt es sich um eine Anzahl von Kurztextchen, die sich u. U. nicht alle auf einer logischen Ebene befinden und deren Verhältnis zueinander und zu den Bildern im Unklaren gelassen wird. Meist handelt es sich nicht einmal um einen Zusammenhang gleicher Art: Da findet sich beispielsweise ein Foto, das bloß eine »auflockernde« Funktion hat, indem es ein beliebiges inhaltliches Element des Textes oder Themas illustriert, aber auf der gleichen Seite ein logisches Bild, das zwingend in Zusammenhang mit einer Textaussage gesetzt werden muss, weil isoliert weder Text noch Bild ausreichend verstanden werden können.

Verglichen mit Schulbüchern noch vor 40 Jahren hat sich die Erscheinungsform von Sachtexten in schulischen Kontexten (und übrigens z. T. auch in außerschulischen) radikal verändert. Diese gegenwärtigen Textformationen nehmen Züge des **Hypertexts** auf, der erst im Kopf der Leser(innen) zur Einheit und Geschlossenheit findet – oder auch nicht. In solchen offenen Texträumen ist der Zusammenhang von Text und Bild kaum eigens expliziert und muss jeweils konstruiert werden. Kohärenz wird, anders als beim klassischen Buch, gewissermaßen schon gar nicht mehr versprochen geschweige denn hergestellt. Schwache Leser(innen), die schon bei den vergleichsweise stark strukturierten Doppelseiten in den Schulbüchern nicht mehr die Gesamtintention der Seite rekonstruieren können, sind dann in der Offenheit des Internet kaum mehr in der Lage, übergeordnete Ziele im Kopf zu behalten und konkrete Lektüren jeweils inhaltlich darauf zu beziehen.

Im Blick auf Textverständlichkeit ist die tendenzielle Ablösung von kontinuierlichen Texten durch Multimedialität und viele Formen von Text-Bild-Kombinationen also nicht per se mit verbesserter Textverständlichkeit verbunden, sondern auch eine Entwicklung, die die Anforderungen an die Lesekompetenz tendenziell erhöht. Wer seine oder ihre Leseziele nicht präzise vorab konturiert und als leitendes Orientierungskriterium konsequent metakognitiv einsetzen kann, ist im mehrdimensionalen multimedialen Informationsraum des WWW orientierungslos. Wer im Unterricht nicht über Texte verfügt, die diese Orientierungen passgenau an die jeweiligen Schüler(innen) liefern und ihnen transparent machen, muss als Lehrer(in) viel Energie und Kompetenz für die Klärung und Vermittlung der textseitigen Anforderungen solcher Texte im Unterricht einplanen.

Praxisrelevante Literatur

Empfohlen werden folgende Zeitschriftenausgaben:

Sachbücher und Sachtexte lesen. Praxis Deutsch 32, Heft 189, 2005.

Lesen und Verstehen. Pädagogik 59, Heft 6, 2007.

Physiktexte lesen und verstehen. Naturwissenschaft im Unterricht Physik. 17, Heft 95, 2006.

Folgende Trainingsprogramme sind für Berufsschüler(innen) gedacht:

Institut für Qualitätsentwicklung (Hrsg.) (2006). *Portfolio zum Leseverstehen für berufliche Schulen. Bd. 1: Schülermappe. Bd. 2: Lehrerbegleitheft.* Institut für Qualitätsentwicklung, Modellversuch VOLI, Wiesbaden. [Die Materialien wurden im Modellversuch VOLI (»Vocational Literacy – Methodische und sprachliche Kompetenzen in der beruflichen Bildung«) entwickelt. Siehe auch in der gleichen Reihe die Hefte »Baukasten Lesediagnose« und »Leseförderung im Unterricht«, beide 2006].

Nodari, C. (2005). *Fachtexte verstehen. Trainingsprogramm.* Herausgegeben von der Baugewerblichen Berufssschule Zürich BBZ und der Berufsschule Mode und Gestaltung Zürich MGZ. Bern: H.e.p. Verlag. [Materialien für Lehrpersonen unter: www.hep.info. Hepcode: 103. Siehe auch in der gleichen Reihe: »Mathematikaufgaben verstehen. Trainingsprogramm«].

Wöll, R. (Hrsg.) (2006). *Schule des Lesens: Sachtexte verstehen. Eine Initiative des Landesschulrates für Tirol, Abt. APS.* [Kontakt und Bestellung: schuledeslesens@tsn.at]

Ein eher akademischer Band zum Sachtext-Verstehen von Berufsschüler(inne)n:

Efing, C. & Janich, N. (Hrsg.) (2006). *Förderung der berufsbezogenen Sprachkompetenz. Befunde und Perspektiven.* Paderborn: Eusl-Verlagsgesellschaft.

Zu den verschiedenen Sachtext-Sorten, die im Rahmen des Deutschunterrichts eine Rolle spielen:

Baurmann, J. (2009). *Sachtexte lesen und verstehen. Grundlagen, Ergebnisse, Vorschläge für einen kompetenzfördernden Unterricht.* Seelze: Kallmeyer.

Klute, W. (2006). *Sachtexte erschließen. Grundlagen, Texte und Arbeitshilfen für den Deutsch-Unterricht der Sekundarstufe I.* Berlin: Cornelsen Scriptor.

Fix, M. & Jost, R. (Hrsg.) (2005). *Sachtexte im Deutschunterricht.* Baltmannsweiler: Schneider Verlag Hohengehren.

7 Leseanimation

7.1 Was versteht man unter Leseanimation?

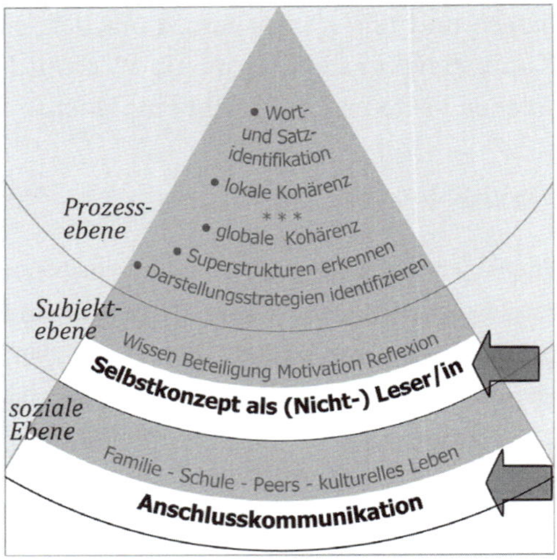

Leseanimierende Verfahren sind in der praktischen Leseförderung sehr populär, ja man kann sogar sagen, dass im deutschsprachigen Raum Leseförderung oft mit Leseanimation schlicht gleichgesetzt wird. Die vielfältigen Verfahren und Praktiken (z. B. Buchvorstellungen, Lesenächte, Autorenlesungen, Bibliotheks- und Buchhandlungsbesuche, Vorlesewettbewerbe usw.) zielen auf eine Steigerung der Lesemotivation und der Leselust der Schülerinnen und Schüler, indem sie interessante Titel meist der aktuellen Kinder- und Jugendliteratur propagieren und Events zum Lesen inszenieren. Es geht um die Verlockung zum Lesen.

In einer weiter gefassten Perspektive sollen leseanimierende Verfahren dazu beitragen, habituelle Einstellungen und Praktiken zum Lesen bei den Kindern und Jugendlichen auszubilden und diese dem anspruchsvollen Ziel einer »Teilhabe an der Gegenwartskultur« (vgl. Hurrelmann 2002; 2003) ein Stück weit näherzubringen. Durch die Inszenierung von »Lesekultur« kann die Schule einen Beitrag zur Unterstützung von familiären Lesesozialisationsprozessen leisten oder, im Falle ungünstiger Voraussetzungen, diese zu kompensieren versuchen.

Der gemeinsame Nenner aller Leseanimationen ist es, in einem emphatischen und kulturellen Sinne »Werbung« für Bücher und das Lesen zu machen und Lektüre als anregende, genuss- und gewinnreiche Freizeitaktivität und Lebenspraxis vorzuführen. Die Schüler(innen) sollen dabei erfahren, dass die Lektüre spezifische Interessen befriedigen und Genusserfahrungen bereithalten kann. Unter lesedidaktischen Gesichtspunkten sind es insgesamt Verfahren, die auf den Leseprozess selbst direkt nicht einwirken und ihn auch nicht

– wie die zuvor vorgestellten Viellese-Verfahren (vgl. Kap. 4) – faktisch herstellen, sondern die die Motivation zum späteren Lesen etablieren oder steigern sollen.

7.2 Für welche Schüler(innen) sind leseanimierende Verfahren angebracht?

Solche Verfahren eignen sich insbesondere für solche Schülerinnen und Schüler, die auf der unmittelbaren Prozessebene des Lesens – bei den Dekodierprozessen auf Wortebene und der Bildung von lokalen und globalen Kohärenzen auf Satz- und Textebene – keine auffallenden Leseschwierigkeiten mehr zeigen, also für Schüler(innen), die altersangemessene Texte mühelos und sinnkonstituierend lesen können, aber nicht motiviert sind, das auch zu tun. Der theoretische Ansatzpunkt und zugleich die praktische Herausforderung der Methoden liegt – im Unterschied zu den noch stärker lesetechnisch orientierten Viellese-Verfahren (vgl. Kap. 4) – daher primär auf der unmittelbaren Subjektebene und zielt vorrangig auf die Teilkomponenten »Lesemotivation«, »Selbstkonzept« und »Anschlusskommunikation« beim Lesen: Schüler(innen), die lebensgeschichtlich bereits eine ausreichend stabile Lesepraxis erworben haben, finden bei leseanimierenden Projekten mit der Gleichaltrigengruppe eine anregende Umgebung, in der sie neue Lesestoffe und soziale Umgangsformen mit Literatur kennenlernen können. Sie erleben Lektüre in solchen Kontexten idealerweise als Medium sozialen Austauschs, weil sie an Lesegewohnheiten und Lektürepraktiken von Lehrern, Mitschülern und Außenstehenden teilnehmen und sich untereinander über die Buchwelten austauschen. Diese »Anschlusskommunikation«, also der erfahrungs- und lebensweltbezogene Austausch über Gelesenes oder zu Lesendes, ist ein sehr starkes Motiv für das Lesen die gesamte Lesesozialisation hindurch – von den Anfängen beim Kleinkind, dem ein kompetenter Anderer den Zugang zu Texten eröffnet, die ganze Kindheit und Jugend hindurch bis hin zu Erwachsenen, die ebenfalls mehr und lieber lesen, wenn sie in einer lese- und austauschfreudigen sozialen Umwelt leben. Die Vorstellung, dass Lesen ein einsamer, sogar intimer Prozess ist, stimmt nur bedingt, nämlich im Blick auf den praktischen Vollzug beim selbstständigen Lesen; tatsächlich ist Lesen ein kommunikativer, ein sozialer Prozess, die Textverarbeitung selbst ist eine kommunikative Handlung, und die Verarbeitung und Reflexion gewinnt enorm durch den Austausch mit anderen.

Solche Kinder und Jugendliche, die durch ihre familiäre Lesesozialisation keine bzw. nur marginale Erfahrungen mit der Vielfältigkeit der »Buchwelt« machen konnten, werden von den leseanimierenden Verfahren **allein** aber vermutlich in vielen Fällen zunächst überfordert, da kein »kultureller Nährboden« für diese Form des eigenverantwortlichen und selbstorganisierenden Umgangs mit Büchern und Lektüre vorhanden ist. Viele der ungeübten Leser(innen) an den Förder- und Hauptschulen haben schlichtweg keinerlei lebensweltlichen Bezug zu den propagierten Büchern und Aktionen, sodass die Anstiftung zum Lesen allein über Animation nicht erreicht werden kann. Im Gegenteil: Oftmals wirken die Aktionen demotivierend, und es stellen sich Enttäuschungen ein: Zum einen, wenn den Schüler(inne)n Bücher medial und thematisch fremd sind, aber zum anderen auch, weil lesetechnische Schwierigkeiten in vielen Fällen zu den Motivationsdefiziten hinzutreten und die Lektüre, für die geworben wird, dann faktisch gar nicht geleistet wird; die Begeisterung, die in Lese-Events oft entfacht wird, ist u. U. für diese wenig geübten Leser(innen) nicht mehr als ein Strohfeuer. Der »Lesezauber«, auf den die Verfahren setzen, läuft Gefahr, den schwachen Leser(inne)n im Resultat Leseenthusiasmus bloß vorzuführen als Habitus einer Schicht, der sie nicht angehören, sodass im Sinne Pierre Bourdieus (1982) die Abstände zwischen den kulturellen Milieus im Resultat bestätigt statt verflüssigt werden (vgl. auch Pieper et al. 2004). Für diese Schüler sind vermutlich zunächst bzw. zusätzlich tendenziell vor allem die Viellese-Verfahren (vgl. Kap. 4) geeigneter, die mit einem überschaubaren Zeitbudget und einem für alle verpflichtenden Lesepensum die Einführung in die Buchwelt stärker anleiten; sie sind u. U. weniger bildungsbürgerlich ausgerichtet, also weniger auf die kulturelle Norm »Lesen als Persönlichkeitsbildung« hin orientiert. Insofern stellen leseanimierende Verfahren in einem idealtypischen Sinne eine weitere Stufe der Viellese-Verfahren dar, weil für erfolgreiche Leseanimationen sowohl die Lesefähigkeit im Sinne eines »langen Leseatems« als auch eine subjektive, habituelle Bindung zum Lesen und zum Kulturgut Buch bereits vorausgesetzt werden müssen, damit der »Lockruf« der interessanten Bücher und Buchevents die Schüler(innen) nachhaltig erreicht.

Hier fallen auch insbesondere die unterschiedlichen Leseinteressen von Mädchen und Jungen ins Gewicht (vgl. z. B. Garbe 2007; Groeben & Hurrelmann 2004b; Müller-Walde 2005): Jungen lesen tendenziell im Vergleich zu Mädchen in der Regel weniger gern und viel. Zudem bevorzugen sie meist andere Titel als ihre Mitschülerinnen, und ihre Lektüre ist in der Tendenz stärker auf Sachthemen hin ausgerichtet. Einheitliche Leseanimation für die ganze Klasse stößt daher auch an diese »Gender-Grenze«, denn was die eine Hälfte eventuell lesemotivational animiert, stößt bei der anderen Seite gegebenenfalls auf Ablehnung (vgl. Kliewer & Schilcher 2004).

7.3 Leseanimation und Lesemotivation

Aus dieser problemorientierten Beschreibung der Verfahren zur Leseanimation geht hervor, dass wir dem Übergewicht der animierenden Verfahren in der deutschen Leseförderlandschaft eher skeptisch gegenüberstehen, weil sie tendenziell die lesesozialisatorischen und geschlechtsspezifischen Differenzen in der Schülerschaft übersieht: Diejenigen Schüler(innen), die im Verlauf ihrer mittelschichtgeprägten Lesesozialisation einen Zugang zu Lektüre und Büchern aufbauen konnten, also bereits Gratifikationen mit dem Lesen von Texten erfahren haben, profitieren vermutlich besonders von den anregenden Verfahren. Bildungsferne Schüler hingegen fehlt meistens dieser positive Bezug zur Buchwelt sowie die Fähigkeit zu selbstgesteuerter Lektüre, sodass uns die Vorstellung, man könne diese Schüler(innen) ohne Weiteres zum Lesen motivieren, indem man ihnen allein schmackhafte Inhalte vorführt (»Leseförderung durch Kinder- und Jugendliteratur«; Sahr 2006; vgl. hier Kap. 7.4) oder anregende Lese-Events anbietet, zumindest ein Stück weit als naiv erscheint.

Der Grund für diese Fehleinschätzung liegt aus unserer Sicht vor allem in einem zu **einfachen Verständnis von Lesemotivation**, das der populären Leseförderdebatte und -praxis zugrunde liegt. Zugespitzt wird nämlich von der Vorstellung ausgegangen, dass wir als Lehrende nur möglichst viele interessante Bücher auf irgendeine Weise den Schüler(innen) nahebringen oder durch Aktionen präsent machen müssen, damit die Leselust quasi von selbst entflammt und sich die Lesemotivation längerfristig stabilisiert.

Eine Erweiterung dieses eher naiven Verständnisses wird durch konzeptuelle Ansätze aus der psychologischen Lehr- und Lernforschung angeregt, die Motivationsprozesse beim Lesen als komplexe und langfristige Vorgänge beschreiben, die tief in die Identität der Einzelnen hineinreichen (vgl. zusammenfassend: Möller & Schiefele 2004). Die »aktuelle Lesemotivation« lässt sich beschreiben als das »Ausmaß des Wunsches oder der Absicht, in einer bestimmten Situation einen spezifischen Text zu lesen« (ebd., S. 102), und aufspalten in »intrinsische« (Bereitschaft, eine Lektüre um ihrer selbst willen durchzuführen) und »extrinsische« Anteile (Bereitschaft, eine Lektüre aufgrund von positiven Folgen aufzunehmen). Diese aktuelle Lesemotivation wird hierbei als nur **eine** Komponente in einem vielschichtigen Motivationsmodell betrachtet, die von zahlreichen anderen Faktoren bedingt und permanent beeinflusst wird.

Das aktuelle bzw. habituelle Leseverhalten wird erstens bedingt von vergangenen und aktuellen Einflüssen und konkreten **Leseerfahrungen** in der sozialen Umwelt, die im Verlauf der Lesesozialisation des einzelnen Subjekts in den

Instanzen Familie, Schule und Peergroup aufgenommen wurden und werden: In welchem kulturellen und sozioökonomischen Milieu eine Person aufwächst und lebt, wie das Leseverhalten wichtiger Bezugspersonen (Familienmitglieder, Freunde, Lehrer usw.) im Umfeld erlebt wurde/wird und wie die schulischen Leistungsrückmeldungen bezüglich des Lesens verarbeitet wurden/werden – all das hat erhebliche Auswirkungen auf die Motivationslage beim Lesen.

Als besonders dominant auf die Lesemotivation des Einzelnen wirkt sich dabei zweitens die Art und Weise aus, wie diese Erfahrungen mit dem Lesen vom Einzelnen in der Vergangenheit **subjektiv verarbeitet** wurden und gegenwärtig immer wieder interpretiert werden. In der Forschungsliteratur unterscheidet man diesbezüglich zwei Arten von qualitativen Zuschreibungen, sogenannte Attributierungen: Bei »internalen Attributierungen« werden kausale Ursachenzuschreibungen auf Faktoren vorgenommen, die in der Person selbst verankert sind, also Erklärungen, die das schlechte Abschneiden z. B. bei einer Vorleserunde auf mangelnde »Begabung« oder auf unzureichende Anstrengung bzw. Vorbereitung zurückführen. Demgegenüber werden bei »externalen Attributierungen« außerhalb der Person liegende Sachverhalte (zu schwierige Aufgaben, »Pech« oder »Zufall« usw.) als Erklärung für das schlechte Abschneiden angenommen und verinnerlicht. Man kann sich nun leicht vorstellen, dass Misserfolge beim Lesen, die sich auf mehr oder weniger unveränderliche Ursachen beziehen (»Fürs Lesen bin ich nicht begabt«; »Lesen fällt mir schwer«) sich dauerhaft besonders negativ auf die Einstellung zum Lesen auswirken, da die Kinder- und Jugendlichen auch zukünftig keine Änderung dieser Faktoren erwarten. Positiv im Sinne der psychologischen Motivationsforschung sind hingegen solche Zuschreibungen, die sich auf veränderbare Ursachen (z. B. die eigene Anstrengung) beziehen. Für den schulischen Umgang mit Lesen und Literatur erscheint uns die Attributionstheorie der Motivationsforschung wichtig zu sein, denn Lehrkräfte können durch die Art ihrer Rückmeldung dazu beitragen, das Selbstbild der Schüler als Leser(in) positiv zu beeinflussen.

Die Art der positiven und negativen Rückmeldungen von Leseerlebnissen ist auch deshalb für die Lesemotivation so wichtig, weil sie sich drittens über die Jahre hinweg zu mehr oder weniger stabilen **»motivationalen Grundüberzeugungen«** akkumulieren, also festschreiben, ob sich Leseinteressen ausbilden und welche Zielorientierungen bei der Lektüre zugrunde gelegt werden. Davon abhängig ist wiederum, mit welcher »Erwartungskomponente« Schüler(innen) an einen Text herangehen. Haben sie die Einstellung, dass sie den Text potenziell verstehen können, oder glauben sie, dass der Text ihre Lesefähigkeiten übersteigt? Auch die »Wertkomponente« leitet sich aus den motivationalen Grundüberzeugungen ab. Sie gibt an, welchen Wert der Einzelne dem zu lesenden Text zuspricht (»Ist die Lektüre dieses Textes lohnend für mich?«).

Aus dem Zusammenspiel von den spezifischen Erwartungs- und Wertkomponenten der jeweiligen Leser(innen) kann man schließlich – so Möller und Schiefele (2004) in ihrem Forschungsbericht – einen Großteil der aktuellen Lesemotivation erklären.

Die motivationalen Überzeugungen verfestigen sich im Heranwachsen mit zunehmenden Erfahrungen zu einem **»lesebezogenen Selbstkonzept«**. Selbstkonzepte sind komplexe Fähigkeitseinschätzungen, bei denen spezifische kognitive Fähigkeiten und Wissensbestände, aber auch affektive Komponenten – in unserem Fall bezogen auf das Lesen – in ihrer Bedeutung für die ganze Person, das ganze »Selbst« vom Subjekt festgeschrieben werden. Wichtig ist, dass vergangene Leseleistungen und die Art und Weise, in welchen der oben angesprochenen Modalitäten sie attributiert wurden, das Selbstkonzept als Leser(in) nach und nach ausbilden. Dabei spielt vor allem auch der soziale und dimensionale Vergleich mit den anderen Mitschüler(innen) und Gleichaltrigen bzw. mit eigenen vergangenen Leistungen eine hervorgehobene Rolle: Je nachdem, wie gut oder schlecht sich ein Schüler im Lesen im Vergleich zu den Mitschülern und zu seinen früheren Leseleistungen über die Zeit hinweg erlebt, verändert sich zunehmend auch sein Selbstkonzept als Leser positiv oder eben negativ (vgl. Dickhäuser 2006). Die Rolle des lesebezogenen Selbstkonzepts für die Lesemotivation ist deshalb so bedeutend, weil Fähigkeitskonzepte nachhaltig künftiges Erleben und Verhalten von Personen beeinflussen. Für das Lesen und die Lesemotivation bedeutet das, dass ein negatives Selbstkonzept als Leser dazu führt, dass ein emphatischer Bezug zu Büchern und Texten, z.B. Neugierde, Interesse usw., von den Schüler(inne)n überhaupt nicht mehr entwickelt wird, dass sie sich selbst nicht als Leser(in) sehen (vgl. Gold 2007, S. 37 ff.) und keine Interessen ausbilden, die sie durch das Lesen weiterverfolgen könnten.

Eine Interviewstudie mit Hauptschüler(inne)n, die über ihre Lesebiographie und Lesepraxis interviewt wurden (vgl. Pieper et al. 2004), weist deutlich in diese Richtung: Diese bildungsfernen Schüler(innen) erleben Lesen als Bildungsnorm, in deren Zentrum literarische Texte stehen, und entsprechend als eine kulturelle Tätigkeit »anderer«, mit denen sie selbst nichts zu tun haben – auch wenn sie durchaus in ihrem Alltag Zeitschriften und andere alltägliche Texte lesen. Ihrem Selbstkonzept nach versteht sich die überwältigende Mehrheit der Hauptschüler(innen) als der »Typ, der nicht gerne liest«, und attributiert dies als eine quasi biologische Eigenschaft, die ihnen nun mal von Mutter Natur mitgegeben ist und nicht so einfach geändert werden kann. Von daher verfügen die schwachen Leser(innen) in der Regel auch nicht über die Erfahrung, dass sie durch Anstrengung eine Leseaufgabe doch selbst bewältigen und dabei profitieren.

Das Selbstkonzept als Nicht-Leser(in) kann so stark sein, dass selbst eine hohe aktuelle Lesemotivation davon überschattet werden kann. In der erwähnten Interviewstudie mit Absolvent(inn)en von Hauptschulen berichtet beispielsweise eine junge Frau über eine konkrete Lektüreabsicht: Sie hatte von ihren Freundinnen ein Buch – einen Esoterik-Ratgeber – empfohlen bekommen. Das Thema des Buches und der Austausch mit den Freundinnen interessierten die Schülerin unbedingt, so stark, dass sie sich das Buch auslieh mit dem festen Wunsch, es zu »verschlingen«. Zu Hause nahm sie das Buch dann öfter in die Hand, kam aber doch über den Klappentext nicht hinaus – trotz eines denkbar hohen thematischen und sozialen Interesses. Warum nicht? Fragt man die junge Frau selbst, so liegt es an ihrer »Faulheit«, die schließlich siegt. Sie hat ein negatives Selbstkonzept aufgebaut, demzufolge sie zwar Schrift gut entziffern kann, was sie aber zu sehr anstrengt, sodass sie es nicht ohne Zwang tut, jedenfalls nicht dann, wenn es sich um lange Texte ohne Bilder handelt. Es ist dieses Selbstbild, das verhindert, dass die Lektüre faktisch zustande kommt und hinter dem vermutlich noch hierarchieniedrige Lesehindernisse verborgen sind (vgl. Pieper et al. 2004).

Zusammengenommen gewinnen wir mit den von Möller und Schiefele (2004) entfalteten Komponenten ein komplexes Modell von Lesemotivation, in dem Einflüsse aus der sozialen Umwelt, die Art und Weise der subjektiven Verarbeitung von Leseerlebnissen, die lesebezogenen Wert- und Erwartungshaltungen und die aktuelle (intrinsische bzw. extrinsische) Lesemotivation sich wechselseitig bedingen und das aktuell beobachtbare Leseverhalten eines Schülers oder einer Schülerin je nach Situation bestimmen: Wird mit Ausdauer und Anstrengung gelesen? Wie viel wird gelesen, und setzt der Schüler Strategien ein, mit denen er sich selbst »bei der Stange hält«, also die unterschiedlichen Motivationsebenen reguliert? All diese Fragen hängen davon ab, wie sich die unterschiedlichen Dimensionen von Lesekompetenz untereinander auspendeln bzw. bewusst vom Leser ausgependelt werden können.

Aus der Multidimensionalität von Lesemotivation wird auch deutlich, warum man bei den leseanimierenden Verfahren differenzieren und prüfen sollte, ob sie für die konkrete Schülergruppe geeignet sind. Kinder- und Jugendliche, die auf Lesevorbilder in ihrer sozialen Umwelt zurückgreifen, die ihr Leseverhalten angemessen auf veränderbare Ursachen zurückführen können, die dem Lesen von Texten einen positiven Wert zuschreiben und eine offene Erwartungshaltung entgegenbringen und die – zumindest in Ansätzen – über ein positives lesebezogenes Selbstkonzept verfügen, sich also aktuell für eine Lektüre potenziell motivieren können, profitieren vermutlich wesentlich stärker von den Verfahren, als Schüler(innen), bei denen diese Aspekte nicht ausgeprägt sind.

Allerdings ist aus diesen und den einleitend vorgetragenen einschränkenden bzw. differenzierten Beobachtungen nicht auf eine generelle Wirkungslosigkeit der animierenden Verfahren zu schließen. Im Gegenteil: Eine Förderung des Lesens – bezogen auf alle Dimensionen von Lesekompetenz – ohne den animierenden Charakter einer kulturell bedeutsamen Atmosphäre wird die Schüler(innen) nicht erreichen, weil ihnen der soziale Sinn und der lebensgeschichtliche Wert der Veranstaltungen nicht transparent werden wird. Diesen Aspekt zu betonen scheint uns außerordentlich wichtig angesichts des beobachtbaren kontinuierlichen Absinkens der Lesemotivation bei Schülerinnen und Schülern: Wie Längsschnittstudien zeigen können, sinkt die Lesebereitschaft und Lesefreude im Laufe der Schulkarriere gewissermaßen von Anfang an und linear bis hin zum mittleren Bildungsabschluss. Diese generelle negative Entwicklung der Lesemotivation zeigt sich bereits in der Grundschule und dann gleichermaßen in den drei Sekundarschultypen, wobei das Ausgangs- und entsprechend auch das Endniveau zwischen den Schulformen erwartungsgemäß unterschiedlich ist (vgl. Retelsdorf & Möller 2008; McElvany, Kortenbruck & Becker 2008; Philipp 2010, 2011). Die statistisch vorgehenden Studien aus der Pädagogischen Psychologie widersprechen also durchaus den Ergebnissen der qualitativen biographischen Leseforschung, die den Verlauf der Lesemotivation in der Biographie als diskontinuierlich beschrieben hat: Einer hochmotivierten Lesekindheit am Ende der Grundschule und in der frühen Sekundarstufe folge eine Krise in Gestalt der „literarischen Pubertät", so die Modellierung der literarischen Sozialisation in diesem Paradigma (vgl. Graf 2007). Retrospektiv mag diese Beschreibung der Entwicklung der Lesemotivation in den Leseautobiographien der untersuchten Studierenden ein konstantes Motiv sein; empirisch bestätigen lässt sie sich allerdings nicht.

Wir möchten mit unserer Problematisierung des Themengebiets wie gesagt nicht der Vernachlässigung von leseanimierenden Verfahren Vorschub leisten. Vielmehr sollten die Verfahren der Leseanimation u.E. zum einen künftig stärker auf die Lesekompetenz der »poor readers« abgestimmt werden, es sollten also Themen, Bücher und Events ausgewählt werden, die sich möglichst nah mit der Lebenswelt und den aktuellen Bedürfnissen der bildungsfernen Kinder und Jugendlichen auseinandersetzen. Kritisch sollte der bildungsbürgerliche Enthusiasmus im Blick bleiben, mit dem zuweilen Lesen als anstrengungsfreie, rundherum beglückende Erfahrungsmodalität angepriesen wird; sie verschweigt, dass Lesen auch Arbeit und Mühe ist, insbesondere für noch unerfahrene Leser(innen) und für solche aus bildungsfernen Schichten, denen die Leseförderer selbst in aller Regel nicht entstammen. Für bildungsferne Kinder und Jugendliche liegt eine Zentrierung des Lesens um den Begriff des Arbeitens und Lernens oft näher. Zum anderen muss der lesemotivationalen

Geschlechtsspezifik deutlich Rechnung getragen werden, um die Verfahren für Jungen und Mädchen gleichermaßen attraktiv zu gestalten. Letztlich muss in diesem Bereich verstärkt empirisch geforscht werden, damit die Erfolgsbedingungen und die differenziellen Wirksamkeiten für die unterschiedlichen Gruppen von Schülerinnen und Schüler zukünftig besser benannt werden können. Bisher wissen wir diesbezüglich erschreckend wenig. Es gibt – abgesehen von Projektberichten, die beeindruckende und durchaus enthusiastisch stimmende Beispiele liefern, aber eben nicht mehr als Beispiele (vgl. z.B. Dörschmann 2003) – überhaupt keine valide evaluierten Daten, die nachweisen, welche Wirkung solche Leseanimationen synchron für starke oder schwache Leser(innen) und diachron im Entwicklungsverlauf auf die Leseleistung oder die Lesemotivation haben.

Doch was für belastbare Argumente gibt es dafür, das Engagement für Leseanimation an der Schule trotz fehlender Wirkungsnachweise aufzubringen? Das zentrale Argument ist ein institutionelles: Im »PISA-Siegerland« Finnland ist, so wird immer wieder gesagt, Lesen alltagskulturell selbstverständlich und genießt allseitige hohe Wertschätzung, die sich an Schulen beispielsweise in guten Schulbibliotheken und deren intensiver Nutzung im und für den Unterricht, in vielen Leseaufgaben in allen Fächern und eben auch in vielen leseanimierenden Projekten ausdrückt. Lesen habe einfach einen anderen Status als bei uns. Das macht darauf aufmerksam, dass kulturelle Institutionen (wie beispielsweise Schulen) Geltungsräume bewirken: Was Lesen »gilt«, was es wert ist, drückt sich in der schulischen und unterrichtlichen Kultur aus, die von allen getragen und alltäglich gelebt wird und die die Schule als Institution installiert und fortführt. Das heißt für unseren Zusammenhang: In einer »lesenden Schule« (vgl. Steitz-Kallenbach 2005; Niemann 1995) wäre die soziale und individuelle Bedeutung von Lektüre gewissermaßen kulturell etabliert und legitimiert, sie wäre dadurch in hohem Maße selbstverständlich und müsste nicht mehr eigens aufgegeben, beworben, gerechtfertigt usw. werden. Mit einer ausreichend großen und konstanten Menge von leseanimierenden und -fördernden Einzelmaßnahmen, so kann man vermuten, verändert sich die gegenwärtig bei uns eher buchferne Unterrichts- und Schulkultur – Leseanimation schlägt dann um von singulären Ereignissen, adressiert an Individuen, in eine allgegenwärtige Orientierung auf Bücher und Lesen als festes Merkmal der gesamten Institution und als Verhaltensnorm für alle Beteiligten. Der hohe Wert des Lesens hat in diesem Fall fraglos immer und für alle Gültigkeit. Dann ist in der Schule ein Sozialisationsraum formiert, von dem mit Grund vermutet werden kann, dass er die Bedingungen positiver familiärer Lesesozialisation erfolgreicher nachstellt und eine anregende Alltagskultur des Lesens bietet. Sicher, dieser Weg mag für viele Schulen ungeheuer weit erscheinen. Aber er ist auch kein Hexenwerk, sondern eine reale Möglichkeit der Schulentwicklung.

7.4 Leseanimation mit Kinder- und Jugendliteratur

Wenn im Literaturunterricht der Klassen 2–10 eine kinder- oder jugendliterarische Ganzschrift geplant wird, so wird das Projekt in der Regel in den Rahmenplänen dem Bereich »Leseförderung« zugeordnet – als sei die Zuwendung zu einem Text der Kinder- und Jugendliteratur gewissermaßen naturwüchsig ein Akt der Leseförderung, zu anderen belletristischen Texten dagegen nicht (vgl. z.B. Kretschmer 2004). Dabei wird leicht übersehen, dass im Feld der Kinder- und Jugendliteratur mittlerweile ein ebenso breites Spektrum zwischen schlichter Unterhaltungsliteratur und literarisch anspruchsvollen Texten existiert wie in der Literatur für Erwachsene auch, dass Kinder- und Jugendliteratur also durchaus nicht per se eine stärker leseanimierende Wirkung hat als die traditionellen Fabeln, Erzählungen, später Novellen usw., die im Literaturunterricht auch eine Rolle spielen. Systematisch unterscheidet sich Kinder- und Jugendliteratur von der sonstigen Literatur nicht durch ein Mehr oder Weniger an poetischer Sprache, sondern durch ihre Adressierung an Heranwachsende. Sie wird von den Schüler(inne)n durchaus nicht immer als leseanimierend wahrgenommen, vor allem nicht im Umkreis der »literarischen Pubertät«, also etwa in der achten bis zehnten Klassenstufe.

Was am Ende der Grundschule und in der Sekundarstufe I faktisch in den Schulen an kinder- bzw. jugendliterarischen Büchern gelesen wird, ist in hohem Maße kanonisiert: Meist wird problemorientierte Literatur aus den 1970er und 1980er Jahren wie »Ben liebt Anna«, »Damals war es Friedrich«, »Blaufrau«, »Rolltreppe abwärts« usw. gelesen. Die Lesepräferenzen von Schülern und Schülerinnen in dieser Altersstufe tendieren aber nicht zum psychologischen Realismus dieses Typs Literatur, sondern insbesondere zur Phantastik, generell zu leichteren, vorwiegend lustigen bzw. spannenden Texten, gerne auch in Serie. Übersehen wird auch oft von Lehrkräften, dass diese typische Problemliteratur längst nicht mehr aktuell ist: Bloß weil es sich in der Regel um altersgleiche Protagonisten handelt, also um Kinder- und Jugendliteratur, ist die Identifikationsbereitschaft der Schülerschaft nicht »automatisch« höher einzuschätzen. Das weitverbreitete Missverhältnis zwischen der kinderliterarischen Schullektüre und den Leseinteressen der Schülerschaft lässt den Verdacht zu, dass zumindest diese Kinder- und Jugendliteratur faktisch doch unter einem anderen Stern als dem der Leseförderung auf den Stundenplan gesetzt wird: Mit der dominanten Problemorientierung geht es wohl darum, ein aktuelles soziales Thema wie erste Liebe, Außenseitertum, Drogen, ungewollte Schwangerschaften usw. einzuführen, das dann im Unterricht weiter verhandelt werden kann. Das gehört allerdings nicht zum Kerngeschäft des Literaturunterrichts – da soll es um literarisches Lernen gehen – und ist erst recht nicht als Verfahren der Leseförderung tauglich.

Dabei sind Bücher für Kinder und Jugendliche faktisch das wesentlichste Medium der literarischen Sozialisation, die, wie gesagt, eng mit der Lesesozialisation verwoben ist (vgl. Kap. 2.3). Eines der Dilemmata der Kinder- und Jugendbücher im Schulkontext ist, dass oft nur die zerfledderten und veralteten Klassensätze ohne Aufwand verfügbar sind; ein anderes, dass sich Lehrpersonen häufig in diesem Literaturfeld nicht auskennen. Sie haben nicht einmal die aktuellen Preisträger des Jugendliteraturpreises gelesen oder zumindest angeschaut; wenn sie keine Fachzeitschrift beziehen, werden sie auch nicht zur Lektüre interessanter Texte angeregt; schließlich sind sie kaum darüber im Bilde, für welche Autoren oder literarischen Themen auch in anderen Medien sich ihre Lerngruppe jenseits aller didaktischen Diskussion aktuell interessiert. Deshalb ist auch das Lesen von jugendliterarischen Texten im Unterricht in der Regel weit weg vom Modus und der inhaltlichen Orientierung der Freizeitlektüre. Ein Beleg für diese Einschätzung: Hauptschulabsolvent(inn)en können in der Regel schon unmittelbar nach Schulabschluss nicht mehr angeben, welche Ganzschriften sie im Deutschunterricht gelesen haben; ihrer kinder- und jugendliterarischen Schullektüre ist das gleiche Schicksal beschieden wie der von kanonischer Schulliteratur, sie wird von der Mehrzahl der Schüler(innen) nur in Ausschnitten gelesen und erreicht nicht ihre Interessen (vgl. Pieper et al. 2004). Ein weiterer Hinweis: Lehrpersonen in Deutschland sind in einer Anzahl von »Wegen zum Buch« die letzten von elf Instanzen, die von Kindern und Jugendlichen nach interessanter Lektüre gefragt werden, lange nach Freunden, Buchhändlern, Eltern, filmischen Anregungen, Bibliothekarin usw. Anders ausgedrückt: 92 Prozent der Schüler(innen) fragen »nie« oder »selten« die Lehrperson nach einer Lektüreempfehlung, aber z. B. von den Geschwistern lassen sich 70 Prozent anregen, wie eine Studie ausweist (Harmgarth 1997, S. 41 f.). Als letztes Argument, das oben bereits angesprochen wurde: Ab der zweiten Grundschulklasse sinkt die Lesefreude und der Spaß am Literaturunterricht kontinuierlich, wie eine Studie in Erfurter Grundschulen gezeigt hat – denn die Leseinteressen der Kinder werden von Seiten der Schule zu wenig berücksichtigt, die pädagogische und lesetechnische Aspekte bei der Lektüreauswahl in den Mittelpunkt stellt, so die Interpretation der Autorinnen der Studie (vgl. Richter & Plath 2005).

Doch von professionellen Literaturvermittlern kann und muss eben das verlangt werden: dass sie die Freizeitlektüre ihrer Schüler(innen) kontinuierlich gewissermaßen »in Rufweite« des Literaturunterrichts halten, dass sie selbst aktive Leser(innen) besonders von Kinder- und Jugendliteratur sind und sich als solche auch zeigen, dass sie in der Lage sind, ihren Schülern und Schülerinnen brauchbare und angepasste Lesetipps zu geben, dass sie Literatur in der Schule nicht nur unter der Funktion des literarischen Lernens oder der Darstellung gesellschaftspolitischer oder psychischer Problemlagen aufnehmen können, sondern auch einen offenen und differenzierten Leseunterricht mit solcher Literatur inszenieren können, die die Lesebereitschaft der Schülerschaft anregt.

Kinderliteratur ist ein wunderbares Medium dafür: Immer wieder finden sich Texte, die mit ihrem poetischen Gehalt, ihrer literarischen Tiefe, mit ihrer Originalität, ihrer Aktualität oder ihrem Witz Erwachsene gerade so wie Heranwachsende begeistern und diskursive Gemeinsamkeiten zwischen Lehrer(inne)n und Klasse stiften können. Dann kann die normale Situation des Belehrens zugunsten eines tatsächlichen Austauschs über Gelesenes verlassen werden, und die Schüler(innen) können sich tatsächlich als Subjekte ihres Lesens erfahren und zu weiterer Lektüre animiert werden (vgl. Härle 2004). Zudem stellt Kinder- und Jugendliteratur sozusagen ein gestaffeltes Curriculum des literarischen Lernens zur Verfügung; von den einfachen Erstlesebüchlein, die bereits eine »Story Grammar« und poetische Stilmittel verwenden, bis hin zu literarisch komplexen Adoleszenzromanen gibt es altersangemessene Texte, die, fein gestuft vom literarisch Einfachen zum Komplexen, die zunehmenden literarischen Verstehensfähigkeiten von Kindern und Jugendlichen weiterentwickeln. Von (Kinder-)Literatur als Medium literarischen Lernens soll in Kapitel 8 die Rede sein; hier steht der Appell im Vordergrund, belletristische und sachorientierte Literatur für Heranwachsende als zentrales Medium gelingender Leseanimation wahrzunehmen und die fachliche Professionalität von Lesedidaktiker(inne)n auch über die Kenntnis von aktueller Kinder- und Jugendliteratur zu bestimmen (vgl. zur KJL im schulischen Kontext z.B. Josting & Dreier 2010; Knobloch 2010).

Einige Zeitschriften zur Kinder und Jugendliteratur:

- »Bulletin Jugend und Literatur« [»Kritisches Monatsmagazin für Kinder- und Jugendmedien, Leseförderung und Lesekultur« – so der Untertitel des Magazins – im »Neuland Verlag«]
- JuLit. Fachzeitschrift zur Kinder- und Jugendliteratur [vom »Arbeitskreis für Jugendliteratur e.V.« des Bundesministeriums für Familie, Senioren, Frauen und Jugend herausgegebene Fachzeitschrift mit Forschungsperspektive auf die KJL, auch unter deutschdidaktischen Gesichtspunkten]
- »Kjl&m« [die bis Ende 2006 unter dem Namen »Beiträge Jugendliteratur und Medien« vom kopaed-Verlag herausgegebene Zeitschrift behandelt KJl in »Forschung, Schule und Bibliothek«]

- »Der bunte Hund« [Zeitschrift für Kinder im Verlag »Beltz & Gelberg«, die Buchempfehlungen, Autorenportraits, Geschichten, Bildgeschichten, Comics usw. beinhaltet]
- »1000 und 1 Buch. Das österreichische Magazin für Kinder- und Jugendliteratur« [Forschungsorientierte Zeitschrift, herausgegeben vom »Institut für Kinderliteratur« Österreich]

Empfehlungslisten zu aktueller KJL im Internet:

- http://lbsneu.schule-bw.de/unterricht/paedagogik/lesefoerderung/lesetipps [Seite des »Landesbildungsserver Baden-Württemberg« mit Empfehlungslisten zur KJL zum downloaden]
- http://www.lesebar.uni-koeln.de/ [Internet-Rezensionszeitschrift für Kinder- und Jugendliteratur (»Lesebar«) der »Arbeitsstelle für Leseforschung und Kinder- und Jugendmedien (ALEKI)« an der Universität Köln]
- http://www.uni-frankfurt.de/fb/fb10/inst_i/LiteraturSchule/empf.html [Empfehlungsliste zur KJL für verschiedene Jahrgangsstufen des Kolloquiums »Schule und Literatur« an der Johann Wolfgang Goethe-Universität Frankfurt am Main]
- http://www.goethe.de/ins/nl/lp/prj/kij/pre/apw/deindex.htm [reichhaltige Seite zu verschiedenen Aspekten der KJL, gestaltet vom Goetheinstitut Amsterdam]
- http://www.bildungsserver.de/zeigen.html?seite=2445 [Seite des deutschen Bildungsservers mit weiterführenden Links rund ums Thema KJL]
- http://www.jugendliteratur.org/akj_haupt/litpreis_info.htm [Homepage des »Deutschen Jugendliteraturpreises« mit allgemeinen Informationen, Nominierungen, Preisträgern und weiteren Aktionen]
- http://www.kjl-online.de/ [Fachportal zur KJL mit Rezensionen, Berichten, Personendatenbank u.v.a.m]
- http://www.lesen-in-deutschland.de/html/overview.php?object=journal&lid=15 [thematische Sparte des »Portals von Bund und Ländern zur außerschulischen Leseförderung ›Lesen in Deutschland‹« mit vielen aktuellen Hinweisen, Berichten und Materialien rund ums Thema]
- http://web.uni-frankfurt.de/fb10/jubufo/studprojekt/kjldaf/links.html [Linksammlung rund um die Themen KJL und Leseförderung]

7.5 Welche Verfahren der Leseanimation gibt es?

Leseförderung im Sinne kultureller Leseanimation soll den grundlegenden Aufsätzen von Bettina Hurrelmann (1994; 2003) zufolge als ein »System« organisiert werden, in dem unterschiedliche Instanzen der Leseförderung zusammenarbeiten, um Lesemotivation, Lesefreude, Vertrautheit mit Büchern und die Stabilisierung von Lesegewohnheiten bei den Schüler(inne)n durch unterschiedliche Verfahren zu gewährleisten:

> »›Leseförderung‹ im aktuellen Verständnis, so kann man zusammenfassen, bezieht sich grundsätzlich auf Angebote an alle Heranwachsende. Ihre Handlungsfelder sind über den Deutschunterricht hinaus auch die anderen Fächer, nicht zuletzt die Schulöffentlichkeit, und in Verbindung damit auch die Zusammenarbeit mit Institutionen des literarischen Lebens wie Buchhandlungen und Bibliotheken, Literaturbüros, Theater, Autoren, andere Leseförderungsinitiativen etc. […] Die Handlungsfelder der Leseförderung sind demnach nicht nur der Deutschunterricht, sondern gleichsam in konzentrischen Kreisen um ihn gelagert auch der Unterricht in den verschiedenen Fächern oder in fächerübergreifenden Projekten, die Schule als literarische Öffentlichkeit und schulübergreifende Felder der Zusammenarbeit mit Experten und Institutionen des literarischen Lebens« (S. 24).

Geht man von diesem Bild der »konzentrischen Kreise« aus, so steht in dessen Mitte zunächst der **Deutschunterricht** als traditioneller Ort von Leseförderung in der Schule. Für ihn sind eine Fülle von leseanimierenden Verfahren und Events beschrieben worden (vgl. z. B. Kiehl 1999; Korte 2004), von denen die bekanntesten im nachfolgenden Kasten (S. 119) – ohne Anspruch auf Vollständigkeit – zusammengestellt sind. Sie alle haben das Ziel, Lesemotivation aufzubauen und zu entfalten, Hilfestellung bei der Ausbildung stabiler Lesegewohnheiten und persönlicher Leseinteressen zu geben und auf diese Weise Lesefreude und Erfolgserlebnisse beim Bewältigen umfangreicherer Texte zu ermöglichen, also positive Erfahrungen im Umgang mit der »Welt der Bücher« zu vermitteln. Die beschriebenen unterschiedlichen Verfahren lassen sich dabei zusammenfassend zwei Kategorien zuordnen: Einerseits zielen sie darauf ab, **Zugänge** zu motivierenden Büchern in einer interessanten und angenehmen Leseumgebung zu **eröffnen** (z. B. in Form von Bücherkisten, Klassenbibliotheken, lesefreundlich eingerichteten Klassenzimmern, Buchvorstellungen, Hitlisten usw.) bzw. mit einer Rahmenhandlung zu initiieren (z. B. Lesepass führen, Buch-Meter zusammen erlesen usw.) und dadurch **Interesse** für Lesekultur – auch außerhalb der Schule – zu **wecken** (z. B. Vorlesen, Arbeit mit Hörbüchern, Durchführung von bzw. Teilnahme an speziellen Buch-Events, lesefördernde Elternarbeit usw.). Andererseits vermitteln die leseanimierenden Verfahren verschiedene **Umgangsformen**, wie die Schüler(innen) ihre Erfahrung mit den Büchern und Buch-Events kreativ und motivierend verarbeiten, intensivieren und ihren Mitschüler(inne)n abschließend präsentieren können (z. B. Durchführung eines längeren Lese-Projekts, leseanimierende Verfahren aus dem Umfeld des handlungs- und produktionsorientierten Literaturunterrichts, Erstellung einer Lesekiste/Leserolle/eines Lesetagebuchs usw.).

Bei allen diesen Leseanimationen verändert sich naturgemäß die Rolle des Lehrenden im Vergleich zu einem leistungsorientierten und lehrerzentrierten Unterricht deutlich. Die Lehrperson tritt – wie auch bei den Viellese-Verfahren (vgl. Kap. 4) – weitgehend als Leser(in) auf, die ihre persönlichen Lesegewohnheiten und Leseerfahrungen mit den Schüler(inne)n offen austauscht, subjektive Leseempfehlungen anbringt und in einem weiten Sinne als Lesevorbild (vgl. Willenberg 2007a) agiert.

Leseanimation im Deutschunterricht

Bücherkisten im Klassenraum einrichten

Dabei handelt es sich um Zusammenstellungen von Büchern, die im Klassenzimmer für die Schüler zum Ausleihen und freien Lesen bereitstehen. Bücherkisten werden oftmals kategorial (z. B. Erstlesebücher, Bilderbücher, Kindersachbücher usw.) und/oder thematisch (z. B. »Wasser«, »Ritter«, »Indianer« usw.) bestückt. Dabei sollten sie ein möglichst vielseitiges und motivierendes Angebot an Buchtiteln bereithalten, also nicht nur auf die ästhetisch anspruchsvolle Kinder- und Jugendliteratur setzen. Unterhaltsame Stoffe, Reihenliteratur, Krimis, phantastische Bücher, Sachbücher aller Art und auch Comics sollten zum Repertoire gehören. Viele lokale öffentliche Büchereien stellen nach Voranmeldung Bücherkisten zusammen, die dann für eine bestimmte Zeit für die Klassen ausgeliehen werden können. Mit der Bücherkiste sind vielfältige Arbeitsformen realisierbar: Schüler können sich Lesestoff für die Freizeit ausleihen, Lektüre kann individualisiert im Unterricht unter bestimmten für alle verbindlichen Leitfragestellungen durchgeführt werden, die Bücher können vorgestellt werden, für Referate benutzt werden, besprochen werden usw.

Klassenbibliotheken einrichten

Klassenbibliotheken weiten die Idee der Bücherkisten quantitativ und systematisch aus. Leseanimierend ist neben den Büchern an sich vor allem die »Bibliotheksatmosphäre« in der Klasse. Zusätzlich zu den oben genannten Kriterien sollten nach Möglichkeit digitale Texte in das Angebot miteinbezogen werden, also CD-ROMs oder DVDs, mit deren Hilfe Geschichten interaktiv durchlebt werden können. Die Schüler(innen) sollten sich aktiv an der Zusammenstellung der Bücher und der Pflege der Bibliothek beteiligen können (vgl. Thurn 1994).

Klassenzimmer lesefreundlich einrichten

Mit oder ohne Bücherkisten bzw. Klassenbibliotheken gilt: Das Klassenzimmer sollte möglichst lesefreundlich eingerichtet werden. Preiswerte Möglichkeiten dazu gibt es zuhauf: beispielsweise eine Leseecke mit alten Sesseln oder Sofas einrichten, die zum Schmökern einlädt und sich positiv auf das Leseklima in der Klasse auswirkt.

Einsatz von Hörbüchern

Hörbücher bieten die Möglichkeit, einen besonderen Zugang zu klassischer und aktueller Kinder- und Jugendliteratur zu bekommen. Gerade für leseschwache Schüler(innen) kann der Zugang über die vorgelesenen Geschichten sehr motivationsfördernd sein, da technische Leseprobleme das Erleben der Geschichte nicht behindern. Die unterschiedlichen Verlage bieten inzwischen eine Vielzahl an entsprechenden Titeln an. Motivierend ist es für die Schüler(innen) auch, selbst ein Hörbuch zu einem interessanten Text zu erstellen (Unterrichtsmodelle finden sich z.B. in Heft 199 »Vorlesen und Vortragen« der Zeitschrift »Praxis Deutsch«).

Erstellung einer Lesekiste/einer Leserolle/eines Lesetagebuchs begleitend zu einer Lektüre

Die Idee der genannten Verfahren ist es, Leseprozesse der Schüler(innen) in unterschiedlichen Formen auf kreative und spielerische Weise herauszufordern und zur Initiierung von Anschlusskommunikationen (Präsentation vor der Klasse, Ausstellungen usw.) im Unterricht zu benutzen. Bei der »Lesekiste« (Knobloch 2001, Tillmanns 2003) wird ein Behältnis (z.B. ein Schuhkarton) begleitend zur Lektüre mit für das Buch signifikanten Gegenständen gefüllt und optisch entsprechend gestaltet. Dabei können wirkliche Gegenstände in die Lesekiste hineingelegt werden, aber auch Zettel, Zitate, Bilder zu Figuren usw. Bei der »Leserolle« werden Zitate, Bilder zu Szenen, Briefe an Figuren, Mitschriften und Notizen mit Klebeband aneinandergereiht und auf einen Holzstab aufgewickelt. Die so entstandene dekorative »Schriftrolle« wird in einer dem Inhalt entsprechend gestalteten Papprolle deponiert. Die Leserolle stellt eine Art »Zwischenstück« zwischen Lesekiste und Lesetagebuch dar, da im Lesetagebuch die textbasierteste Form der individuellen Dokumentation von Lektüreerlebnissen dominiert.

Lesezeichen zum Buch erstellen

Schüler(innen) entwerfen ein Lesezeichen zu einem von ihnen gelesenen Buch: Auf der Vorderseite wird eine Szene aus dem Buch grafisch gestaltet, auf der Rückseite finden sich formale Angaben zum Buch (z. B. Buchtitel, Autor, Verlag, Name, Klasse, Schule). Die Gestaltung des Lesezeichens bietet Anlass für vielfältige unterschiedliche Anschlusshandlungen im Unterricht.

Buchvorstellungen von aktuellen Büchern und Lieblingsbüchern

Regelmäßig stattfindende Vorstellungen von gelesenen Büchern im Unterricht stellen einfache und dennoch effektive leseanimierende Verfahren der Leseförderung dar. Die Schüler(innen) werden auf diese Weise nicht nur über interessante Titel informiert, sondern erfahren auch, dass sich die Gleichaltrigen für Bücher interessieren. Neben einer Buchvorstellung im Klassenraum können die Schüler(innen) auch Buchvorstellungen für Eltern, Großeltern und Lehrer anfertigen oder Bücher für jüngere Schüler aufbereiten. Auch die Lehrkraft sollte regelmäßig gelesene Lieblingsbücher vorstellen und so als Lesevorbild fungieren. Die Klasse sollte über Neuerscheinungen im Bereich Kinder- und Jugendliteratur auf dem Laufenden gehalten werden (es gibt dazu z. B. von allen Verlagen dekorative Poster, die im Klassenraum aufgehängt werden können. Um die Orientierung auf dem Buchmarkt für die Schüler zu erleichtern, kann auch eine thematische Vorauswahl (Lieblingsbücher zu bestimmten Themen wie Horror, Krimi, Weihnachten usw.) hilfreich sein.

Eine literarische Talkshow veranstalten

Als Vorbild könnten Fernsehsendungen wie »Das Literarische Quartett« oder »Lesen« dienen. Schülergruppen diskutieren hierbei zu regelmäßig stattfindenden Terminen (kontrovers) über vorab festgelegte Klassiker oder Neuerscheinungen bzw. bereiten Schwerpunkt-»Sendungen« mit Büchern zu einem bestimmten Thema vor. Auch der umgekehrte Weg ist denkbar: Buchtipps aus den Sendungen können aufgegriffen und im Klassenzimmer präsent gemacht bzw. diskutiert oder rezensiert werden (vgl. Berger 1998). Informationen und aktuelle Buchlisten zu den genannten Sendungen gibt es auf den Internetseiten der genannten Shows:

- http://www.m-reich-ranicki.de/
- http://www.zdf.de/ZDFde/inhalt/20/0,1872,2042868_1000018_TB,00.html

Erstellung von Hitlisten

Eine erweiterte Form der Buchvorstellung ist die Erstellung von Buch-Hitlisten, bei denen die Schüler(innen) in irgendeiner Form eine Bewertung des Gelesenen vornehmen. Als Rubriken eignen sich beispielsweise: nominierte/ausgezeichnete Bücher des »Deutschen Jugendliteraturpreises«, »Buch des Monats«, »Das Lieblingsbuch der Klasse«, »Der Autor des Monats«, »Das beste Horrorbuch« usw. Die Hitlisten können in der Klasse aufgehängt und zu feststehenden Zeitpunkten erneuert werden.

Bücher tauschen

Schüler(innen) bringen jeden Monat ein Lieblingsbuch mit in die Klasse, das von den Mitschüler(inne)n ausgeliehen wird. Auf diese Weise stoßen die Kinder und Jugendlichen nicht nur auf neue interessante Lesestoffe, sondern lernen auch Lesegewohnheiten und -vorlieben ihrer Mitschüler kennen. Auf diese Wiese kann die ansonsten eher vernachlässigte Lesesozialisationsinstanz der Gleichaltrigengruppe (vgl. Rosebrock 2004) auf einfache Weise in die Leseförderung im Unterricht miteinbezogen werden.

Führen eines Lesepasses

Das Ziel, Schüler(innen) durch ein Bewertungsverfahren zum »Mehrlesen« zu animieren, kann auch durch das einfache Instrument eines Lesepasses erreicht werden. Die Schüler(innen) notieren hierbei auf einem gestalteten »Lese-Ausweis« die Titel der gelesenen Bücher und geben jedem Buch eine Note. Beim Lesepass kommt hinzu, wie Bamberger (2000) berichtet, dass die Schüler(innen) im Wettstreit miteinander versuchen, möglichst viele Bücher auf dem Lesepass zu sammeln, und daher signifikant mehr lesen.

Vorlesen von interessanten Büchern im Unterricht

Das Vorlesen von Büchern spielt im Verlauf der Lesesozialisation eine herausragende Rolle, da Kinder dadurch bereits vor dem Erwerb der Lese- und Schreibfähigkeit mit grundlegenden Erzählstoffen und -strukturen und mit situationsabstrakter Sprache vertraut gemacht werden. Auch für die spätere Schulzeit stellt das Vorlesen von interessanten Texten der KJL ein sehr motivierendes Verfahren für die Leseförderung dar. Im Unterricht sind verschiedene Möglichkeiten denkbar (vgl. dazu Trelease 2001): Die Lehrperson kann den Schülern zu bestimmten Zeitpunkten (Anfang/Ende der Woche/des Schultages, in bestimmten Schulstunden usw.) regelmäßig Textpassagen vorlesen, oder die Schüler(innen) können sich selbst Textpassagen bzw. nach und nach auch ganze Texte vortragen. In jedem Fall sollte der Vortrag des Textes vorab geübt sein, sodass er ansprechend präsentiert werden kann (vgl. Ockel 2000).

Leseanimierende Verfahren des handlungs- und produktionsorientierten Literaturunterrichts einsetzen

Generell eigenen sich viele der gängigen handlungs- und produktionsorientierten Verfahren gut, um leseanimierende Verfahren im Unterricht zu initiieren oder mit Aufgabenstellungen zu begleiten (vgl. z. B. die Anregungen bei Haas 1997). Ideal sind solche Verfahren, die persönliche Erfahrungen mit den Texten einleiten und für den sozialen Raum in der Klasse öffnen, beispielsweise »Briefe an Figuren schreiben«; »Steckbriefe zu Figuren/Autoren/Epochen verfassen« und in Form einer »literarischen Ahnengalerie« im Klassenraum aufhängen usw. Auch Illustrationen und Zeichnungen zu Büchern lassen sich sehr gut leseanimierend einsetzen, genauso wie mediale Transformationen, etwa die Aufführung eines Theaterstücks zu einem Text oder eine filmische Adaptation.

Ein längeres Projekt zu einem literarischen Thema/einem Buch durchführen

Leseprojekte zu unterschiedlichen Anlässen und Thematiken gehören zum klassischen Arsenal der Leseanimation, da die Schüler(innen) sich dabei eigenverantwortlich, intensiv und ggf. kreativ mit der Lektüre von Sach- und literarischen Texten auseinandersetzen (vgl. Eicher 1998).

Mit Filmen und Literaturverfilmungen arbeiten

Filme und Literaturverfilmungen bieten ein großes Potenzial für Leseanimationen, da durch die mediale Transformation von erzählerischen Stoffen Besonderheiten der literarischen Vorlage, aber auch der filmischen Umsetzung thematisiert werden können (vgl. Abraham 2002; 2009; Heinke & Jahn 2007; Matthias 1994; Paech 1997). Weiterhin kann die Arbeit mit Filmen und Verfilmungen auf einfachem Weg aktuelle Thematiken in den leseanimierenden Unterricht einbringen, wobei beide Richtungen denkbar sind: Zu aktuellen Filmen können literarische Vorlagen und/oder weiterführende thematische Lektürehinweise präsent gemacht werden. Zu aktuell gelesenen Büchern können Adaptionen aus der Filmgeschichte bzw. aktuelle Kinofilme hinzugezogen werden. Folgende Internetseiten liefern z. B. weiterführende und aktuelle Anregungen zum Thema:

- http://www.kinderfilmfindmaschine.de/start.htm
  [»Kinder-Film-Find-Maschine« von Udo Lange. Alphabetisches Register zu zahlreichen Kinderfilmen, aktualisiert bis zum Jahr 2002].

- http://www.stiftunglesen.de/lehrer/mainframe_lehrer.html [»Film Forum Schule« der Stiftung Lesen. Im Vorlauf zum Kinostart neuer Filmen werden hier aufwendig gestaltete Unterrichtsmaterialien angeboten].
- http://www.filmothek-nrw.de/ [Filmothek der »Jugend NRW e.V.« mit zahlreichen Informationen, Materialien und einem alphabetischen Register rund ums Thema Kinder- und Jugendfilm].
- http://www.kinderfilm-online.de/ [ein vom »Bundesministerium des Innern und der Mitteldeutschen Medienförderung« finanziertes Projekt, das aktuelle Kinder- und Jugendfilme präsentiert, über aktuelle Events in den jeweiligen Bundesländern informiert und ein alphabetisches Register der bekanntesten Filme bereitstellt].
- http://www.ifak-kindermedien.de [von der »Hochschule für Medien Stuttgart« unterhaltene Seite, die Forschungsbeiträge zum Thema, aber auch viele praktische Empfehlungen und Materialien zur Verfügung stellt].

Eltern aktiv in die Leseanimation miteinbeziehen

Elternarbeit ist wichtig für die Leseförderung von Schüler(innen). Nach wie vor ist es die Lesesozialisationsinstanz Familie, die den größten Einfluss auf die Lesepraxis und die Lesegewohnheiten der Kinder und Jugendlichen ausübt (vgl. Hurrelmann 2004). Unter dem Begriff »Family Literacy« gewinnen entsprechende Konzepte der außerschulischen Leseförderung aus dem angloamerikanischen Sprachraum auch hier an Bekanntheit; wir führen diesen Bereich der außerschulischen Leseunterstützung nicht eigens aus (vgl. dazu Nickel 2007). Im hier interessierenden schulischen Rahmen sollten Eltern – gerade von eher bildungsfernen Schülern – mit Möglichkeiten und Umgangsformen der Leseanimation vertraut gemacht werden (vgl. z.B. Fredericks & LeBlanc 2007). Bei den obligatorisch stattfindenden Elternabenden sollte das Thema »Leseförderung« regelmäßig angesprochen werden. Buchempfehlungen können von der Lehrperson auch an die Eltern adressiert werden, ggf. können auch Buchhändler oder Bibliothekare eingeladen werden, die aktuelle und geeignete Literatur präsentieren. Auch können Eltern bzw. Großeltern zu Präsentationen von Klassenprojekten eingeladen werden. Für die Grundschule ist auch die Praxis verbreitet, sogenannte »Leseeltern« oder »Lesepaten« zu gewinnen, die zu regelmäßigen Zeitpunkten in den Unterricht kommen und den Schülern in Kleingruppen aus mitgebrachten Büchern vorlesen.

Spezielle Events zu aktuellen literarischen Themen durchführen bzw. sich an den einschlägigen Aktionen der verschiedenen Leseförderinstitutionen beteiligen

Siehe dazu die Vorschläge in den beiden nachfolgenden Kästen.

Eine Stufe weiter im »System« der Leseanimation steht die **Zusammenarbeit mit anderen Fächern**, um integrativ ein (Sach-)Thema lesend zu erschließen. Eine Chance in dieser systemischen Variante von Leseanimation liegt darin, die ansonsten eher unterrepräsentierte Lektüre von Sachbüchern (vgl. auch Kap. 6) stark machen zu können, also die Lesemotivation der Schüler(innen) über ihr Sachinteresse zu wecken (vgl. Hurrelmann & Elias 1998, S. 4). Besonders für Jungen ist der fächerübergreifende Unterricht mit einem besonderen Akzent für (Kinder-)Sachbücher potenziell animierend (vgl. Graf 2004b). Bei der konkreten Zusammenarbeit mit Kolleginnen und Kollegen aus anderen Fächern zu einem übergeordneten Thema können nahezu alle der für den Deutschunterricht im engeren Sinne beschriebenen Verfahren und Umgangsformen mit den Texten angewendet werden. Besonders lohnenswert ist es dabei auch, mit lokalen Büchereien und Bibliotheken zusammenzuarbeiten, die in vielen Fällen Bücherkisten zu vielfältigen historischen und aktuellen Themen mit passenden Sachbüchern zusammenstellen, die dann von den Klassen für eine bestimmte Zeit ausgeliehen werden können (vgl. Knobloch 2006).

Außerhalb der verschiedenen Unterrichtsfächer sollte Leseanimation auch nach Möglichkeit in der **Schulöffentlichkeit** betrieben werden, die ebenfalls leseanregende Räume schaffen und vor allem auch öffentliche Präsentationsforen und -räume für die Darstellung der einzelnen Klassen- und Schülerarbeiten bieten kann. Hierbei geht es nicht vorrangig darum, neue Verfahren der Leseanimation zu entwickeln; vielmehr sollten schulintern geeignete Möglichkeiten realisiert werden, um die für den Deutschunterricht oben beschriebenen Verfahren auf die Schulebene zu übertragen, wozu die folgenden Akzentuierungen Anregungen liefern können (vgl. auch Bertelsmann Stiftung 1995; Gerth 1982; Niemann 1995; Payrhuber 2000; Schulz 2007).

Leseanimation in der Schulöffentlichkeit: Lesekultur als Schulprofil

Einrichtung von Leseecken/Lesecafés

Was für das Klassenzimmer im Kleinen gilt, muss für die Schulöffentlichkeit im großen Maßstab erst recht beachtet werden: Auch hier ist es wichtig, anregende Umgebungen zu schaffen, die zum Schmökern einladen und ein ungestörtes Eintauchen in die Buch-Welten möglich machen. Am einfachsten ist es sicherlich, mit Sesseln und Sofas und etwas zusätzlicher Dekoration gemütliche Ecken und Plätze im Schulgebäude einzurichten, die fest für das Lesen reserviert und bei denen die Schüler(innen) zur Ruhe verpflichtet sind. Lesecafés können, wenn sie sich nicht mit Unterstützung von Schülern zu festen Zeitpunkten in der Woche realisieren lassen zumindest zu besonderen Anlässen (Schulfeste usw.) ins Leben gerufen werden.

Gründung von Lese- und Buchclubs

Unter Lese- und Buchclubs versteht man freizeitorientierte Treffpunkte in der Schule, in denen sich Kinder- und Jugendliche zur Lektüre von Büchern bzw. zu Gesprächen (über Bücher) treffen. In Deutschland sind die Leseclubs vor allem durch das gleichnamige Projekt der »Stiftung Lesen« bekannt geworden, über deren Internetseite man sich über die entsprechende Konzeption und eine mögliche Teilnahme informieren kann:

- http://www.stiftunglesen.de/aktuell/mainframe_aktuell.html

Schulbibliothek nutzen

Was die Klassenbibliothek im Kleinen leistet, schafft die Schulbibliothek im größeren Maßstab: Sie stellt interessante und informative belletristische Werke und Sachbücher der Kinder und Jugendliteratur zum Arbeiten vor Ort und zum Ausleihen für die Freizeit zur Verfügung. Darüber hinaus bietet sie Schnittstellen, mit denen zahlreiche der genannten leseanimierenden Verfahren im Unterricht verbunden werden können. Damit die Schulbibliothek aber als Ort der Begegnung mit Büchern für die Schüler(innen) interessant ist und bleibt, sollten auch von Seiten der Bibliotheksleitung regelmäßig leseanimierende Aktionen stattfinden, die die Kinder und Jugendlichen zum Lesen motivieren und zum wiederholten Besuch anregen. Mögliche Aktivitäten könnten z. B. sein: Wettbewerbe zu unterschiedlichen Themen ausschreiben, Ausstellungsflächen für buchbezogene Schülerarbeiten und Präsentationen zur Verfügung stellen, thematische Zonen zu unterschiedlichen Anlässen (z. B. jahreszeitlich orientiert: Weihnachten, Halloween usw.) mit passenden Büchern einrichten und dekorieren, Flächen für Buch-Rezensionen der Schüler schaffen, ein Wunschbuch für Anschaffungswünsche führen usw.).

Ausstellungswände/Postergalerien/Schaukästen/Bühnen für buchbezogene Aktionen einrichten

Die im Schulgebäude verteilten Ausstellungsmöglichkeiten können für unterschiedliche leseanimierende Zwecke genutzt werden. Klasseninterne Präsentationen können der Schulöffentlichkeit zugänglich gemacht werden; Klassen können für bestimmte Ausstellungsobjekte die Verantwortung übernehmen und entsprechende Konzeptionen entwickeln; die Bibliothek kann Neuerscheinungen oder thematische Bücherzusammenstellungen nach verschiedenen Anlässen präsentieren usw. Mit Ausstellungen im Schulgebäude bekundet die Schule auf einfache und zugleich effektive Weise ihr Interesse am Thema Lesen und bietet den Klassen motivierende Möglichkeiten, ihre Arbeiten öffentlich zu machen. Präsentationsorte in der Schule können auch genutzt werden, um Lese-Events zu speziellen Anlässen zu gestalten (etwa Jahrestage berühmter Autoren usw.) oder um aktuelle Thematiken mit aktueller Kinder- und Jugendliteratur zu begleiten (etwa Gewalt an der Schule, Klimawandel usw.).

Lesenächte in der Schule

Lesenächte in der Schule sind inzwischen zu einem Klassiker der Leseanimation geworden. Sie motivieren zum Umgang mit Büchern, machen Spaß und vermitteln für alle Beteiligten ein lesekulturelles Gemeinschaftserlebnis. Schüler(innen), Lehrpersonen, evtl. Eltern oder andere Aufsichtspersonen verbringen mit den Kindern und Jugendlichen eine ganze oder halbe Nacht in der Schule. Ziel der Lesenacht sollte der gemeinsame Spaß am Lesen und Vorlesen sein.

Tipps und organisatorische Hinweise für die Durchführung finden sich z. B. auf der vom Land Nordrhein-Westfalen geschalteten Homepage »learn:line«:

- http://www.learn-line.nrw.de/angebote/lesekinder/lesealphabet/index.html#l

Schulische Projekttage oder Wochen zum Lesen

Erweiterung klasseninterner Projekttage rund um das Thema Lesen in die Schulöffentlichkeit hinein.

Literaturseiten für die Schülerzeitung einrichten / Ein spezielles Buchmagazin gründen

Auf einer speziellen Literaturseite oder -beilage der Schülerzeitung können aktuelle Sach- und literarische Bücher rezensiert, Artikel zu historischen und zeitgenössischen literarischen Themen und Ereignissen platziert sowie Leserbriefe rund um das Thema Lesen veröffentlicht werden. Je nach Engagement der Schüler(innen) ist auch ein z. B. halbjährlich erscheinendes Buchmagazin denkbar, das sich an entsprechenden Beilagen der großen überregionalen Zeitungen orientieren kann.

Der Schritt **aus der Schule hinaus** vervollständigt schließlich das »System« der lesekulturell animierenden Leseförderung. Auch hier geht es nicht primär (aber natürlich auch) darum, grundsätzlich neue animierende Methoden und Praktiken zu erschließen; vielmehr sollte das hauptsächliche Augenmerk darauf liegen, Anschlussstellen ausfindig und zugänglich zu machen, an denen schulische Leseförderung mit gesellschaftlicher Öffentlichkeit erfolgreich zusammengebracht werden kann. Die Wirkung solcher öffentlichkeitswirksamer Animationen auf die (Lese-)Motivation der Schüler(innen) kann nicht deutlich genug betont werden: Die Aktionen der Kinder und Jugendlichen rund ums Lesen bleiben nicht auf das Klassenzimmer beschränkt, sondern haben »echte« Wirkungen auf Außenstehende. Die Schüler werden dadurch einerseits in die Verantwortung genommen, ihre Beiträge möglichst gut vorzubreiten und sich für das jeweilige Projekt besonders zu engagieren; andererseits kann sich eine gelungene Präsentation der eigenen Arbeit bzw. die dokumentierte gelungene Teilnahme an einer öffentlichen Leseaktion vor der Parallelklasse, auf einer Schulaufführung, im Internet, in der Lokalpresse usw. nachhaltig positiv auf das (lesebezogene) Selbstkonzept der Schüler(innen) auswirken. Zahlreiche gesellschaftliche Organisationen und Institutionen, wie die »Stiftung Lesen«, die »Bertelsmann-Stiftung«, der »Börsenvereins des Deutschen Buchhandels«, lokale Bibliotheken und Büchereien usw. stellen vielfältige solcher Projektideen und Materialien zur Leseförderung zur Verfügung, an denen die Schulklassen sich beteiligen können (vgl. Ebbert & Conrady 1998; Serchtold 1998; zusammenfassend: Buhrfeind et al. 1999; Franzmann 1999; vgl. hier nachfolgender Kasten).

Leseanimation in Zusammenarbeit mit öffentlichen Institutionen der Leseförderung

Zusammenarbeit mit öffentlichen Büchereien und Bibliotheken

Die öffentliche Bibliothek oder Bücherei bildet einen Schlussstein in der Idee, Schüler(innen) mit einem aktuellen Angebot an Literatur aller Sparten zu versorgen und sie zu einem eigenverantwortlichen Umgang mit Büchern zu animieren. Öffentliche Büchereien bieten in der Regel ein professionelles und umfassendes Betreuungsangebot für Schulklassen an, das neben einer Einführung in die Büchereiordnung und -nutzung oft auch ein dezidiertes leseanimierendes Programm beinhaltet. Dazu gehören regelmäßige Klassenführungen, Autorenlesungen, Medienausstellungen, Bücherrallyes und -rätsel, Bilderbuchkinos, Lesenächte in der Bibliothek u.v.a. mehr (vgl. Bertelsmann Stiftung 1997; Lander 2005; Lux 2007; Mensch 2007). Büchereien und Bibliotheken sind natürlich auch ideale Kooperationspartner bei Projekttagen oder Buchwochen. Viele Bibliotheken bieten Schulklassen für einen längeren Zeitraum thematische Medienkisten an oder wirken beratend und unterstützend beim Aufbau und der Organisation einer Klassenbücherei. Es empfiehlt sich also auf jeden Fall für die Lehrkraft, mit den örtlichen Bibliotheken in Kontakt zu treten und sich über deren Angebot zur Leseförderung zu informieren. Die Expertengruppen »Bibliothek und Schule« sowie »Kinder- und Jugendbibliotheken« entwickeln seit längerem Wege, um ein Leseförderungscurriculum in Abstimmung zwischen Bibliotheken und Lehrerschaft länderübergreifend zu entwerfen und zu institutionalisieren (vgl. www.bibliotheksverband.de).

Weiterführende Ideen für die Kooperation zwischen Schule und einer lesefördernden Bibliothek finden sich z.B. auf folgenden Internetseiten:

- http://www.schulmediothek.de/oeb_und_schule/ideenboerse_lesefoerderung/ [Veranstaltungsempfehlungen und -beschreibungen zum Thema vom »Deutschen Bibliotheksverband« in Zusammenarbeit mit dem »Deutschen Bildungsserver«].
- http://www.lesen-in-deutschland.de/html/overview.php?object=journal&lid=22 [thematische Sparte des Portals von Bund und Ländern zur außerschulischen Leseförderung »Lesen in Deutschland«].
- http://www.akademiefuerlesefoerderung.de/ [Website der »Akademie für Leseförderung an der Gottfried Wilhelm Leibniz Bibliothek«].

- http://www.phantastik.eu/ [Internetseite der »Phantastischen Bibliothek Wetzlar«, an der auch das »Zentrum für Literatur« angesiedelt ist; eine Verbindung zwischen Bibliothek und Leseförderung wird hier dezidiert angestrebt].
- http://lbsneu.schule-bw.de/unterricht/paedagogik/lesefoerderung/bibliothek [Seite des »Landesbildungsserver Baden-Württemberg« mit einer ausführlichen Empfehlungsliste für die Zusammenarbeit von Schule und Bibliothek].

Teilnahme an Aktionen von lesefördernden Institutionen und Organisationen

Es gibt zahlreiche Organisationen, Institutionen und Stiftungen (vgl. Überblick bei Buhrfeind et al. 1999; Franzmann 1999), deren Aufgabe es ist, Projekte zur Leseförderung anzuregen, durchzuführen oder beratend zu unterstützen. Der von der »Stiftung Lesen« jährlich veranstaltete »Welttag des Buches« ist beispielsweise öffentlich inzwischen sehr bekannt geworden: Jeweils am 23. April eines Jahres finden zahlreiche Lese-Aktionen statt, und den Kindern wird in allen teilnehmenden Buchhandlungen ein Buch geschenkt. Auch der »Vorlesewettbewerb« des »Börsenvereins des Deutschen Buchhandels« erfreut sich – um ein anderes Beispiel anzuführen – in der Schule großer Beliebtheit: Alle sechsten Schulklassen können daran teilnehmen und ihre »Vorlesekunst« mit anderen Klassen messen. Neben diesen Projekten gibt es von den genannten und zahlreichen anderen Institutionen vielfältige weitere Leseaktionen für alle Schulformen und Altersstufen der Schüler(innen), deren Teilnahme im Sinne einer leseanimierenden Leseförderung nachdrücklich zu empfehlen ist. Für einen schnellen Überblick im Internet mit zahlreichen weiterführenden Links zu den zentralen lesefördernden Institutionen und Verlagsprogrammen siehe z. B. die folgenden Internetseiten:

- http://www.learn-line.nrw.de/angebote/lesekinder/leselinks/ [vom Land Nordrhein-Westfalen gestaltete Homepage zur Leseförderung, die zahlreiche Links zu außerschulischen Institutionen und Verlagen mit lesefördernden Schwerpunkt zur Verfügung stellt].
- http://www.lesen-in-deutschland.de/html/content.php?object=materialien&lid=24387 [thematische Sparte des »Portals von Bund und Ländern zur außerschulischen Leseförderung ›Lesen in Deutschland‹« mit vielen aktuellen Hinweisen und Berichten rund ums Thema].

- http://www.under-hardcover.de/_public/projects/roundtable/query.php?auswahl=9 [von der »Stiftung Lesen« zusammengestellte Übersicht über »Projekte der Leseförderung in Deutschland«, aktualisiert bis Januar 2006]

Organisation von Lesungen und Literaturwerkstätten mit Autor(inn)en

Lesungen von Autorinnen und Autoren zählen zu den klassischen Aktionen der Leseanimation. Schüler(innen) finden es in der Regel sehr faszinierend, die »Erschaffer« der Figuren und deren fiktionaler Welt zu erleben und in direkten Austausch mit ihnen zu treten. Das ist möglich über einen Briefwechsel der Klasse mit dem Autor, aber natürlich noch intensiver erlebbar, wenn eine Lesung für die Klasse/die Schule organisiert wird oder die Klasse an einer öffentlichen Autorenlesung teilnimmt (vgl. Mertens 1994; Bödecker et al. 2004). Begegnungen mit Autorinnen und Autoren können in Form einer Literaturwerkstatt intensiviert werden, bei der die Schriftsteller über längere Zeit mit den Kindern und Jugendlichen thematisch zusammenarbeiten. Im Internet gibt es Datenbanken, in denen Kontaktdaten zu Autor(inn)en, die solche Veranstaltungen für Schulklassen anbieten, mit einem Leitfaden zur Durchführung, zusammengestellt sind. Zentral ist hierbei die vom »Bundesverband Friedrich Bödecker Kreis e.V.« betreute Homepage: – http://www.boedecker-kreis.de/

Besichtigung von Buchmessen, Buchausstellungen, Buchhandlungen, öffentlichen Bibliotheken, Verlagen, Druckereien usw.

Der Besuch solcher Veranstaltungen trägt dazu bei, Schüler(inne)n Lesekultur nahezubringen und für sie erlebbar zu machen. Neuerscheinungen zu verschiedenen Themen und Genres können kennengelernt werden, wobei Berührungsängste bei schwachen Leser(innen) meist fehl am Platz sind. Buchmessen beispielsweise bieten heute ein vielfältiges mediales Angebot (Bücher, Zeitschriften, Comics, CD-ROMs usw.) an, sodass vielfältige Interessen auf Schülerseite abgedeckt werden können.

Literarische Spaziergänge in der Heimatstadt bzw. entsprechende Klassenausflüge in andere Städte/Besuch von Autorenmuseen bzw. Ausstellungen mit einem literarischen Thema

Literarische Spaziergänge und Besuche von Autorenhäusern machen Literatur im Alltag erlebbar. Nahezu jede größere Stadt kann in der Regel einen bekannten »Stadtdichter« aufweisen, der Spuren hinterlassen hat, auf denen man »wandeln« kann. Im Buchhandel findet sich unter dem Schlagwort »Literarische Spaziergänge« ein reichhaltiges Informationsangebot für eine große Anzahl an Städten.

8 Literarisches Lesen unterstützen

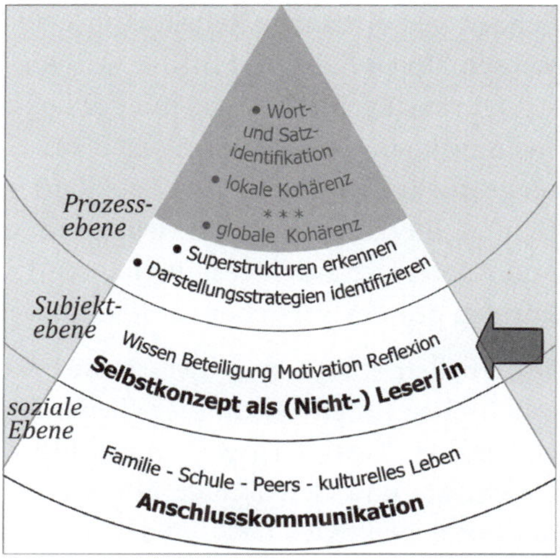

Literaturunterricht, so könnte man zunächst einfach formulieren, hat die Aufgabe, historische und systematische Kenntnisse über Schöne Literatur zu vermitteln. Insofern hätte er mit Lesedidaktik nicht mehr oder weniger zu tun als der andere Fachunterricht auch, und literarisches Lesen wäre eine Form des »content area reading«, dem Lesen von speziellen Textsorten und fachlichen Bereichen, von dem in Kapitel 6 die Rede war. Im Gegensatz dazu machen wir jedoch im Alltagsverständnis den Literaturunterricht in besonderer Weise verantwortlich für die Lesefähigkeiten und -neigungen von Schüler(inne)n. Denn über die Begegnung mit Literatur sollen bekanntlich weit umfassendere Bildungsziele als nur das kognitive Training hierarchiehoher Lesefähigkeiten verfolgt werden. Insbesondere die Bereitschaft und Fähigkeit zur Teilhabe an der literarischen Gegenwartskultur ist ein deutlich weiter gestecktes Ziel des Literaturunterrichts. Wo liegen also die Aufgaben des Literaturunterrichts im Feld der Lesedidaktik? In welcher Weise ist er dafür in die Pflicht zu nehmen?

Für die Beantwortung dieser Frage wird der zugrunde gelegte Begriff von »Lesekompetenz«, wie er in Kapitel 2 erörtert wurde, wieder zentral: Geht es bei Leseförderung im Literaturunterricht nur um kognitive Fähigkeitsschulung, oder sind die weiteren Dimensionen des Subjekts und seines sozialen Umfelds in den Begriff einbezogen? Für beide Perspektiven, so die in diesem Kapitel entfaltete Argumentation, wachsen dem Literaturunterricht besondere lesedidaktische Aufgaben zu. Selbst wenn man mit dem Literaturunterricht keine anderen Ziele als den Erwerb von Literaturwissen im Blick hätte, kann und muss man ihn mit Lesedidaktik ins Verhältnis setzen. Insbesondere die hierarchiehohen und -höchsten Ebenen des Leseprozesses werden nämlich mit dem Lesen anspruchsvoller literarischer Texte und dem daran anschließenden gemeinsamen Reflektieren gefordert und damit auch gefördert. Es werden Textsortenkenntnisse erworben, damit wird die Bildung von Superstrukturen angefordert, und mit der Fokussierung auf das Erkennen von Darstellungsintentionen wird an den hierarchiehöchsten Ebenen des Leseprozesses gearbeitet, wie unten noch detaillierter ausgeführt wird. Solcher Unterricht zielt auf literarisches Formbewusstsein, und er wird Sekundärtexte einsetzen und Analyseverfahren vermitteln, mit denen möglichst weit ausdifferenzierte Formen des Textverstehens erarbeitet werden (vgl. Abraham 2010).

Doch belletristische bzw. literarische Lektüre – die Übergänge sind im außerschulischen Leben bekanntlich fließend – heißt nicht nur mehr oder weniger elaborierte Textinterpretation, sondern es heißt auch Enkulturation in Geschichte und Gesellschaft, ein Vertrautwerden mit der Art und Weise, in der sich Subjektivität heute und hier oder in anderen Zeiten und Kulturen formuliert. Literarische Texte können eine erhebliche Bedeutung beim Hineinwachsen in die Welt und bei der Konturierung der Persönlichkeit gewinnen – Funktionen, die nicht unbedingt mit dem ästhetischen Wert der gelesenen Texte zusammengehen. Wenn sie aber dieses Gewicht im Entwicklungsverlauf erhalten, so kann sich ein stabiles lesebezogenes Selbstkonzept entwickeln. D. h., die Zuversicht, dass Schöne Literatur mir nutzt und gefällt, die Fähigkeit, meine Fragen in den literarischen Welten (wieder)zufinden, das Selbstvertrauen, auch schwierige Texte zu bewältigen, und die generelle Leseneigung werden Teile der Identität. In einem solchen Modell vom Lesen als Teil des Bildungsprozesses der Person ist ein weit komplexeres Beziehungsgefüge zwischen den Merkmalen und Einflussfaktoren sichtbar als in dem – selbst ja schon komplexen – Modell des Lesens als mentaler Leistung.

Im Folgenden werden zunächst unter Maßgabe eines engeren, kognitionstheoretischen Blicks Bedingungen und unterrichtliche Verfahren erörtert, die die kognitiven Leseleistungen fördern. In unserer Kompetenz-Grafik geht es also um die Ebene des Leseprozesses, insbesondere um die hierarchiehohen kognitiven Leistungen innerhalb dieser Ebene.

Im Anschluss sollen die domänenspezifischen Anforderungen literarischer Texte an die Leseleistung skizziert werden; damit verbunden sind Thesen zu den spezifischen Potenzialen des literarischen Lesens für die Persönlichkeitsentwicklung. Denn die Anforderungen literarischer Texte unterscheiden sich systematisch von den Anforderungen von informatorischen Texten, die in Kapitel 6 beschrieben wurden, sodass Literatur eigene Lesehaltungen anfordert und mit Recht eine eigene lesedidaktische Aufmerksamkeit verlangt. Hier geht es entsprechend um die Ebene des Subjekts bzw. um die der literarischen Anschlusskommunikation in seiner sozialen Umwelt.

8.1 Die Steigerung von Leseverstehensleistungen im Rahmen des literarischen Lernens

So wenig Gewicht PISA auch auf spezifisch literarisches Verstehen gelegt hat – die differenziell vergleichende Auswertung von Schülerleistungen für die drei Textkategorien, die PISA eingesetzt hat (literarische Texte; sonstige kontinuierlich geschriebene Texte; diskontinuierliche Texte wie Diagramme usw.) hat doch Erstaunliches zutage gebracht.

Zunächst einmal sind signifikante Leistungsunterschiede zwischen den drei genannten Textkategorien nachweisbar: Die Leseleistungen bei literarischen Texten liegen in Deutschland (im Gegensatz zu anderen Ländern) deutlich unter den Schülerleistungen bei kontinuierlichen Sachtexten, und diese liegt noch einmal unter den bei nicht-kontinuierlichen. Anders ausgedrückt: Tabellen, Grafiken usw. werden von den 15-Jährigen am vergleichsweise besten verstanden, es folgen kontinuierlich geschriebene Texte, und am schlechtesten schneiden die Schüler(innen) – übrigens in allen deutschen Bundesländern – bei literarischen Texten ab. Der Schwerpunkt des Deutschunterrichts auf literarischen Texten »schlägt sich also nicht in entsprechenden Leistungen nieder«, so bemerken die Autoren und empfehlen mit durchaus spitzem Unterton, über die »Angemessenheit der Vermittlung von literarischen Inhalten im Deutschunterricht nachzudenken« (Artelt & Schlagmüller 2004, S. 183). Zweitens räumen sie mit der inzwischen geradezu populären Vorstellung auf, literarische Kompetenz sei eine weibliche Domäne: Beim literarischen Lesen lässt sich nämlich über den generellen Leistungsvorsprung der Mädchen hinaus keine besondere Stärke der Schülerinnen gegenüber den Schülern entdecken, oder anders ausgedrückt: Mädchen lesen literarische Texte nur insofern besser, als sie die anderen Textsorten ebenfalls besser lesen als Jungen (vgl. ebd., S. 183 ff.). Aus der Signifikanz der Unterschiede zwischen den Leseleistungen bei den drei Textkategorien lässt sich aber noch ein Drittes schließen: Literarische Texte stellen tatsächlich andere Leseanforderungen und fordern andere Verstehensschritte als sonstige Texte. Denn nicht nur in Deutschland, sondern in allen teilnehmenden Staaten fanden sich relativ geringe Korrelationen zwischen den Verstehensleistungen bei literarischen und denen bei anderen Texten. Wer gut Literatur versteht, ist nicht unbedingt gut im Lesen von Grafiken oder Sachtexten, und umgekehrt.

Doch was heißt das für die Frage nach der Funktion des Literaturunterrichts für eine auf kognitive Leistung orientierte Leseförderung? Wir beziehen uns also zunächst nur auf den inneren Kreis unseres Modells des Lesens, auf die Prozessebene, und spezifizieren die Anforderungen, die literarische Texte an ihre Leser(innen) stellen, nach deren Maßgabe. Dann lässt sich feststellen, dass zumindest erzählende literarische Texte eher niedrige Anforderungen auf der Ebene der Herstellung **globaler Kohärenz** stellen, weil sie in der Regel lebensweltliche Themen verhandeln, Themen »of personal interest«, wie es im Englischen heißt. Denn wovon eine Erzählung global handelt, ist oft einfacher zu generieren als bei einem Sachtext, weil die Domäne, in der die Erzählung angesiedelt ist, in aller Regel alltagsnah ist, auch wenn es sich um einen historisch oder kulturell fernen Alltag oder um exotische Themen handelt (vgl. den Vergleich von Anforderungen von Sachtexten mit denen literarischer Texte in Kap. 6). Gleichwohl kann es notwendig sein, auch bei literarischen Texten diese erste Ebene des globalen Textverstehens, die Errichtung globaler Kohärenz, zu unterstützen. Hier bietet sich durchaus der bewusste Einsatz von Lesestrategien an (vgl. Beisbart & Popp 2010, und Kap. 5). Für die nächste Ebene der Anforderungen, die Bildung von **Superstrukturen**, gibt es im Literaturunterricht eine hohe explizite Aufmerksamkeit von Seiten des Curriculums: In der Regel sind in der Sekundarstufe 1 literarische Textsorten das strukturierende Moment des Unterrichts, d. h., es werden Märchen, Balladen, Novellen, Dramen usw. exemplarisch für die jeweilige Textsorte gelesen, die Merkmale der Textsorte werden explizit erarbeitet. Hier leistet der Literaturunterricht unmittelbar Lesedidaktik, indem er systematisch den Aufbau von literaturspezifischen Superstrukturen einfordert. An dieser Stelle leistet der Literaturunterricht für die literarischen Textsorten also etwas, was der Fachunterricht für seine spezifischen Textsorten unter lesedidaktischen Aspekten unbedingt ebenfalls erbringen sollte: die Vermittlung der Konventionen, in denen Texte geschrieben und gelesen werden.

Wo sich jedoch die Anforderungen literarischer Texte am meisten von denen von Lehrtexten aus den Sachfächern unterscheiden, das ist auf der hierarchiehöchsten Ebene der kognitiven Leseleistungen, nämlich dem Erkennen von **Darstellungsintentionen.** Bei einem Lehrtext ist dieses Erkennen idealerweise weitgehend selbstgegeben: Textseitig soll den Leser(inne)n nämlich Wissen vermittelt werden. Wenn ein Text im Religionsbuch beispielsweise die frühen Christenverfolgungen darstellt, ausgestattet mit Jahreszahlen, den Namen der entsprechenden römischen Kaiser usw., so deshalb, damit Schüler(innen) eben genau dieses Wissen erwerben und ggf. reproduzieren können. Wenn aber ein literarischer Text dieses Thema erzählend verhandelt, dann ist durchaus nicht selbstgegeben, warum er das tut und worauf das Ganze hinausläuft: Geht es darum, zur religiösen Toleranz aufzurufen? Geht es um die universalen Mechanismen der Macht, bei denen der Gegner, wenn er schon nicht ausgerottet werden kann, schließlich durch Integration korrumpiert wird? Geht es darum, Mut und Lebenswillen einer Figur angesichts erdrückender gesellschaftlicher Umstände zu beschreiben? Vermutlich spielt all das und noch mehr eine Rolle. Literarische Texte sind auf dieser hierarchiehohen Ebene des Leseverstehens konstitutionell **bedeutungsoffen und mehrdeutig** und fordern damit die Sinnkonstitution durch die Leser(innen) dezidiert heraus. Die Leser(innen) müssen den Text in einen Kontext stellen – spontan ist das in der Regel die eigene aktuelle Lebenswelt, der Unterricht relativiert und erweitert ggf. diesen Kontext – und seine Bedeutung aus diesen Bezügen entfalten. Sich dieser Herausforderung mental zu stellen bedeutet, sie als literarische Texte und eben nicht als informative Texte zu lesen, begründet also eine angemessene Lesehaltung, die die Schüler(innen) mit Hilfe des Literaturunterrichts erwerben und ausbauen sollen.

Diese hierarchiehohe Ebene der Reflexion der Darstellungsintention wird im Unterricht in der Regel im Gespräch eingeholt und über Interpretationsaufsätze überprüft. Voraussetzung dafür ist allerdings, dass alle anderen Ebenen des Leseverstehens – die Herstellung von lokaler Kohärenz, von globaler Kohärenz, von Superstrukturen – tatsächlich von den Schüler(inne)n geleistet wurden. Bedenkt man aber die oben referierten PISA-Analysen, denen zufolge literarische Texte am vergleichsweise schlechtesten verstanden werden, so ergibt sich als Vermutung, dass sich Literaturunterricht doch zu oft gleichsam **oberhalb der tatsächlichen Leseverstehensleistungen** der Schüler(innen) ansiedelt: Dann werden metasprachliche Aussagen über den Text gelernt, ohne dass sie auf die mentalen Modelle des Textes, wie sie sich in den Schülerköpfen beim Lesen und gesprächsweise hergestellt haben, tatsächlich bezogen werden können, geschweige denn dass sie sich daraus entwickelt haben. Der Vorwurf der Interpretationswillkür, der schülerseitig oft gegen den gymnasialen Literaturunterricht vorgebracht wird, ist ein Symptom dafür, dass die Ergebnisse des Unterrichts nicht mit den Leseerfahrungen der Subjekte zusammengebracht werden konnten.

Lehrer(innen) überprüfen das Inhaltsverstehen der Schüler(innen) meistens, indem sie den Unterricht mit einem fragend-entwickelnden Gespräch zum Text beginnen: »Wovon handelt denn der Text?« Die Gefahr ist groß, dass die Minderheit, die sich an diesem Gespräch beteiligt, der schweigenden Mehrheit Schemata und Strukturen darstellt, die letztere selbst nicht in der Lektüre konstituiert hat und u. U. auch nicht nachvollzieht. Auf lange Sicht führt dieses Muster zu der schädlichen Vorstellung, ein Text müsse individuell lediglich »durchgelesen« werden, das Verstehen werde dann im Unterricht kollektiv hergestellt – das Engagement für das Textverstehen beim Leseakt selbst wird den Lesern gewissermaßen »abtrainiert«. Das ist lesedidaktisch gesehen eine Todsünde. Alternativ sollte der Unterricht mit anspruchsvollen literarischen Texten nicht mit dieser Form der vermeintlichen Verstehenssicherung beginnen. Er sollte aber auch nicht mit der hierarchiehöchsten Verstehensebene einsetzen, der Frage nach der Textintention (»Was wollte uns der Autor damit sagen?«), und die Ebene der globalen Kohärenz damit einfach überspringen. Er sollte vielmehr mit solchen Aufgaben zum Textverstehen beginnen, die dazu führen, dass alle Schüler(innen) zunächst die globalen Textzusammenhänge eigenständig möglichst umfassend konstruiert haben, zum Ausdruck bringen und ggf. weiter differenzieren. Dafür sei an die Verfahren des handlungs- und produktionsorientierten Literaturunterrichts erinnert (vgl. zusammenfassend Spinner 2010). Wenn sie professionell geplant und eingesetzt werden, leisten sie, dass sich die Schüler(innen) mit ihren textbezogenen Produktionen auf der Ebene des mentalen Modells bewegen, das sie lesend vom Text errichtet haben, und dieses Modell differenzieren, relativieren oder stabilisieren. Indem sie beispielsweise ein Gespräch mit einer der literarischen Figuren imaginieren oder eine Fortsetzung einer Geschichte produzieren, verbleiben sie gewissermaßen auf derjenigen Verstehensebene, die den Lesevorgang selbst dominiert hat, nämlich auf der des mentalen Sich-Bewegens innerhalb der Ereignisse und Horizonte des Textes, anstatt zu abstrahieren und aus der Vogelperspektive den Text in andere Horizonte zu rücken. Damit ist kein grundsätzlicher Einwand gegen metasprachliche Verhandlungen im Literaturunterricht formuliert – wenn literarische Lektüre gelingt, dann provoziert sie ja auch zu diesen abstrakteren Umgangsformen, und die Schüler(innen) bewegen sich eigenständig dorthin. Aber dass sie gelingt, das kann nur sichergestellt werden, indem die weniger hierarchiehohen Verstehensebenen tatsächlich auch von jedem und jeder geleistet werden, ggf. mit entsprechender Unterstützung durch die Methoden der Literaturdidaktik – dafür ist der Unterricht da.

8.2 Die besonderen Anforderungen literarischer Texte an die Lesekompetenz

Zur definitorischen Abgrenzung von literarischen Texten gegenüber anderen Schriften bezieht man sich meist auf zwei Konventionen, innerhalb derer Literatur geschrieben und verstanden wird, und zwar die **Polyvalenzkonvention**, also das verbreitete Wissen, dass literarische Texte als Ganze ebenso wie in ihren Bestandteilen mehrdeutig sind, und die **Ästhetikkonvention**, also das Gebot, solche Texte zunächst in ihrem eigenen Horizont zu lesen und nicht sofort auf Referenzen in der Lebenswelt hin zu überprüfen (vgl. Schmidt 1991). Dieses Bestehen literarischer Texte auf einer »Eigenweltlichkeit«, die absichtsvoll sprachlich gestaltet ist und in der auch Unmögliches passieren kann, diese Eigenweltlichkeit also und ihre mehr oder minder große Vieldeutigkeit verlangen in der Regel größere **Unsicherheitstoleranzen** vom lesenden Subjekt als Sachtexte: Die Leser(innen) müssen beispielsweise realisieren und sogar genießen können, manches nicht oder nicht gleich zu erfahren, zum Beispiel im Krimi. Damit verlangt Literatur eine höhere Fähigkeit zum Ausbalancieren von Irritation und Verstehen während des Lesens – manchmal ist die Verunsicherung des Lesers sogar gewollter Effekt der Lektüre, und irritiert zu sein ist selbst eine Form des Verstehens. Das kann bei Lehrtexten nicht der Fall sein, bei denen Irritationen lediglich Defizite in den Vorwissensstrukturen (oder im Text) anzeigen. Poetische Sprache verlangt weiterhin mehr **Sensibilität für noch nicht konventionalisierte Bedeutungen**, beispielsweise werden oft neue, originelle Sprachbilder kreiert. Tendenziell kann vermutlich auch von einer intensiveren Anforderung an die Fähigkeit zur **begleitenden Selbstreflexion** ausgegangen werden, weil literarische Texte ihre Leser häufig intensiv emotional oder reflexiv fordern. Das geschieht, indem sie beispielsweise ein moralisches Dilemma schildern und ihre Leser emotional in solch eine unlösbare und zugleich bewegende Situation einbinden (vgl. Eggert 2002).

Auf der anderen Seite bietet die Lektüre literarischer Texte tendenziell auch andere Erfahrungsmodalitäten als Gebrauchstexte. Das ist kaum auf den hierarchieniedrigen Ebenen der Schriftentzifferung und der lokalen Kohärenzen der Fall, aber auf den hierarchiehöheren Verstehensebenen und vor allem auf der Ebene der Beteiligung des Subjekts gewinnen literarische Texte eigene Qualitäten. In der Literaturdidaktik werden diese spezifischen Leistungen der (Kinder-)Literatur beim Hineinwachsen in die Gesellschaft insbesondere im Blick auf die Förderung von drei Fähigkeiten gesehen: Das ist zum einen die **Imaginationsfähigkeit**, die durch die komplexen Landschaften, Ereignisse und Gestimmtheiten, wie etwa (Kinder-)Erzählungen sie vorstellen, herausgefordert und entwickelt wird. Besonders die Übernahme fremder Perspektiven und Sichtweisen, oft provoziert durch die Nähe zu der handelnden Figur, hilft, Identifikationsfähigkeit und Empathie auszuprägen (vgl. Spinner 2001b). Zweitens kann man annehmen, dass Heranwachsende durch die Lektüre solcher Texte mit **kulturellen Gefühlsmustern** (vgl. Ulich & Ulich 1994) vertraut werden – Was ist Freundschaft, was Heimweh, wie fühlt sich der Verlust einer geliebten Person an, wie Angst, wie intensive Naturerfahrung? – und zwar nicht nur mit dem Affekt selbst, sondern mit dem sprachlichen Ausdruck solcher Emotionen. Dass literarische Lektüre hier ein privilegiertes Feld des Erfahrens bietet, ist unmittelbar einsichtig: Wann je im Leben können wir so detailliert, so nah, so intim die Innenwelt einer anderen Person erfahren wie in einem personal erzählten Roman? Schließlich kann man drittens vermuten, dass die **moralische Urteilsfähigkeit** durch die Lektüre literarischer Texte angesprochen und entwickelt wird (vgl. Spinner 2001a). Denn Literatur führt uns oft in Situationen, die uns zu moralischen Urteilen herausfordern; »Das hätte ich nicht/auch gemacht ...«, kommt oft als erste starke Reaktion von den Schüler(inne)n, wenn sie die Handlungen einer literarischen Figur kommentieren.

Wer in der Kindheit kaum Erfahrungen mit fiktionalen Texten und entsprechenden erzählenden Medienprodukten gesammelt hat, kann das alles unter Umständen nicht oder weit schlechter als die Schüler(innen) aus bildungsnahen Haushalten – er ist ungeübter im Sich-Verbinden mit einer Figur und in der inneren Visualisieren von Szenen, er erkennt Gefühlsmuster nicht wieder, er fühlt sich kaum zu moralischen Urteilen herausgefordert. Für solche Schüler(innen) müssen die emotionalen, die imaginativen und die moralischen Potenziale des Textes ggf. explizit eröffnet werden. Aufgaben, die die Übernahme der Perspektive der handelnden Figuren erfordern, erleichtern hier wieder den Zugang.

Doch sollten wir uns auch bewusst machen, dass es sich dabei um **Wirkungspotenziale** handelt, die weitgehend der Leseerfahrung der Individuen überlassen bleiben. Sie können im Literaturunterricht nur provoziert, nicht erzwungen werden. Außerdem werden von bildungsnahen Kindern tatsächlich auch ästhetisch eher schwache oder sogar nicht-literarische Texte u. U. mit der beschriebenen hohen Anteilnahme gelesen: Die Bereitschaft, sich einem Text gegenüber affektiv und intellektuell weit zu öffnen, setzt nicht nur die Fähigkeit dazu voraus, sie ist darüber hinaus, wie jeder weiß, von vielerlei Umständen und Vorlieben abhängig, und die Zugehörigkeit des Textes zu einer Kategorie ist dabei nur ein Kriterium – auch wenn literarische Texte deshalb kulturell besonders hoch geschätzt werden, weil sie all das textseitig entschieden herausfordern, im Unterschied zu Sachtexten.

Diese genannten Wirkungen von literarischen Texten insbesondere auf die Imaginationsfähigkeit, die affektive Differenzierungsfähigkeit und die moralische Urteilsfähigkeit scheinen kaum als singuläre Kompetenzen isolierbar und messbar. Aber sie sind doch zu belegen durch die biografische Leseforschung, die von einschneidenden, gewissermaßen lebensverändernden literarischen Erfahrungen in der Erinnerung von späteren Leser(inne)n berichtet. Dass der Schönen Literatur diese hohen Bildungspotenziale zugeschrieben werden, ist in Deutschland historisch mit der Bildungstradition des Bürgertums verbunden, und es gibt natürlich auch die angeführten einleuchtenden systematischen Argumente dafür. Den Literaturunterricht bringen diese umfassenden Bildungsdimensionen des Literarischen angesichts der aktuellen Standard-Diskussion (vgl. Kammler 2006) in die Schwierigkeit, Bildungsziele zu verfolgen, die so subjektorientiert und so umfassend sind, dass sie schwerlich objektivierbar und überprüfbar sind. Trotzdem sind solche Leseerfahrungen wertvoll, beglückend und im umfassenden Sinne bildend – insofern können sie nicht einfach hintangestellt werden. Standards können für den Literaturunterricht wohl nur Minimalanforderungen umfassen.

Aus all dem folgt, dass unter Maßgabe eines weiten Lesekompetenzbegriffs Literaturunterricht von der Grundschule an nicht nur die kognitive Leseleistung beachten, sondern auch die subjektiven und die sozialen Zugänge zu literarischen Lesehaltungen eröffnen muss. Denn das eigentätige Lesen und Verstehen von Literatur ist voraussetzungsreich nicht nur im Blick auf Kognition: Wo das selbstständige Lesen längerer Texte noch durch mangelnde Leseflüssigkeit erschwert ist, wo die Schüler(innen) Mühe damit haben, die globale Kohärenz von literarischen Texte angemessen zu entwerfen und begleitend zu differenzieren, müssen Formen gefunden werden, die die Rezeption unterstützen und erleichtern, z.B. mithilfe des Vorlesens bzw. über den Einsatz von Medien und Bildern, die die inhaltlichen Zusammenhänge explizit machen. Wo dagegen wenig Erfahrungen mit Literatur und situationsabstrakter Sprache überhaupt gemacht wurden, müssen die spezifischen Anforderungen des jeweiligen literarischen Textes explizit gemacht werden. Das kann beispielsweise über das szenische Spiel geschehen; hier werden Textteile gespielt, also müssen sie zuvor detailliert imaginiert werden, für den adäquaten Ausdruck im Spiel muss auch affektive Beteiligung an den Figuren aufgebracht werden usw.

Ein Unterricht, der die kulturellen Voraussetzungen der Schülerschaft konsequent missachtet, kann so weit führen, dass literarische Texte zwar erarbeitet, aber überhaupt nicht in ihrer spezifischen Gestalt wahrgenommen werden. Das Beispiel im folgenden Kasten soll dieses Problem illustrieren. Es enthält authentische Interviewdaten. Hier war der Abgrund zwischen den minimalen Literaturerfahrungen auf der einen Seite und den Anforderungen des literarischen Textes auf der anderen so gewaltig, dass selbst die bewundernswerte Entschlossenheit des marokkanisch-deutschen Schülers, diesen Text allen Widrigkeiten zum Trotz zu bewältigen, nicht zur Entdeckung seiner literarischen Potenziale oder gar seiner ästhetischen Formiertheit führte.

Die neuen Leiden des jungen A.

Hab ich Realschulabschluss auf der Hauptschule noch gemacht.
Der Lehrer hat mir für Realschulabschluss so ein Buch gegeben – wie heißt der Buch noch mal? Die Junge, ne. Die junge ...
»Die neuen Leiden des jungen W.«? – Genau!
Ich bin zu IJUZ [Internationales Jugendzentrum] gekommen, zu Soyrad [Sozialarbeiter dort], er hat mit mir das ganze Buch gelesen. Wir haben zusammen ein, eine, wie heißt, eine, wie heißt noch mal, Scheiße. Also es geht halt um ein – oh Mann eh – also ich charakterisiere den Typ. Das ist es, was musst machen. Ja. Ich hab mit Soyrad gemacht. Charakterisierung. Wie heißt das Wort noch mal, das andere?

»Inhaltsangabe«? – Genau!

Ich hab eigentlich, ich les, hab aber gar nicht kapiert. Aber der Soyrad, der hat mir auch gelesen. Ich lese, ich hab also halt die Seite gelesen, sagt mir ok, was hast du jetzt kapiert. Ich hab halt gesagt, was ich kapiert habe. Hat er mir gesagt, ok, und was dann ist. Ich hab's gesagt. Hat er gesagt, ok. Jetzt lesen wir noch mal die Seite zusammen. Ich hab mit ihm die Seiten noch mal zusammen gelesen. Und dann hat er's mir erklärt.

Ich hab so die ganze Buch gelesen, mit Soyrad hat's eigentlich voll Spaß gemacht, weil wir haben's so gemacht, den, der Buch hat rund hundertfünfzig Seiten. Also ich hatte ein Monat Zeit für den Buch zu lesen. Wir haben immer fast jeden Tag fünfzehn Seiten gelesen, und über diese fünfzehn Seiten hab ich ein Inhaltsangabe geschrieben. Fünfzehn Seite. Hab ich ein Inhaltsangabe geschrieben. Bis ich das ganze Buche habe, dann hab ich die ganze Inhaltsangabe, die ich geschrieben habe, hab ich da auch so ein Inhaltsangabe gemacht. Und dann Charakterisierung – ist kein Problem, man charakterisiert nur den, halt den, äh, den Edgar.

In der Schule? Wir haben ja da auch über den Buch gesprochen, das war's ja, sonst hätten wir's ja nicht geschafft. Wir ham's in der Klasse halt gelesen, wir ham's vorgelesen besser gesagt. Und der beste Inhaltsangabe schreiben wir an der Tafel. Dann schreiben wir alles ab. Aber danach haben wir den ganz, ganz Inhaltsangabe abgeschrieben, aber jeder musste sein eigene Inhaltsangabe machen, wegen den Prüfung. Weil sonst – ist eh das Gleiche, es ist fast das Gleiche –, aber man muss halt andere Wörter dafür finden. Ist so.

[...]

Vorher? In Deutsch? Auf Hauptschule haben wir noch nie Buch gelesen. Das war der erste Buch, Realschulabschluss. Also halt, ich war vier Jahre auf der Schule, ich hab noch nie da ein Buch gelesen.

Was wir in Deutsch gemacht haben? Weiß nicht. Deutsch halt.

(Ausschnitte aus dem Interview mit Ali, 18 Jahre alt, in Marokko geboren und in der späten Kindheit nach Deutschland gekommen, gekürzt und sprachlich geglättet. Vgl. die lesebiographische Falldarstellung von Ali in: Pieper et al. 2004, S. 76–90.)

Dem Schüler fehlt es nicht nur an adäquatem Textsortenwissen für einen dramatischen Text der Gegenwartsliteratur– viel elementarer gesehen hat er zuvor noch nie ein literarisches Buch, geschweige denn ein Drama gelesen. Er kennt vermutlich das Schema »Liebesgeschichte«, aber er hat wohl keine Erfahrungen mit dem spezifischen Bruch dieses Schemas in Goethes Werther und erst recht nicht mit der erneuten Aufnahme des Komplexes durch Plenzdorf. Dem Text begegnet er insofern, wie er es gelernt hat: nämlich wie einem additiven Lehrtext, einer Aneinanderreihung von Inhalten, die zusammen eine Handlungsfolge ergeben, welche zu reproduzieren die Lernleistung darstellt. Er ist von der Reflexion der Darstellungsintentionen des Textes und von der Übernahme einer literarisch orientierten Lesehaltung weit entfernt, so scheint es. Um sie zu erwerben, braucht er strukturell weniger komplexe und inhaltlich vertrautere Texte sowie einen Unterricht, der die Anforderungen literarischer Texte auf einer elementaren Ebene explizit lehrt, anstatt sie implizit vorauszusetzen. Weil Lehrkräfte in der Regel eine bildungsnahe literarische Sozialisation durchlaufen haben, kommen sie oft gar nicht auf die Idee, dass so elementare Lernschritte zunächst absolviert werden müssen. Das Beispiel sollte also insgesamt zeigen, dass Literaturunterricht, der die **lesekulturellen Voraussetzungen** der Schülerschaft missachtet, ebenso scheitern muss wie einer, der unzureichende kognitive Prozessleistungen einfach ignoriert.

Welche lesedidaktischen Aufgaben hat der Literaturunterricht? Das war die Ausgangsfrage dieses Kapitels, und zusammenfassend lässt sich sagen: Literatur- und Lesedidaktik können nicht in eins fallen, und die Ausbildung von Lesekompetenz kann im schulischen Ensemble der Fächer nicht dem Literaturunterricht gewissermaßen als seine Zuständigkeit zugeschoben werden. Aber indem der Literaturunterricht Textsortenwissen systematisch vermittelt und die Aufmerksamkeit auf die Darstellungsintentionen von Texten lenkt, unterstützt er gezielt auf der Prozessebene die Ausbildung der hierarchiehohen und -höchsten Ebenen der Lesekompetenz, nämlich die Bildung von Superstrukturen beim Lesen und die Reflexion der Darstellungsweisen im Text. Das leistet er für seine Gegenstände, die literarischen Texte. Transferleistungen vom literarischen Lernen in andere Textsorten und Wissensdomänen dürfen nicht einfach unterstellt werden!

Zweitens installiert Literaturunterricht, wo er glückt, literarische Bücher und Texte und Medieninhalte in der Lebenspraxis und der praktischen Selbstentfaltung der Schülerinnen und Schüler: Sie erfahren, wie Literatur in die Welt hineingehört, wie sie zu ihnen passt und was sie dort und für sie selbst bedeutet. Sie erfahren gewissermaßen die speziellen Leistungen eines besonderen, kulturell hochgeschätzten Mediums des Weltzugangs. So elementar und umfassend dieses Lernziel ist, so gefährdet ist es doch, wie das oben angeführte Beispiel von Ali zeigt: Wo der Literaturunterricht seine lesedidaktischen Grundlagen missachtet, kann er, wie anderer Unterricht auch, nicht gelingen.

Praxisrelevante Literatur

Empfohlen werden die Hefte der deutschdidaktischen Zeitschriften mit literaturunterrichtlichen Themen, beispielsweise der Zeitschrift »Praxis Deutsch«, Heft 200: *Literarisches Lernen*; Heft 204: *Klassische Theaterstücke*; Heft 206: *Neue kurze Prosa;* Heft 209: *Gestalten der Nacht;* Heft 213: *Lyrik verstehen;* Heft 216: *Literatur zur Wende;* Heft 219: *Biografien;* Heft 224: *Kinder- und Jugendliteratur nach 2000.*

Steiz-Kallenbach, J. (2005). Die lesende Schule. Leseförderung nach PISA im Zeichen nationaler Bildungsstandards. In E. Gläser & G. Franke-Zöllmer (Hrsg.), *Lesekompetenz fördern von Anfang an. Didaktische und methodische Anregungen zur Leseförderung* (S. 90 – 100). Baltmannsweiler: Schneider

Einen Überblick über Lesedidaktik im Rahmen des Literaturunterrichts leistet:

Spinner, K.H. (2007). Lesen als ästhetische Bildung. In A. Bertschi-Kaufmann (Hrsg.), *Lesekompetenz – Leseleistung – Leseförderung. Grundlagen, Modelle und Materialien.* Seelze-Velber: Kallmeyer, Zug: Klett und Balmer (S. 83 – 95).

Hingewiesen sei auf die Unterrichtsmodelle insbesondere der kinderliterarischen Verlage, die in der Regel kostenlos aus dem Netz heruntergeladen werden können, die allerdings von unterschiedlicher Qualität sind: Ravensburger, Beltz & Gelberg in Verbindung mit Carlsen, DTV, Fischer usw. halten entsprechende Netzseiten für Lehrkräfte bereit.

9 Kleine Schlussbemerkung zur praktischen Integration der Verfahren

Unterricht ist bekanntlich keine Kette von isolierten »Maßnahmen«, sondern ein kontinuierliches und institutionell vernetztes Handeln. Die meisten Schülerinnen und Schüler werden nicht nur Förderbedarf an einer einzigen Teilfähigkeit des Leseprozesses haben, und die meisten Lehrpersonen werden zu der Überzeugung gekommen sein, dass es notwendig ist, verschiedene Leseförderanstrengungen in den eigenen Unterricht und in die Unterrichtskultur der Schule zu integrieren, die sich je nach Schulform, Altersstufe und konkreter Gruppe erheblich voneinander unterscheiden dürften. Doch wie kann Integration bei der Leseförderung praktisch aussehen? Wir skizzieren abschließend drei »Prototypen« der Einbettung von Leseförderung in den Unterricht, mit denen Leseförderung im schulischen Alltag realisiert werden kann.

Leseförderung als isolierte Maßnahme

Es gibt von Seiten der Schulbuchverlage eine große Auswahl an Heften für die Hand der Schüler(innen), sogenannte Lernbücher, die von ihnen durchgearbeitet werden sollen, um die Lesekompetenz zu steigern; im Regelunterricht, auch für den Förderunterricht oder die Nachhilfe: Programme oder Trainings (vgl. Wrobel 2006; vgl. auch die Hinweise am Ende dieses Kapitels). Darin sind mehr oder weniger die auch hier vorgestellten Verfahren zumindest ansatzweise platziert. Immer werden beispielsweise Strategien wie Unterstreichen, Zusammenfassen, Vorhersagen usw. erklärt, mit Beispielen unterlegt und mit Übungsmaterial ausgestattet. Ein Bereich, der in unserem Buch keine Beachtung erfahren hat, fehlt selten bei diesen Trainings: Sie beginnen mit »Augengymnastik«, also z. B. sollen verschlungene Linien mit den Augen verfolgt werden, oder gedehnte oder verzerrte Buchstaben- oder Wortreihungen sollen mit den Augen lesend zusammengesetzt werden. Weil das oft ansprechend gemacht ist, spielen die Kinder sicher gerne bei solchen Rätseln mit. Allerdings ist von Seiten der Leseforschung längst nachgewiesen, dass sich Augenbewegung und Blickspannweite bei guten und schlechten Leser(inne)n nicht signifikant unterscheiden. Diese physiologischen Merkmale des Lesevorgangs haben annähernd keine Erklärungskraft für die Beschreibung von Lesekompetenz (vgl. Richter & Christmann, 2002 S. 34 ff.). Für die Automatisierung der Worterkennung ist das Schriftbild weitgehend bedeutungslos. Ein Training der Augenbeweglichkeit kann deshalb nicht als lesedidaktisch sinnvoll gelten.

Im Anschluss an solche Augenspiele wird in den Lesetrainings meist von jedem Verfahren etwas angeführt, sodass die Schüler(innen), wenn sie das Heft durcharbeiten, über ein paar Seiten Lautlesen üben, anschließend Lesestrategien demonstriert bekommen und einüben, ein paar Seiten anregender kinderliterarischer Texte lesen, Lektüretipps erhalten usw.

Leider gibt es im deutschsprachigen Raum wenig Druck auf die Verlage und Herausgeber, ihre Programme zu pilotieren und zu evaluieren. Wir können also nicht wissen, welche Lernfortschritte ein Kind macht, das so ein Training absolviert – das wäre aber das entscheidende Kriterium. Allerdings kann man vermuten, dass es kaum gelingen kann, die Automatisierung der Worterkennung tatsächlich voran zu treiben, wenn ein paar kurze Texte laut gelesen werden; das scheint uns bei weitem zu wenig, um Effekte zu bewirken. Das gilt im übertragenen Sinn auch für die anderen Verfahren: Lesestrategien aufzulisten oder sie sogar Schüler(inne)n bewusst zu machen ist das eine. Dafür zu sorgen, dass sie habitualisiert werden und der Transfer auf alle Leseakte gelingt, das andere. Auch hier vermuten wir, dass die Benennung von einzelnen Strategien (»Unterstreiche Wichtiges!«) und die Übung an einer Handvoll Texten kaum oder keine Effekte zeigt, weil der Transfer nicht systematisch betrieben wird. Im Resultat erscheint womöglich das ganze Heft auch den schwachen Leser(innne)n selbst banal (»Das wusste ich schon alles vorher!«), zugleich werden ihre Leseverstehensleistungen nicht sichtbar gesteigert. Neben dem Häppchenformat der einzelnen Teile und der insgesamt kurzen Dauer scheint uns insbesondere die Isolation eines solchen Trainings vom sonstigen Unterrichtsgeschehen problematisch: Der Sprung von den isolierten Übungstexten zum »Ernstfall« des Lesens in den Schulfächern wird nicht unterstützt.

Lesedidaktisch ausgerichtete Unterrichtsprojekte im Rahmen des Regelunterrichts

Für den Grundschulunterricht in Naturkunde hat die Schweizer Lehrerin und Fortbildnerin Ursula Tschannen ein Projekt zum Themenkreis »Fliegen« entwickelt, durchgeführt und evaluiert; es ist in einer unveröffentlichten Qualifikationsarbeit dokumentiert. Wir skizzieren einige Elemente dieses Projekts und ergänzen es, um an einem einfachen Beispiel Möglichkeiten der Integration von Leseförderung im Rahmen von Regelunterricht vorzustellen.

Zunächst wird der Stand der Lesefähigkeit erhoben: Kinder, die weniger als etwa 100 Wörter in der Minute lesen, müssen stärker im Bereich der Leseflüssigkeit gefördert werden als die Fortgeschritteneren. Für eine Flüssigkeitsübung bekommen sie die nebenstehende Liste mit Vogelnamen und je nach Lesestand differenzierte Aufgaben. Sie sollten:

- mit Lesehilfen in Form von Sinnbögen (Ringel–gans) möglichst fließend laut von oben nach unten lesen üben;
- Partner(innen)-Lesen (zwei etwa gleich starke oder zwei niveaumäßig unterschiedliche Kinder lesen miteinander laut);
- Konfetti-Lesen (Konfetti über die Wörter streuen und versuchen, möglichst noch alle Wörter zu lesen).

Die Übung auf Wortebene soll die Analyse von Wörtern insbesondere durch das Segmentieren von Silben und Komposita und das Finden von Wortstämmen verbessern.

Mäusebussard	Ringelgans	Höckerschwan	Rotflügelbrachschwalbe
Wespenbussard	Rostgans	Zwergschwan	Schwarzflügelbrach-
Adlerbussard	Brabdgans	Singschwan	schwalbe
Schwarzmilan	Saatgans	Mandarinente	Flussregenpfeifer
Rotmilan	Blässgans	Rothalsente	Sandregenpfeifer
Schmutzgeier	Kurzschnabelgans	Pfeifente	Keilschwanzregenpfeifer
Bartgeier	Zwerggans	Schnatterente	Seeregenpfeifer
Gänsegeier	Schneegans	Krickente	Goldregenpfeifer
Mönchsgeier	Kanadagans	Stockente	Kiebitz
Schelladler	Weißgans	Spießente	Steppenkiebitz
			Schmarotzerraubmöwe

Die individualisierte, spielerische und lustvolle Anlage bewirkte bei der Durchführung, dass die Kinder einen langen Atem dabei hatten. Auch die Abwechslung zwischen Einzel- und Partnerauftrag trug dazu bei, dass die Kinder engagiert übten. Oft ist es die Form, die es ausmacht, dass Kinder Lust am Üben haben: Hier wurden die Wörter untereinandergeklebt und zu einem sehr langen Streifen zusammengesetzt, den man rollen konnte. Je ein Kind rollte den Streifen wie eine Schriftrolle, das andere Kind versuchte die Wörter in dem Tempo zu lesen, wie gerollt wurde.

Parallel zu dieser Leseübung bekommen die Kinder den Auftrag, pro Sequenz einen Vogel auszuwählen und sich auf der Homepage einer Schweizer Vogelwarte über ihn zu informieren. Sie sollen einen Steckbrief erstellen, auf dem sie neben Zeichnungen u. Ä. 1 – 3 Sätze über den Vogel formulieren. Auf dieser Homepage gibt es auch Tabellen und Grafiken, in deren Lektüre Kinder bereits eingeführt sind. Mit einem der Sätze, die sie zu ihrem Vogel schreiben, sollen sie Informationen aus einer Grafik verarbeiten. Das Lesen des kurzen, aber authentischen Fließtextes zu einem Vogel ist für die schwächeren Kinder sehr anspruchsvoll. Als Lesehilfe werden ihnen deshalb mit Leuchtstift fünf wichtige Sätze angezeichnet, von denen ihr Textverständnis ausgehen kann. Die lesestarken Kinder lösen den Auftrag selbstständig, sie können bereits die wichtigsten Sätze identifizieren und eigene Sätze formulieren. Die vielen so entstehenden Vogelbeschreibungen können zu einem selbstgemachten Vogelbuch zusammengebunden oder zu einer Ausstellung formiert werden. Neben einem Besuch der Vogelwarte und dem Herstellen von Papierfliegern gehört zu der Einheit noch die eigenständige Lektüre einer Erzählung – z. B. des Bilderbuchs »Bimbo und sein Vogel« von Martin Auer.

So schlicht dieses Projekt für Leseanfänger ist, so überzeugend ist doch die Integration verschiedener Ebenen des Lesens gelungen: Das genaue und flüssige Lesen wird ausgiebig an den Wortlisten geübt, und authentische Sachtexte mit Bildern und Grafiken werden eigenständig erschlossen und aktiv in eigenen kleinen Texten weiterverarbeitet. Durch die vor- und nachgängigen Tests kann die Lehrerin sicherstellen, dass die verschiedenen Niveaus ihrer Lerngruppe im Schwierigkeitsgrad der Aufgabe Berücksichtigung finden.

Lesedidaktik als primäre und integrierende Basis aller Fächer und als Schulprogramm

Wirkliche Integration nahezu aller im vorliegenden Buch vorgestellten Verfahren in ein umfassendes Konzept leistet das von Ruth Schoenbach und Team gestaltete »Reading for Understanding« (eine deutsche Ausgabe liegt unter dem Titel »Lesen macht schlau« vor; vgl. Schoenbach et al. 2006). Das Schulprogramm der amerikanischen Lehrerfortbildungsinstitution »WestEd« wurde entworfen, um schwachen Leser(inne)n in der zweiten Hälfte der Sekundarschulzeit auf die Beine zu helfen. Es ist darauf ausgerichtet, 13- bis 16-Jährige mit nicht ausreichenden Leseverstehensfähigkeiten und entsprechend misserfolgreichen Lerngeschichten passgenau zu fördern, Jugendliche aus meist bildungsfernen sozialen Kontexten, oft mit einer anderen Muttersprache als Englisch und mit wenig Antrieb, das Steuer in ihrer Bildungskarriere noch einmal herumzureißen. Es ist in diesem Anspruch gewissermaßen radikal, indem es von vornherein nicht den Schul- und Unterrichtskonventionen folgt, also keine Rücksichten nimmt auf eingefahrene Lehrgewohnheiten und Unterrichtsstile, auf den heimlichen Lehrplan, auf Benotungszwänge, Rahmenpläne, den Fächertakt usw.

In dem Programm »Reading for Understanding« sind all die Komponenten zusammengedacht und in Handlungsformen umgesetzt, die diese Jugendlichen brauchen, um aus dem Teufelskreis schlechter Lesefähigkeit, mangelnder (schrift)sprachlicher Kenntnisse, schwacher Schulleistung, fehlender Motivation usw. herauszukommen: Da ist zunächst einmal die Vermittlung der Wahrnehmung, dass die eigenen Lesefähigkeiten nicht ausreichen – Hauptschülern hierzulande fehlt oft gerade diese Erkenntnis, sie bewegen sich in der Vorstellung, zwar »zu faul« zum Lesen zu sein, es aber eigentlich zu können.

Dann die Bereitstellung und systematische Aneignung von »mentalen Werkzeugen«, um den eigenen Leseprozess auf allen Ebenen erfolgreich zu verbessern: Sie reichen vom Training der hierarchieniedrigen Fähigkeiten (wie etwa der mentalen Strukturierung von Sätzen mit Lautleseverfahren) über verschiedene Verfahren der mentalen Selbststeuerung (Lesestrategien) bis hin zur Erfahrung und Reflexion von Lektüre als kultureller Praxis, als Rechercheverfahren und Identitätsvergewisserung. Allerdings sind diesen Schülern solche Fertigkeiten und Bildungserfahrungen nicht mehr im konventionellen Lehrer-Schüler-Verhältnis zu vermitteln. Die Antwort auf die Notwendigkeit, die eingefahrenen und bei diesen Jugendlichen strukturell gescheiterten Lehr-Lern-Routinen zu verlassen, ist beispielsweise das bereits dargestellte »reciprocal teaching« (vgl. Kap. 5), die konsequente Überantwortung des Lernverfahrens an die Beteiligten, nicht nur beim Strategietraining.

Zu diesem Lesenlernen im engeren Sinn tritt der ins Programm integrierte systematische Wissensaufbau in verschiedenen Schulfächern. Denn Lesen ist immer »Lesen von etwas«, und es braucht domänenspezifische Kenntnisse der jeweiligen inhaltlichen und textanalytischen Dimensionen wie auch die fachspezifischen Denkmuster, wie sie der Fachunterricht vermitteln sollte. Das Ganze kann nicht gut gehen in einer konventionellen Hauptschulklasse: Eine Atmosphäre von Solidarität, Zielbewusstsein und Erfolgszuversicht ist notwendig, um das Gelingen des Programms nachhaltig zu gewährleisten und die laufende Reflexion über das, was geschieht und geschehen muss, zu provozieren und gemeinsam zu verarbeiten. Wer sich auf das Programm einlässt, macht Ernst mit dem Erwerb besserer Leseleistung – Lehrkräfte wie Schüler(innen) unterschreiben einen Vertrag, der sie zur Kooperation und der Aufgabe verpflichtet, ein ganzes Schuljahr der Anstrengung zu widmen, die Leseleistung nachhaltig zu verbessern. Lesen wird zur Hauptsache.

Wer jemals in der Hauptschule unterrichtet hat, wird jetzt skeptisch sein. Doch das Programm gelingt: Das verspricht das handlungsorientierte Konzept, und das zeigen auch die Evaluationen in den Vereinigten Staaten, wo in der Tat außergewöhnliche Verbesserungen der Leseleistung gemessen wurden. Allerdings verlangt es von den Lehrkräften und von der Institution als Ganzer, dass sie zunächst umdenken und sich anders strukturieren, bevor sie das auch von der Lernergruppe verlangen: Es fordert, dass Lehrkräfte auch lesetheoretisch Fachleute, nämlich Leseexperten sind, dass sie souverän genug sind, ihren Lehrstil und ihr Unterrichtskonzept umzustellen und kooperativ zu verbessern, und dass sie im Team zeitaufwendig einen kompatiblen Unterricht über die Disziplinen hinweg neu planen und durchführen. Die kalifornische Lehrerfortbildungsinstitution, an der das Programm entwickelt wurde, bildet nicht umsonst grundsätzlich keine Einzellehrkräfte fort, sondern nur bestehende Jahrgangsteams ab fünf Lehrkräften, die das Projekt »Leseförderung« über die Fächer und mindestens ein Schuljahr konsequent im Team betreiben und gemeinsam angehen. Die Übersetzung ins Deutsche wurde von Dorothee Gaile am Hessischen Amt für Lehrerbildung auf den Weg gebracht, und es dient gegenwärtig als Ideenreservoir für die Ausbildung von lesedidaktischen Multiplikatoren unter der hessischen Lehrerschaft.

»Reading for Understanding« ist ein Programm, das Lesefachleute begeistern muss, weil es die verschiedenen Verfahren und Dimensionen des Lesens aufnimmt und überzeugend in ein gutes didaktisches Konzept integriert. Und trotzdem ist »Reading for Understanding« hier und auch in den Vereinigten Staaten längst nicht so verbreitet, wie es das verdient hätte. Warum? Wir vermuten, das ist deshalb so, weil das Förderprogramm viel Bereitschaft und Kraft zur Veränderung eingefahrener Routinen und Denkmuster verlangt – von den Lehrkräften, von der Institution Schule als Ganzer und von den Schülerinnen und Schülern. Und doch muss das Schulwesen genau an dieser Stelle ankommen, wenn es uns ernst ist mit dem Anspruch auf Chancengerechtigkeit in einem demokratischen Gemeinwesen.

Praxisrelevante Literatur

Lesetrainings (Auswahl):

Bertschi-Kaufmann, A., Hagendorf, P., Kruse, G., Rank, K., Riss, M. & Sommer, T. (2007). *Lesen. Das Training. Lesefertigkeiten – Lesegeläufigkeit – Lesestrategien. Stufe I und II.* Seelze: Friedrich.

Böhmann, Marc (2003f). *Lern dich fit! – Lerntraining Deutsch* (jeweils für die Klassenstufen 5, 6, 7, 8, 9 erhältlich). Lichtenau: Aol-Verlag.

Fröhler, Horst (2004): *Fitness-Training. Lesen.* Lichtenau: Aol-Verlag.

Haas, Katrin (2002): *Texte lesen – Inhalte verstehen. Ein systematisches Training zur Lesekompetenz.* Mülheim a.d.R.: Verlag an der Ruhr.

Hackenbroch-Krafft, I. & Parey, E. (2004): *Aktiv Lesen! Methodentraining für die Arbeit mit Sachtexten.* Paderborn: Schöningh.

Manz, K. (2005). *Lesekompetenz: kreativ. 5.–6. Schuljahr.* Berlin: Cornelsen scriptor.

Morgentau, L. (2004/2005). *Textverständnis trainieren.* Mülheim a.d.R.: Verlag an der Ruhr [3 Mappen für die Sekundarstufe: Arbeitstexte und Förderaufgaben; Freizeit und Hobby; Bildung, Arbeit und Beruf].

Pramper, W. von (2001/2006). *Lese-Lern-Maschine.* (Bd. 1: 5./6. Schuljahr, Bd. 2: 7.–9. Schuljahr.) Berlin: Cornelsen.

Stolzer, U. & Kohl, L. (2/2007). *Wir werden Leseprofi. Fit durch Lesetraining*: 2. Schuljahr. Kerpen: Kohl Verlag.

Ein integriertes Förderprogramm:

Schoenbach, R., Greenleaf, C., Cziko, C. & Hurwitz, L. (2006): *Lesen macht schlau. Neue Lesepraxis für weiterführende Schulen. Herausgegeben von Dorothee Gaile.* Berlin: Cornelsen Scriptor.

10 Literatur

Abraham, U. (2002). Kino im Klassenzimmer. Klassische Filme für Kinder und Jugendliche im Deutschunterricht. Basisartikel. *Praxis Deutsch 29 (175),* S. 6 - 18.

Abraham, U. (2009). *Filme im Deutschunterricht.* Stuttgart: Klett.

Abraham, U. (2010). Lesedidaktik und ästhetische Erfahrung: Lesen und Verstehen literarischer Texte. In V. Frederking, H.-W. Huneke, A. Krommer & C. Meier (Hrsg.): *Taschenbuch des Deutschunterrichts, Band 2: Literatur- und Mediendidaktik.* Baltmannsweiler: Schneider Verlag Hohengehren, S. 137 - 158.

Allington, R. (1984). Content coverage and contextual reading in reading groups. *Journal of Reading Behavior, 16,* S. 85 - 96.

Anderson, R.C., Wilson, P.T. & Fielding, L. (1988). Growth in reading and how children spend their time outside of school. *Reading Research Quarterly, 23(3),* S. 285 - 303.

Arslan, B.S. (2005). *Leseknick - Lesekick. Leseförderung in vielsprachigen Schulen.* Zürich: Lehrmittelverlag des Kantons Zürich.

Artelt, C. & Schlagmüller, M. (2004). Der Umgang mit literarischen Texten als Teilkompetenz im Lesen? Dimensionsanalysen und Ländervergleiche. In U. Schiefele, C. Artelt, W. Schneider & P. Stanat (Hrsg.), *Struktur, Entwicklung und Förderung von Lesekompetenz. Vertiefende Analysen im Rahmen von PISA 2000.* Wiesbaden: Verlag für Sozialwissenschaften, S. 169 - 196.

Artelt, C., McElvany, N., Christmann, U., Richter, T., Groeben, N., Köster, J., Schneider, W., Stanat, P., Ostermeier, C., Schiefele, U., Valtin, R. & Ring, K. (2005). *Expertise Förderung von Lesekompetenz.* Bonn; Berlin: Bundesministerium für Bildung und Forschung (BMBF).

Artelt, C., Stanat, P., Schneider, W. & Schiefele, U. (2001). Lesekompetenz. Testkonzeption und Ergebnisse. In J. Baumert, E. Klieme, M. Neubrand, M. Prenzel, U. Schiefele, W. Schneider, P. Stanat, K.-J. Tillmann, & M. Weiß (Hrsg.), *PISA 2000. Basiskompetenzen von Schülerinnen und Schülern im internationalen Vergleich.* Opladen: Leske + Budrich, S. 69 - 137.

Bamberger, R. (2000). *Erfolgreiche Leseerziehung in Theorie und Praxis. Mit besonderer Berücksichtigung des Projektes »Leistungs- und Motivationssteigerung im Lesen und Lernen unter dem Motto Lese- und Lernolympiade«.* Baltmannsweiler: Schneider Verlag Hohengehren.

Baumert, J., Klieme, E., Neubrand, M., Prenzel, M., Schiefele, U., Schneider, W., Stanat, P., Tillmann, K.-J. & Weiß, M. (Hrsg.) (2001. *PISA 2000. Basiskompetenzen von Schülerinnen und Schülern im internationalen Vergleich.* Opladen: Leske und Budrich.

Baurmann, J. (2009). *Sachtexte lesen und verstehen. Grundlagen, Ergebnisse, Vorschläge für einen kompetenzfördernden Unterricht.* Seelze: Kallmeyer.

Beisbart, O. & Popp, K. (2010). Lesestrategien im Literaturunterricht. In V. Frederking, H.-W. Huneke, A. Krommer, C. Meier (Hrsg.): *Taschenbuch des Deutschunterrichts, Band 2: Literatur- und Mediendidaktik..* Baltmannsweiler: Schneider Verlag Hohengehren, S. 340 - 356.

Berger, N. (1998). Spaß am Lesen. Schüler rezensieren Neuerscheinungen. *Praxis Deutsch. Sonderheft »Leseförderung«*, S. 107 - 109.

Bertelsmann Stiftung (Hrsg.) (1995). *Lesen in der Schule. Perspektiven der schulischen Leseförderung.* Gütersloh: Verlag Bertelsmann Stiftung.

Bertelsmann Stiftung (Hrsg.) (1997). *Öffentliche Bibliothek und Schule - neue Formen der Partnerschaft. Zwischenbericht zum Modellprojekt.* Gütersloh: Verlag Bertelsmann Stiftung.

Bertschi-Kaufmann, A. (2003). *Das Lesen anregen, fördern, begleiten.* Buchs: Lehrmittelverlag des Kantons Aargau.

Bertschi-Kaufmann, A. (2007). Offene Formen der Leseförderung. In A. Bertschi-Kaufmann (Hrsg.), *Lesekompetenz - Leseleistung - Leseförderung. Grundlagen, Modelle und Materialien.* Seelze-Velber: Kallmeyer, Zug: Klett und Balmer, S. 165 - 175.

Bertschi-Kaufmann, A. (Hrsg.) (2007). *Lesekompetenz - Leseleistung - Leseförderung. Grundlagen, Modelle und Materialien.* Seelze-Velber: Kallmeyer, Zug: Klett und Balmer.

Bertschi-Kaufmann, A., Hagendorf, P., Kruse, G., Rank, K., Riss, M. & Sommer, T. (2007). *Lesen. Das Training. Lesefertigkeiten - Lesegeläufigkeit - Lesestrategien. Stufe I und II.* Seelze: Friedrich.

Bimmel, P. (2002). Strategisch lesen lernen in der Fremdsprache. *Zeitschrift für Fremdsprachenforschung, 13(1),* S. 113 - 141.

Blesi, P. (2003). »Lies vor!« - Eine doppelbödige Anweisung. Für eine Unterscheidung von »Lautlesen« und »Vorlesen«. *Leseforum, 12,* S. 33 - 39.

Bödecker, H., Bödecker, I., & Somplatzki, H. (2004). *Autorenbegegnungen: 50 Jahre Leseförderung durch den Friedrich-Bödecker-Kreis.* Würzburg: Königshausen und Naumann.

Böhmann, M. (2003). *Lern dich fit! - Lerntraining Deutsch.* Lichtenau: Aol-Verlag.

Bourdieu, P. (1982). *Die feinen Unterschiede.* Frankfurt/Main: Suhrkamp.

Bromley, K. (2007). Nine things every teacher should know about words and vocabulary instruction. *Journal of Adolescent & Adult Literacy, 50(7),* S. 528 - 539.

Bühler, C., Bilz, J. & Hetzer, H. (1958). *Das Märchen und die Phantasie des Kindes.* München: Barth.

Buhrfeind, A., Dankert, B., Ermers, U., Franzmann, B., Gollhardt, H., Harmgarth, F., Hladej, J., Kleedorfer, J., Laier, M., Mittrowann, A. & Tschirky, R. (1999). Leseförderung. In B. Franzmann, K. Hasemann, D. Löffler & E. Schön (Hrsg.), *Handbuch Lesen.* München: Saur, S. 471 - 518.

Chomsky, C. (1978). When you still can't read in the third grade: After decoding what? In S.J. Samuels (Ed.), *What research has to say about reading instruction.* Neward, DE: International Reading Association, pp. 13 - 30.

Christmann, U. (2010). Lesepsychologie. In M. Kämper-van den Boogaart, K.H. Spinner (Hrsg.), *Lese- und Literaturunterricht. Teil 1.* Baltmannsweiler: Schneider Verlag Hohengehren, S. 148 - 200.

Christmann, U. & Groeben, N. (1996). Die Rezeption schriftlicher Texte. In H. Günther & O. Ludwig (Hrsg.), *Schrift und Schriftlichkeit. Writing and its Use. Ein interdisziplinäres Handbuch internationaler Forschung. 2. Halbband.* Berlin; New York: de Gruyter, S. 1536 - 1545.

Christmann, U. & Groeben, N. (1999). Psychologie des Lesens. In B. Franzmann, K. Hasemann, D. Löffler & E. Schön, E. (Hrsg.), *Handbuch Lesen.* München: Saur, S. 145 - 223.

Christmann, U. & Groeben, N. (2002). Anforderungen und Einflussfaktoren bei Sach- und Informationstexten. In N. Groeben & B. Hurrelmann (Hrsg.), *Lesekompetenz. Bedingungen, Dimensionen, Funktionen.* München; Weinheim: Juventa, S. 150 – 173.

Crämer, C. (1998). Eine Lesestunde ohne Stoßseufzer?! In C. Crämer, I. Füssenich & G. Schumann (Hrsg.), *Lesekompetenz erwerben und fördern.* Braunschweig: Westermann, S. 70 – 82.

Dehn, M., Payrhuber, F.-J., Schulz, G. & Spinner, K. H. (1999). Lesesozialisation, Literaturunterricht und Leseförderung in der Schule. In B. Franzmann, K. Hasemann, D. Löffler & E. Schön (Hrsg.), *Handbuch Lesen.* München: Saur, S. 568 – 637.

Demmrich, A. & Brunstein, J. C. (2004). Förderung sinnverstehenden Lesens durch »Reziprokes Lehren«. In: G.W. Lauth, M. Grünke & J.C. Brunstein (Hrsg.), *Interventionen bei Lernstörungen. Förderung, Training und Therapie in der Praxis.* Göttingen u. a.: Hogrefe, S. 279 – 287.

Dickhäuser, O. (2006). Fähigkeitsselbstkonzepte. Entstehung, Auswirkung, Förderung. *Zeitschrift für Pädagogische Psychologie, 20(1/2),* S. 5 – 8.

Dörschmann, J. (2003). *Das Freie Lesen. Eine handlungsorientierte Leseförderung für die Sekundarstufe I mit einer entsprechenden Motivierung für leseferne Kinder und Jugendliche.* Hamburg: Kovac.

Dymock, S. (2005). Teaching expository text structure awareness. *The Reading Teacher, 59(2),* S. 177 – 182.

Ebbert, B. & Conrady, P. (1997). »Freizeit für Leseratten«. Lese(r)förderung in der außerschulischen Jugendarbeit. In T. Eicher (Hrsg.), *Zwischen Leseanimation und literarischer Sozialisation. Konzepte der Lese(r)förderung.* Oberhausen: Athena, S. 245 – 251.

Efing, C. & Janich, N. (Hrsg.) (2006). *Förderung der berufsbezogenen Sprachkompetenz. Befunde und Perspektiven.* Paderborn: Eusl-Verlagsgesellschaft.

Eggert, H. (2002). Literarische Texte und ihre Anforderungen an die Lesekompetenz. In N. Groeben & B. Hurrelmann (Hrsg.), *Lesekompetenz. Bedingungen, Dimensionen, Funktionen.* Weinheim; München: Juventa, S. 186 – 194.

Eggert, H. & Garbe, C. (2003). *Literarische Sozialisation. 2. aktual. Aufl.* Stuttgart u. a.: Metzler.

Eicher, T. (1998). Projektarbeit – Ein Zauberwort für die Lese(r)förderung? In T. Eicher (Hrsg.), *Bücher machen – Bücher lesen* (S. 129 – 141). Oberhausen: Athena.

Ewers, H.-H. (2006). Leseförderung gestern und heute. Versuch einer Positionsbestimmung. *Pädagogisches Forum: Unterrichten erziehen,* 5, S. 281 – 285.

Feilke, H. (2002). Lesen durch Schreiben. Fachlich argumentierende Texte verstehen und verwerten. *Praxis Deutsch. 29(176),* S. 58 – 66.

Fix, M. & Jost, R. (Hrsg.) (2005). *Sachtexte im Deutschunterricht.* Baltmannsweiler: Schneider Verlag Hohengehren.

Franzmann, B. (1999). Institutionen der Literaturvermittlung und Leseförderung. In B. Franzmann, K. Hasemann, D. Löffler & E. Schön (Hrsg.), *Handbuch Lesen.* München: Saur, S. 519 – 535.

Fredericks, A.D. & LeBlanc, E.P. (2007). *So können Eltern Lesen fördern. 30 Elternbriefe in Türkisch und Deutsch mit Ideen, Spielen und Tipps.* Mülheim a. d. R.: Verlag an der Ruhr.

Fritzsche, J. (2004). Formelle Sozialisationsinstanz Schule. In N. Groeben & B. Hurrelmann (Hrsg.), *Lesesozialisation in der Mediengesellschaft. Ein Forschungsüberblick.* Weinheim; München: Juventa, S. 202 - 249.

Fröhler, H. (2004). *Fitness-Training. Lesen.* Lichtenau: Aol-Verlag.

Gailberger, S., Holle, K. (2010). Modellierung von Lesekompetenz. In M. Kämper-van den Boogaart, K.H. Spinner (Hrsg.), *Lese- und Literaturunterricht. Teil 1.* Baltmannsweiler: Schneider Verlag Hohengehren, S. 269 - 323.

Gaile, D., Gold, A. & Souvignier, E. (2007). *Text Detectives - Teacher's Manual & Student's Workbook.* Göttingen: Vandenhoeck & Ruprecht.

Gaiser, G. & Münchenbach, S. (2006). *Leselust dank Lesekompetenz. Leseerziehung als fächerübergreifende Aufgabe.* Donauwörth: Auer.

Garbe, C. (1997). Einsame Lektüre oder Kommunikation? Zwei kontroverse Leitvorstellungen zu kindlichen Lektüreprozessen. In T. Eicher (Hrsg.), *Zwischen Leseanimation und literarischer Sozialisation. Konzepte der Lese(r)förderung.* Oberhausen: Athena, S. 37 - 54.

Garbe, C. (2007). Lesen - Sozialisation - Geschlecht. Geschlechterdifferenzierende Leseforschung und -förderung. In A. Bertschi-Kaufmann (Hrsg.), *Lesekompetenz - Leseleistung - Leseförderung. Grundlagen, Modelle und Materialien.* Seelze-Velber: Kallmeyer, Zug: Klett und Balmer, S. 66 - 82.

Garbe, C. (2009). Lesesozialisation. In C. Garbe, K. Holle & T. Jesch: *Texte lesen. Textverstehen - Lesedidaktik - Lesesozialisation.* Paderborn: Schöningh, S. 167 - 222.

Garbe, C., Holle, K. & Salisch, M. v. (2006). Entwicklung und Curriculum: Grundlagen einer Sequenzierung von Lehr-/Lernzielen im Bereich des (literarischen) Lesens. In N. Groeben & B. Hurrelmann (Hrsg.), *Empirische Unterrichtsforschung in der Literatur- und Lesedidaktik. Ein Weiterbildungsprogramm.* Weinheim; München: Juventa, S. 115 - 154.

Garbe, C., Philipp, M. & Ohlsen, N. (2009). *Lesesozialisation. Arbeitsbuch.* Paderborn: Schöningh.

Gerth, K. (1982). Literarisches Leben in der Schule. *Praxis Deutsch, (52),* S. 15 - 20.

Gläser, E. (Hrsg.) (2005). *Lesekompetenz fördern von Anfang an. Didaktische und methodische Anregungen zur Leseförderung.* Baltmannsweiler: Schneider Verlag Hohengehren.

Gold, A. (2007). *Lesen kann man lernen. Lesestrategien für das 5. und 6. Schuljahr.* Göttingen: Vandenhoeck & Ruprecht.

Gold, A., Mokhlesgerami, J., Rühl, K., Schreblowski, S. & Souvigner, E. (2004). *Wir werden Textdetektive (Lehrermanual und Arbeitsheft).* Göttingen: Vandenhoeck & Ruprecht.

Gold, A., Nix, D., Rieckmann, C., Rosebrock, C. (2010). Bedingungen des Textverstehens bei leseschwachen Zwölfjährigen mit und ohne Zuwanderungshintergrund. *Didaktik Deutsch, 28,* S. 59 - 74.

Gölitzer, S. (2006). Literaturerwerb im sozialen Kontext. *Literatur im Unterricht, 2,* S. 1 - 17.

Graf, W. (1980). »Literarische Pubertät«. Überlegungen zu Interviews mit erwachsenen Lesern. *Der Deutschunterricht, 32(5),* S. 16 - 24.

Graf, W. (1995). Fiktionales Lesen und Lebensgeschichte. Lektürebiographien der Fernsehgeneration. In C. Rosebrock (Hrsg.), *Lesen im Medienzeitalter. Biografische und historische Aspekte literarischer Sozialisation.* Weinheim/München: Juventa, S. 97 - 125.

Graf, W. (2004a). *Der Sinn des Lesens. Modi der literarischen Rezeptionskompetenz.* Münster: Lit Verlag.

Graf, W. (2004b). Sachtexte zum Fantasieren. Die männliche Variante der literarischen Sozialisation in der Jugendphase. *Beiträge Jugendliteratur und Medien, 15. Beiheft*, S. 33–43.

Graf, W. (2007). *Lesegenese in Kindheit und Jugend. Einführung in die literarische Sozialisation.* Baltmannsweiler: Schneider Verlag Hohengehren.

Groeben, N. (2004). Einleitung: Funktionen des Lesens – Normen der Gesellschaft. In N. Groeben & B. Hurrelmann (Hrsg.), *Lesesozialisation in der Mediengesellschaft. Ein Forschungsüberblick.* Weinheim; München: Juventa, S. 11–35.

Groeben, N. & Christmann, U. (1995). Lesen und Schreiben von Informationstexten. Textverständlichkeit als kulturelle Kompetenz. In C. Rosebrock (Hrsg.), *Lesen im Medienzeitalter. Biografische und historische Aspekte literarischer Sozialisation.* Weinheim; München: Juventa, S. 165–194.

Groeben, N. & Hurrelmann, B. (Hrsg.) (2002). *Lesekompetenz. Bedingungen, Dimensionen, Funktionen.* Weinheim; München: Juventa.

Groeben, N. & Hurrelmann, B. (Hrsg.) (2004a). *Lesesozialisation in der Mediengesellschaft. Ein Forschungsüberblick.* Weinheim; München: Juventa.

Groeben, N. & Hurrelmann, B. (Hrsg.) (2004b). *Siegener Periodicum zur internationalen empirischen Literaturwissenschaft, Heft 1.* (Schwerpunkt: »Lesen und Geschlecht«).

Groeben, N. & Schroeder, S. (2004). Versuch einer Synopse: Sozialisationsinstanzen – Ko-Konstruktion. In N. Groeben & B. Hurrelmann (Hrsg.), *Lesesozialisation in der Mediengesellschaft. Ein Forschungsüberblick.* Weinheim; München: Juventa, S. 306–348.

Gruschka, A. & Martin, E. (2002). Widerworte. Die Klippert-Schule als Retterin in der Not? *Frankfurter Rundschau, 25.7.2002.*

Haas, G. (1997). *Handlungs- und produktionsorientierter Literaturunterricht. Theorie und Praxis eines »anderen« Literaturunterrichts für die Primar- und Sekundarstufe.* Seelze-Velber: Kallmeyer.

Haas, K. (2002). *Texte lesen – Inhalte verstehen. Ein systematisches Training zur Lesekompetenz.* Mülheim a.d.R.: Verlag an der Ruhr.

Hackenbroch-Krafft, I. & Parey, E. (2004). *Aktiv Lesen! Methodentraining für die Arbeit mit Sachtexten.* Paderborn: Schöningh.

Hall, K.M., Sabey, B. L. & McClellan, M. (2005). Expository text comprehension: Helping primary-grade teachers use expository texts to full advantage. *Reading Psychology, 26(1)*, S. 211–234.

Härle, G. (2004). *Kein endgültiges Wort. Die Wiederentdeckung des Gesprächs im Literaturunterricht.* Baltmannsweiler: Schneider Verlag Hohengehren.

Harmgarth, F. (Hrsg.) (1997). *Lesegewohnheiten – Lesebarrieren. Öffentliche Bibliothek und Schule – neue Formen der Partnerschaft.* Ergebnisse der Schülerbefragung 1995/1996. Gütersloh: Verlag Bertelsmann Stiftung.

Heinke, S. & Jahn, L. (2007). Die Bremer Stadtmusikanten. Vom Text zum Film – vom Film zum Text. *Die Grundschulzeitschrift, 204*, S. 12–16.

Henke-Bockschatz, G. (2007). Viel benutzt, aber auch verstanden? Arbeit mit dem Schulgeschichtsbuch. *Geschichte Lernen, 116*, S. 40–45.

Hessisches Kultusministerium (Hrsg.) (2004). *Leseförderung in der Praxis. Tipps, Hilfe und Konzepte für die Sekundarstufe I.* Wiesbaden.

Hiebert, E.H. (Ed.) (2009). *Reading more, reading better.* New York: The Guilford Press.

Hiebert, E.H. & Reutzel, D.R. (Eds.) (2010). *Revisiting silent reading. New directions for teachers and researchers.* Newark, DE: International Reading Assoscation.

Holle, K. (2005). *Flüssiges und phrasiertes Lesen (Fluency). Lesetheoretische Grundlagen und unterrichtspraktische Hinweise.* Unveröffentlichtes Vortragsmanunskript. Lüneburg.

Hurrelmann, B. (1994). Leseförderung. Basisartikel. *Praxis Deutsch 21 (127),* S. 17 - 25.

Hurrelmann, B. (2002). Zur historischen und kulturellen Relativität des »gesellschaftlich handlungsfähigen Subjekts« als normativer Rahmenidee für Medienkompetenz. In N. Groeben & B. Hurrelmann (Hrsg.), *Medienkompetenz. Voraussetzungen, Dimensionen, Funktionen.* Weinheim; München: Juventa, S. 111 - 126.

Hurrelmann, B. (2003). Ein erweitertes Konzept von Lesekompetenz und Konsequenzen für die Leseförderung. In G. Auernheimer (Hrsg.), *Schieflagen im Bildungssystem. Die Benachteiligung der Migrantenkinder.* Opladen: Leske + Budrich, S. 177 - 194.

Hurrelmann, B. (2004). Informelle Sozialisationsinstanz Familie. In N. Groeben & B. Hurrelmann (Hrsg.), *Lesesozialisation in der Mediengesellschaft. Ein Forschungsüberblick.* Weinheim; München: Juventa, S. 169 - 201.

Hurrelmann, B. & Elias, S. (1998). Leseförderung in einer Medienkultur. *Praxis Deutsch. Sonderheft »Leseförderung«,* S. 3 - 7.

Institut für Qualitätsentwicklung (Hrsg.) (2006). *Portfolio zum Leseverstehen für berufliche Schulen. Bd. 1: Schülermappe. Band 2: Lehrerbegleitheft.* Institut für Qualitätsentwicklung, Modellversuch VOLI, Wiesbaden.

Jansen, H., Mannhaupt, G., Marx, H. & Skowronek, H. (1999). *Bielefelder Screening zur Früherkennung von Lese-Rechtschreibschwierigkeiten.* Göttingen: Hogrefe.

Josting, P. & Dreier, R. (2010). Kinder- und Jugendliteratur im Literaturunterricht. In V. Frederking, H.-W. Huneke, A. Krommer & C. Meier (Hrsg.), *Taschenbuch des Deutschunterrichts, Band 2: Literatur- und Mediendidaktik.* Baltmannsweiler: Schneider Verlag Hohengehren, S. 71 - 99.

Kammler, C. (Hrsg.) (2006). Literarische Kompetenzen. Standards im Literaturunterricht. Modelle für die Primar- und Sekundarstufe. Baltmannsweiler: Schneider Verlag Hohengehren.

Kiehl, H. (1999). Leseanimation. Möglichkeiten, die Freude am Lesen zu wecken. *Schulmagazin 5 bis 10, 12,* S. 25 - 28.

Kintsch, W. (1996). Lernen aus Texten. In J. Hofmann & W. Kintsch (Hrsg.), *Lernen. Enzyklopädie der Psychologie. Themenbereich C, Serie II, Band 7.* Göttingen: Hogrefe, S. 503 - 528.

Kintsch, W. (1998). *Comprehension. A paradigm for cognition.* Cambridge, UK: Cambridge University Press.

Klicpera, C. & Gasteiger-Klicpera, B. (1993). *Lesen und Schreiben - Entwicklung und Schwierigkeiten. Die Wiener Längsschnittuntersuchung über die Entwicklung, den Verlauf und die Ursachen von Lese- und Schreibschwierigkeiten in der Pflichtschulzeit.* Bern: Huber.

Klicpera, C. & Gasteiger-Klicpera, B. (1998). *Psychologie der Lese- und Schreibschwierigkeiten. Entwicklung, Ursache, Förderung. 2. Aufl.* Weinheim: Beltz.

Klicpera, C. & Gasteiger-Klicpera, B. (2004). Aufbau von Lesefertigkeiten. In G.W. Lauth, M. Grünke & J.C. Brunstein (Hrsg.), *Interventionen bei Lernstörungen. Förderung, Training und Therapie in der Praxis.* Göttingen u. a.: Hogrefe, S. 268 - 278.

Klicpera, C., Schabmann, A. & Gasteiger-Klicpera, B. (2007). *Legasthenie. Modelle, Diagnose, Therapie und Förderung.* 2. aktual. Aufl. München: Reinhardt.

Kliewer, A. & Schilcher, A. (Hrsg.) (2004). *Neue Leser braucht das Land! Zum geschlechterdifferenzierenden Unterricht mit Kinder- und Jugendliteratur.* Baltmannsweiler: Schneider Verlag Hohengehren.

Klippert, H. (2004). *Eigenverantwortliches Arbeiten und Lernen. Bausteine für den Fachunterricht.* Weinheim u. a.: Beltz.

Klute, W. (2006). *Sachtexte erschließen. Grundlagen, Texte und Arbeitshilfen für den Deutsch-Unterricht der Sekundarstufe I.* Berlin: Cornelsen Scriptor.

Knobloch, J. (1999). Lauter lange Lesenächte. In J. Knobloch & M. Dahrendorf (Hrsg.), *Offener Unterricht mit Kinder- und Jugendliteratur. Grundlagen, Praxisberichte, Materialien.* Baltmannsweiler: Schneider Verlag Hohengehren, S. 75 – 79.

Knobloch, J. (2001). *Das Geheimnis der Lesekiste 1 und* 2. Lichtenau: Aol-Verlag.

Knobloch, J. (2006). Lesenächte, Lesekisten und andere Möglichkeiten einer fächerübergreifenden Leseförderung. In G. Gaiser & S. Münchenbach (Hrsg.), *Leselust dank Lesekompetenz. Leseerziehung als fächerübergreifende Aufgabe.* Donauwörth: Auer, S. 51 – 57.

Knobloch, J. (2010). Didaktik der Kinder- und Jugendliteratur. In V. Frederking, H.-W. Huneke, A. Krommer & C. Meier (Hrsg.), *Taschenbuch des Deutschunterrichts, Band 2: Literatur- und Mediendidaktik.* Baltmannsweiler: Schneider Verlag Hohengehren, S. 374 – 392.

Köster, J. (2003). Die Bedeutung des Vorwissens für die Lesekompetenz. In U. Abraham, A. Bremerich-Vos, V. Frederking & P. Wieler (Hrsg.), *Deutschdidaktik und Deutschunterricht nach PISA.* Freiburg: Fillibach, S. 90 – 105.

Köster, J. (2007). Leseaufgaben wirkungsvoll gestalten. Verständnisorientierte Aufgabenkultur beim Umgang mit Texten. *Pädagogik, 6,* S. 16 – 19.

Köster, J. & Rosebrock, C. (2009). Lesen – mit Texten und Medien umgehen. In A. Bremerich-Vos, D. Granzer, U. Behrens & O. Köller: *Bildungsstandards für die Grundschule: Deutsch Konkret.* Berlin: Cornelsen, S. 104 – 138.

Korte, J. (2004). *»Ran an die Bücher!« Praxisbuch zur Leseförderung in der Sekundarstufe I.* Donauwörth: Auer.

Kretschmer, C. (2004). *Kinderliteratur im Klassenzimmer. Leseförderung und literarisches Lernen.* Berlin: Cornelsen.

Küspert, P. (1998). *Phonologische Bewusstheit und Schriftspracherwerb. Zu den Effekten vorschulischer Förderung der phonologischen Bewusstheit auf den Erwerb des Lesens und des Rechtschreibens.* Frankfurt/Main u. a.: Lang.

Küspert, P. & Schneider, W. (2000). *Hören, lauschen, lernen. Sprachspiele für Kinder im Vorschulalter. 2. Aufl.* Göttingen: Vandenhoeck & Ruprecht.

LaBerge, D. & Samuels, J. (1974). Toward a theory of automatic information processing in reading. *Cognitive Psychology, 6,* S. 293 – 323.

Lander, H. (2005). *Kooperation macht stärker. Medienpartner Bibliothek & Schule.* Gütersloh: Verlag Bertelsmann Stiftung.

Lange, R. (2007). *Die Lese- und Lernolympiade. Aktive Leseerziehung mit dem Lesepass nach Richard Bamberger.* Baltmannsweiler: Schneider Verlag Hohengehren.

Lehmann, R., Peek, R., Pieper, I. & Stritzky, R.v. (1995). *Leseverständnis und Lesegewohnheiten deutscher Schüler und Schülerinnen.* Weinheim; Basel: Beltz.

Leisen, J. (2006a). Leseverstehen. Mit Sachtexten im naturwissenschaftlichen Unterricht umgehen lernen. *Unterricht Physik, 17(95)*, S. 4–9.

Leisen, J. (2006b). Ein Text – Zehn Strategien. Strategien zur Bearbeitung von Sachtexten. *Naturwissenschaften im Unterricht – Physik, 17*, S. 12–23.

Leisen, J. (2007a). Lesen in allen Fächern. In: A. Bertschi-Kaufmann (Hrsg.), *Lesekompetenz – Leseleistung – Leseförderung. Grundlagen, Modelle und Materialien.* Seelze-Velber: Kallmeyer, Zug: Klett und Balmer, S. 189–197.

Leisen, J. (2007b). Lesen und Verstehen lernen. In: *Pädagogik* 59, Heft 6, 2007, S. 11–15.

Liesmann, K.P. (2006). *Theorie der Unbildung. Die Irrtümer der Wissensgesellschaft.* Frankfurt/Main; Wien; Zürich: Büchergilde Gutenberg.

Lux, C. (2007). Information Literacy in der Zusammenarbeit von Bibliothek und Schule. In A. Bertschi-Kaufmann (Hrsg.), *Lesekompetenz – Leseleistung – Leseförderung. Grundlagen, Modelle und Materialien.* Seelze-Velber: Kallmeyer, Zug: Klett und Balmer, S. 198–214.

Manz, K. (2005). *Lesekompetenz: kreativ. 5. – 6. Schuljahr.* Berlin: Cornelsen Scriptor.

Marx, H. (1997). Erwerb des Lesens und des Rechtschreibens: Literaturüberblick. In F.E. Weinert & A. Helmke (Hrsg.), *Entwicklung im Grundschulalter.* Weinheim: Psychologie Verlags Union, S. 85–111.

Matthias, D. (1994). Vom Gedankenlesen zu »er-lesenen« Gedanken. Ein Film-Buch-Vergleich am Beispiel »Ronja Räubertochter«. *Praxis Deutsch 21 (127)*, S. 57–64.

Mensch, B.J. (2007). Lebendige Bibliothek. In A. Bertschi-Kaufmann (Hrsg.), *Lesekompetenz – Leseleistung –Leseförderung. Grundlagen, Modelle und Materialien* (S. 215–228). Seelze-Velber: Kallmeyer, Zug: Klett und Balmer.

Mertens, U. (1994). Das Lesen feiern. *Praxis Deutsch 21 (127)*, S. 34–36.

Möller, J. & Schiefele, U. (2004). Motivationale Grundlagen der Lesekompetenz. In U. Schiefele, C. Artelt, W. Schneider & P. Stanat (Hrsg.), *Struktur, Entwicklung und Förderung von Lesekompetenz. Vertiefende Analysen im Rahmen von PISA 2000.* Wiesbaden: Verlag für Sozialwissenschaften, S. 101–124.

Morgentau, L. (2004/2005). *Textverständnis trainieren.* Mülheim a.d.R.: Verlag an der Ruhr

Müller, A. (2010). Zum Umgang mit Sachtexten im Deutschunterricht: thematisch und integrativ. In M. Kämper-van den Boogaart, K. H. Spinner (Hrsg.), *Lese- und Literaturunterricht. Teil 3.* Baltmannsweiler: Schneider Verlag Hohengehren, S. 236–254.

Müller, A. & Roebbelen, I. (2004). Verstehenshorizonte nutzen. *Praxis Deutsch 31 (187)*, S. 32–35.

Müller-Walde, K. (2005). *Warum Jungen nicht mehr lesen und wie wir das ändern können.* Frankfurt/New York: Campus.

Nagy, W. & Anderson, R.C. (1984). How many words are there in printed school english? *Reading Research Quarterly, 13*, S. 123–146.

Neugebauer, C. (2007). Leseförderung in einem mehrsprachigen Umfeld. In A. Bertschi-Kaufmann (Hrsg.), *Lesekompetenz – Leseleistung – Leseförderung. Grundlagen, Modelle und Materialien.* Seelze-Velber: Kallmeyer, Zug: Klett und Balmer, S. 229–241.

NICHD – National Institute of Child Health and Human Development (2000). *Report of the National Reading Panel: Teaching children to read – An evidence-based assessment of the scientific research literature on reading and its implications for reading instruction.* Washington, DC: U.S. Government Printing Office.

Nickel, S. (2007). Family Literacy in Deutschland: Stand der Entwicklung und Gedanken zur konzeptionellen Weiterentwicklung. In Elfert, M. & Rabkin, G. (Hrsg.), *Gemeinsam in der Sprache baden: Family Literacy. Internationale Konzepte zur familienorientierten Schriftsprachförderung.* Stuttgart: Klett, S. 65 – 84.

Niemann, H. (1995). Lesewelt Schule. In H. Brügelmann & H. Balhorn (Hrsg.), *Schriftwelten im Klassenzimmer.* Lengwil am Bodensee: Libelle, S. 63 – 65.

Niemann, H. (1998). Paired Reading – Lesen zu zweit. In H. Brügelmann & H. Balhorn (Hrsg.), *Das Gehirn, sein Alfabet und andere Geschichten.* Konstanz: Faudl, S. 125 – 127.

Nix, D. (2006). Das Lesetheater. Integrative Leseförderung durch das szenische Vorlesen literarischer Texte. *Praxis Deutsch, 33(199),* S. 23 – 29.

Nix, D. (2010). Förderung der Lesekompetenz. In M. Kämper-van den Boogaart & K.H. Spinner (Hrsg.), *Lese- und Literaturunterricht. Teil 2.* Baltmannsweiler: Schneider Verlag Hohengehren, S. 139 – 189.

Nix, D. (2011). *Förderung von Leseflüssigkeit. Theoretische Fundierung und empirische Überprüfung eines kooperativen Lautlese-Verfahrens im Deutschunterricht.* Weinheim; München: Juventa.

Nodari, C. (2005). *Fachtexte verstehen. Trainingsprogramm. Herausgegeben von der Baugewerbliche Berufssschule Zürich BBZ und der Berufsschule Mode und Gestaltung* Zürich MGZ. Bern: H.e.p. Verlag.

Ockel, E. (1998). Rhetorik und Didaktik. *Jahrbuch Rhetorik, 17,* S. 1 – 16.

Ockel, E. (2000). Vorlesen als Aufgabe und Gegenstand des Deutschunterrichts. Baltmannsweiler: Schneider Verlag Hohengehren.

Opitz, M.F. & Rasinski, T. (1998). *Good-bye round robin. Twenty-five effective oral reading strategies.* Portsmouth, NH: Heinemann.

Paech, J. (1997). *Literatur und Film. 2. Aufl.* Stuttgart: Metzler.

Palincsar, A.S. & Brown, A.L. (1984). Reciprocal teaching of comprehension-fostering and comprehension-monitoring activities. *Cognition & Instruction, 1,* S. 117 – 175.

Pangh, C. (2009). ›Jetzt hab ichs!‹ Reciprocal Teaching: ein Förderkonzept zum selbstständigen verstehenden Lesen. *Lernchancen, 67,* S. 15 – 25.

Payrhuber, F.-J. (2000). Lesen und Schulkultur. Anmerkungen und Vorschläge zur Leseförderung in Schulen. *Pädagogische Nachrichten Rheinland-Pfalz, 2,* S. 8 – 11.

Pearson, P.D. & Duke, N.K. (2002). Comprehension instruction in the primary grades. In C.C. Block & M. Pressley (Eds.), *Comprehension instruction: Research-based best practices.* New York: Guilford, pp. 247 – 258.

Pette, C. (2001). *Psychologie des Romanlesens. Lesestrategien zur subjektiven Aneignung eines Romans.* Weinheim; München: Juventa.

Philipp, M. (2008). *Lesen, wenn andere und anderes wichtiger werden. Empirische Erkundungen zur Leseorientierung in der peer group bei Kindern aus fünften Klassen.* Münster: Lit Verlag.

Philipp, M. (2010). *Lesen empeerisch: Eine Längsschnittstudie zur Bedeutung von peer groups für Lesemotivation und -verhalten.* Wiesbaden: VS Verlag für Sozialwissenschaften.

Philipp, M. (2011). *Lesesozialisation in Kindheit und Jugend: Lesemotivation, Leseverhalten und Lesekompetenz in Familie, Schule und Peer-Beziehungen.* Stuttgart: Kohlhammer [im Druck].

Pieper, I. (2010). Lese- und literarische Sozialisation. In M. Kämper-van den Boogaart, K.H. Spinner (Hrsg.), *Lese- und Literaturunterricht. Teil 1.* Baltmannsweiler: Schneider Verlag Hohengehren, S. 87 - 147.

Pieper, I., Rosebrock, C., Wirthwein, H. & Volz, S. (2004). *Lesesozialisation in schriftfernen Lebenswelten. Lektüre und Mediengebrauch von Hauptschülern.* Weinheim; München: Juventa.

Pieper, I., Wirthwein, H. & Zitzelsberger, O. (2002). Schlüssel zum Tor der Zukunft? Zur Lesepraxis Frankfurter HauptschulabsolventInnen. *Didaktik Deutsch, 13,* S. 33 - 49.

Pilgreen, J.L. (2000). *How to manage a sustained silent reading program.* Porthsmouth, NH: Heinemann.

Pinnell, G.S., Pikulski, J.J, Wixson, K.K. Campbell, J.R., Gough, P.B. & Beatty, A.S. (1995). *Listening to children read aloud. Data from NAEP's Integrated Reading Performance Record (IRPR) at Grade 4.* Washington, DC: Office of Educational Research and Improvement, U.S. Department of Education.

Pramper, W.v. (2001/2006). *Lese-Lern-Maschine.* Berlin: Cornelsen

Rasinski, T. (2003). *The fluent reader. Oral strategies for building word recognition, fluency, and comprehension.* New York u.a.: Scholastic.

Rasinski, T. & Hoffman, J.V. (2003). Oral reading in the school literacy curriculum. *Reading Research Quarterly, 38(4),* S. 510 - 522.

Retelsdorf, J. & Möller, J. (2008). Entwicklung von Lesekompetenz und Lesemotivation. Schereneffekte in der Sekundarstufe? *Zeitschrift für Entwicklungspsychologie und Pädagogische Psychologie, 40 (4),* S. 179 - 188.

Reutzel, R.D., Jones, C.D., Fawsen, P.C. & Smith, J.A. (2008): Scaffolded silent reading: A complement to guided repeated oral reading that works! *The Reading Teacher, 62 (3),* S. 194 - 207.

Richter, K. & Plath, M. (2005). *Lesemotivation in der Grundschule. Empirische Befunde und Modelle für den Unterricht.* Weinheim: Juventa.

Richter, T. & Christmann, U. (2002). Lesekompetenz: Prozessebenen und interindividuelle Unterschiede. In N. Groeben & B. Hurrelmann (Hrsg.), *Lesekompetenz: Bedingungen, Dimensionen, Funktionen* (S. 25 - 58). Weinheim: Juventa.

Rieckmann, C. (2010). *Leseförderung in sechsten Hauptschulklassen. Zur Wirksamkeit eines Vielleseverfahrens.* Baltmannsweiler: Schneider Verlag Hohengehren.

Robinson, F.P. (1948). *Effective Study.* New York.

Rosebrock, C. (Hrsg.) (1995). *Lesen im Medienzeitalter. Biografische und historische Aspekte literarischer Sozialisation.* Weinheim; München: Juventa.

Rosebrock, C. (2004). Informelle Sozialisationsinstanz peer group. In N. Groeben & B. Hurrelmann (Hrsg.), *Lesesozialisation in der Mediengesellschaft. Ein Forschungsüberblick.* Weinheim; München: Juventa, S. 250 - 279.

Rosebrock, C. (2008). Lesesozialisation und Leseförderung; literarisches Leben in der Schule. In M. Kämper-van den Boogaart (Hrsg.), *Deutschdidaktik. Leitfaden für die Sekundarstufe I und II. Neubearbeitung 2008.* Berlin: Cornelsen Scriptor, S. 163 - 183.

Rosebrock, C. (2009). Lesekompetenz als Mehrebenenkonstrukt. In: A. Bertschi-Kaufmann & C. Rosebrock (Hrsg.): *Literalität. Bildungsaufgabe und Forschungsfeld.* München; Weinheim: Juventa, S. 59 - 72.

Rosebrock, C. & Nix, D. (2006). Forschungsüberblick: Leseflüssigkeit (Fluency) in der amerikanischen Leseforschung und -didaktik. *Didaktik Deutsch, 20,* S. 90 - 113.

Rosebrock, C., Nix, D., Rieckmann, C. & Gold, A. (2011). *Leseflüssigkeit fördern. Lautleseverfahren für die Primar- und Sekundarstufe.* Seelze: Kallmeyer.

Rosebrock, C., Rieckmann, C., Nix, D., Gold, A. (2010). Förderung der Leseflüssigkeit bei leseschwachen Zwölfjährigen. *Didaktik Deutsch, 28,* S. 33 - 58.

Rühl, K. & Souvigner, E. (2006). *Wir werden Lesedetektive (Lehrermanual und Arbeitsheft).* Göttingen: Vandenhoeck & Ruprecht.

Rupp, G. & Bonholt, H. (2004). Mit dem Stift zum Sinn. Schreiben als Lesestrategie. *Praxis Deutsch, 31 (187),* S. 48 - 52.

Sahr, M. (2006). *Leseförderung durch Kinderliteratur. Märchen, Bilder- und Kinderbücher im Unterricht der Grundschule.* Baltmannsweiler: Schneider Verlag Hohengehren.

Samuels, S.J. (1979). The method of repeated readings. *The Reading Teacher, 32,* S. 403 - 408.

Scheerer-Neumann, G. (2003). Entwicklung der basalen Lesefähigkeit. In U. Bredel, H. Günther, P. Klotz, J. Ossner & G. Siebert-Ott (Hrsg.), *Didaktik der deutschen Sprache. Ein Handbuch. 1. Teilband.* Paderborn u. a.: Schöningh, S. 513 - 524.

Schmidt, S.J. (1991). *Grundriss der empirischen Literaturwissenschaft.* Frankfurt/Main: Suhrkamp.

Schneider, W., Roth, E. & Küspert, P. (1999). Frühe Prävention von Lese-Rechtschreibproblemen. Das Würzburger Trainingsprogramm zur Förderung sprachlicher Bewußtheit bei Kindergartenkindern. *Kindheit und Entwicklung, 8(3),* S. 147 - 152.

Schneider, W., Roth, E., Küspert, P. & Ennemoser, M. (1998). Kurz- und langfristige Effekte eines Trainings der sprachlichen (phonologischen) Bewußtheit bei unterschiedlichen Leistungsgruppen: Befunde einer Sekundäranalyse. *Zeitschrift für Entwicklungspsychologie und Pädagogische Psychologie, 30(1),* S. 26 - 39.

Schnotz, W. (2002). Wissenserwerb mit Texten, Bildern und Diagrammen. In L. Issing & P. Klimsa (Hrsg.), *Information und Lernen mit Multimedia und Internet.* Weinheim: Beltz, S. 65 - 81.

Schoenbach, R., Greenleaf, C., Cziko, C. & Hurwitz, L. (2006). *Lesen macht schlau. Neue Lesepraxis für weiterführende Schulen. Herausgegeben von Dorothee Gaile.* Berlin: Cornelsen Scriptor.

Schön, E. (1993). Selbstaussagen zur Funktion literarischen Lesens im Lebenszusammenhang von Kindern und Jugendlichen. In J. Janota (Hrsg.), *Germanistik und Deutschunterricht im historischen Wandel. Vorträge des Augsburger Germanistentags. Bd. 1.* Tübingen: Niemeyer, S. 260 - 271.

Schön, E. (2002). Einige Anmerkungen zur PISA-Studie, auch aus literaturdidaktischer Perspektive. Oder: Lesen lernt man nur durch Lesen. In K. Franz & F.-J. Payrhuber (Hrsg.), *Lesen heute. Leseverhalten von Kindern und Jugendlichen im Kontext der PISA-Studie.* Baltmannsweiler: Schneider Verlag Hohengehren, S. 72 - 91.

Schründer-Lenzen, A. (2007). *Schriftspracherwerb und Unterricht. Bausteine professionellen Handlungswissens. 2. Aufl.* Wiesbaden: Verlag für Sozialwissenschaften.

Schulz, N. (2007). Kann auch Schule zum Lesen verführen? *Die Grundschulzeitschrift, 204,* S. 4 - 7.

Seiler, L. & Vögeli, A. (1995). *Lese-Training: vom Amateur zum Profi. Techniken, Spiele, Tricks.* Mülheim a.d.R.: Verlag an der Ruhr.

Senn, W. & Widmer, P. (2005). Der Beobachtungsfächer. Informationen aus Sachtexten zum Thema »Mobbing in der Schule« verarbeiten. *Praxis Deutsch, 194 (32)*, S. 38 – 44.

Serchtold, S. (1998). Kinder, Bücher und Aktionen. Leseförderung – Die Aktivitäten des Börsenvereins des Deutschen Buchhandels e.V. In T. Eicher (Hrsg.), *Bücher machen – Bücher lesen*. Oberhausen: Athena, S. 117 – 127.

Spinner, K.H. (2001a). Literaturunterricht und moralische Entwicklung. In K. H. Spinner, *Kreativer Deutschunterricht. Identität – Imagination – Kognition*. Seelze: Kallmeyer, S. 73 – 88.

Spinner, K.H. (2001b). Fremdes verstehen – ein Hauptziel des Literaturunterrichts. In K. H. Spinner, *Kreativer Deutschunterricht. Identität – Imagination – Kognition*. Seelze: Kallmeyer, S. 126 – 130.

Spinner, K.H. (2005). Lesekompetenz in der Schule. In U. Schiefele, C. Artelt, W. Schneider & P. Stanat (Hrsg.), *Struktur, Entwicklung und Förderung von Lesekompetenz. Vertiefende Analysen im Rahmen von PISA 2000*. Wiesbaden: Verlag für Sozialwissenschaften, S. 125 – 138.

Spinner, K.H. (2006). Literarisches Lernen. *Praxis Deutsch 33 (200)*, S. 6 – 16.

Spinner, K.H. (2007). Lesen als ästhetische Bildung. In A. Bertschi-Kaufmann (Hrsg.), *Lesekompetenz – Leseleistung – Leseförderung. Grundlagen, Modelle und Materialien*. Seelze-Velber: Kallmeyer, Zug: Klett und Balmer, S. 83 – 94.

Spinner, K.H. (2010). Handlungs- und produktionsorientierter Literaturunterricht. In V. Frederking, H.-W. Huneke, A. Krommer & C. Meier (Hrsg.): *Taschenbuch des Deutschunterrichts, Band 2: Literatur- und Mediendidaktik*. Baltmannsweiler: Schneider Verlag Hohengehren, S. 311 – 325.

Stanovich, K.E. (1986). Matthew effects in reading. Some consequences of individual differences in acquisition of literacy. *Reading Research Quarterly, 21(4)*, S. 360 – 406.

Steffens, U. & Messner, R. (2005). *Neue Zugänge zum Lesen schaffen. Lesekompetenz und Leseförderung nach PISA*. Wiesbaden: Institut für Qualitätsentwicklung.

Steiz-Kallenbach, J. (2005). Die lesende Schule. Leseförderung nach PISA im Zeichen nationaler Bildungsstandards. In E. Gläser & G. Franke-Zöllmer (Hrsg.), *Lesekompetenz fördern von Anfang an. Didaktische und methodische Anregungen zur Leseförderung* (S. 90 – 100). Baltmannsweiler: Schneider

Stolzer, U. & Kohl, L. (2007). *Wir werden Leseprofi. Fit durch Lesetraining*: 2. Schuljahr. Kerpen: Kohl Verlag.

Streblow, L. (2004). Zur Förderung der Lesekompetenz. In U. Schiefele, C. Artelt, W. Schneider & P. Stanat (Hrsg.), *Struktur, Entwicklung und Förderung von Lesekompetenz. Vertiefende Analysen im Rahmen von PISA 2000*. Wiesbaden: Verlag für Sozialwissenschaften, S. 275 – 306.

Thomas, E.L. & Robinson, H.A. (1972). *Improving reading in every class. A sourcebook for teachers*. Boston: Allyn & Bacon.

Thurn, M. (1994). Freies Lesen fördern. *Praxis Deutsch 21 (127)*, S. 45 – 49.

Tillmanns, C. (2003). *Die Lesekiste. Eine Methode zur Leseförderung im Deutschunterricht eines 3. Schuljahres*. Wetzlar: Förderkreis Phantastik in Wetzlar.

Topping, K. (1989). Peer tutoring and paired reading. Combining two powerful techniques. *The Reading Teacher, 42*, S. 488 – 494.

Topping, K. (1995). *Paired reading, spelling, and writing.* New York: Cassell.

Trelease, J. (2001). *The Read-Aloud Handbook. Fifth Edition.* New York: Penguin.

Trenk-Hinterberger, I. & Souvigner, E. (2006). *Wir sind Textdetektive (Lehrermanual mit Kopiervorlagen).* Göttingen: Vandenhoeck & Ruprecht.

Trenk-Hinterberger, I., Nix, D., Rieckmann, C., Rosebrock, C. & Gold, A. (2007). Förderung der Leseflüssigkeit bei schwachen Leser(inne)n in der sechsten Jahrgangsstufe: Erste Ergebnisse einer Interventionsstudie. In B. Hofmann & R. Valtin (Hrsg.), *Checkpoint Literacy. Tagungsband zum 15. Europäischen Lesekongress.* Berlin: Deutsche Gesellschaft für Lesen und Schreiben, S. 276 – 292.

Ulich, M. & Ulich, D. (1994). Literarische Sozialisation: Wie kann das Lesen von Geschichten zur Persönlichkeitsentwicklung beitragen? *Zeitschrift für Pädagogik, 40(5),* S. 821 – 834

Valtin, R. (1998). Der »neue« Methodenstreit oder: (Was) können wir aus der amerikanischen Leseforschung lernen? In H. Balhorn, H. Bartnitzky, I. Büchner & A. Spreck-Hamdan (Hrsg.), *Schatzkiste Sprache 1. Von den Wegen der Kinder in die Schrift.* Hemsbach: Beltz, S. 63 – 80.

Weaver, C.A. & Kintsch, W. (1996). Expository text. In R. Barr, M.L. Kamil, P.B. Mosenthal & P.D. Pearson (Eds.), *Handbook of Reading Research. Vol. 2.* Mahwah, New Jersey: Lawrence Erlbaum Associates, pp. 230 – 245.

Weinhold, S. (Hrsg.) (2006). *Schriftspracherwerb empirisch. Konzepte – Diagnose – Entwicklung.* Baltmannsweiler: Schneider Verlag Hohengehren.

Wember, F.B. (1999). *Besser Lesen mit System. Ein Rahmenkonzept zur individuellen Förderung bei Lernschwierigkeiten.* Neuwied; Berlin: Luchterhand.

Wieler, P. (1997). *Vorlesen in der Familie. Fallstudien zur literarisch-kulturellen Sozialisation von Vierjährigen.* Weinheim; München: Juventa.

Willenberg, H. (2004). Lesestrategien. Vermittlung zwischen Eigenständigkeit und Wissen. Basisartikel. *Praxis Deutsch 31 (187),* S. 6 – 15.

Willenberg, H. (2007a). Der Lehrer als Meisterleser. In H. Willenberg (Hrsg.), *Kompetenzhandbuch für den Deutschunterricht. Auf der empirischen Basis des DESI-Projekts.* Baltmannsweiler: Schneider Verlag Hohengehren, S. 181 – 187.

Willenberg, H. (2007b). Der vergessene Wortschatz. In H. Willenberg (Hrsg.), *Kompetenzhandbuch für den Deutschunterricht. Auf der empirischen Basis des DESI-Projekts.* Baltmannsweiler: Schneider Verlag Hohengehren, S. 148 – 156.

Wöll, R. (Hrsg.) (2006). *Schule des Lesens: Sachtexte verstehen.* Eine Initiative des Landesschulrates für Tirol, Abt. APS.

Wrobel, D. (2006). Materialien zur Leseförderung. Eine kommentierte Auswahlbibliographie. *Literatur im Unterricht,* 2, S. 151 – 159.